山东省上市公司财务危机预警研究

耿贵彬　王来东　梁家强　著

中国海洋大学出版社

·青岛·

图书在版编目（CIP）数据

山东省上市公司财务危机预警研究 / 耿贵彬, 王来东, 梁家强著. —青岛 : 中国海洋大学出版社, 2021.9
ISBN 978-7-5670-2611-7

Ⅰ. ①山… Ⅱ. ①耿… ②王… ③梁… Ⅲ. ①上市公司—财务危机—财务管理—研究—山东 Ⅳ. ①F279.246

中国版本图书馆CIP数据核字（2021）第186633号

出版发行	中国海洋大学出版社		
社　　址	青岛市香港东路23号	邮政编码	266071
出 版 人	杨立敏		
网　　址	http://pub.ouc.edu.cn		
电子信箱	502169838@qq.com		
订购电话	0532-82032573（传真）		
责任编辑	由元春	电　　话	15092283771
印　　制	青岛国彩印刷股份有限公司		
版　　次	2021年9月第1版		
印　　次	2021年9月第1次印刷		
成品尺寸	170 mm × 230 mm		
印　　张	18.5		
字　　数	270千		
印　　数	1~1000		
定　　价	59.00元		

发现印装质量问题，请致电0532-58700166，由印刷厂负责调换。

前言

　　本书是山东省软科学研究计划项目"山东省上市公司财务危机预警研究（2009RKB01085）"研究成果，以山东省上市公司为研究对象，结合沪深证券交易所的A股上市公司，分析上市公司出现经营困难、公司业绩逐年下降、出现亏损、财务状况异常甚至资不抵债等状况的原因，重点分析因为经营亏损和财务状况异常等原因被特别处理甚至面临退市的上市公司，寻找这些公司发生财务危机的原因和能够预测财务危机发生的财务指标数据。利用上市公司有关的财务指标数据，筛选和确定对公司陷入财务危机影响显著的财务指标，建立相关的财务危机预警模型和探讨公司财务危机的预警系统。

　　通过本书的研究寻求建立有效的财务危机预警模型，结合上市公司的日常经营管理，可以帮助公司建立操作性比较强的财务预警系统，这样不仅可以对投资者、债权人进行风险警示，而且可以引起公司管理层的重视，对公司的经营管理等方面做出调整，防范和化解财务风险，避免财务危机的出现。

全书共分为八章，第一章导论，第二章财务危机预警研究的理论基础和分析方法，第三章上市公司财务危机的共同特征和原因分析，第四章财务危机预警变量与模型构建的选择问题分析，第五章基于多元线性判别分析的财务危机预警模型研究，第六章基于逻辑回归分析的财务危机预警模型研究，第七章山东省上市公司预警模型的应用及其完善，第八章研究结论及其局限性。第一章、第三章和附录数据由梁家强老师写作，第二章由王来东老师写作，其他章节由耿贵彬老师写作。

在本书写作过程中参考了其他专家、作者的文献资料，对这些专家、作者的辛勤付出表示深深的敬意和衷心的感谢！

由于作者水平有限，本书仍存在遗憾和缺陷，有待以后的进一步完善和提高，期待读者批评指正，提出宝贵意见，谢谢！

目 录
CONTENTS

第五章 基于多元线性判别分析的财务危机预警模型研究

第六章 基于逻辑回归分析的财务危机预警模型研究

第七章 山东省上市公司预警模型的应用及其完善

第八章 研究结论及其局限性

第一章

导论

第一节 研究背景和意义

一、研究财务危机预警的背景

随着我国市场经济和证券市场的快速发展，上市公司数量逐渐增多，截至2011年12月底，沪深两市A股上市公司的数量已达到2342家[①]，规模逐渐扩大，越来越多的投资人通过证券市场进行投资，为上市公司融通了急需的资金，也带来了相应的投资收益。其中，山东省A股上市公司有143家[②]，占沪深A股上市公司的6.12%。上市公司的直接融资，有效地缓解了山东省经济发展资金瓶颈的制约，同时也引来了大量配套资金，对山东"蓝色经济带"的发展、培育新的经济增长点、促进全省经济结构的调整都起到了积极的推动作用。

上市公司处于市场经济环境中，公司面临的外部经济环境和内部经营环境都存在诸多的不确定性因素，这些不确定因素对公司的经营发展和财务状况都能够产生重要的影响，经营状况的好坏最终要通过公司财务状况、经营成果和现金流量情况反映出来。因此，公司财务状况、经营成果和现金流量的好坏往往是公司管理者、投资者和债权人关注的焦点。近年来一些上市公司因为经营危机、治理结构失衡、公司管理层管理混乱等诸多原因，导致公司资金配置失效，投资决策失误，生产经营管理混乱，公司业绩逐年下降，出现亏损、财务状况异常甚至资不抵债等严重情形，最终受到特别处理，面临退市的危险，使投资者、债权人及其他利益相关者遭受巨大损失。如果能够建立一套科学的上市公司财务危机预警机制，就能够为公司的投资者、债

---

①数据来源于中国证券管理委员会网站，2011年12月统计数据。

②数据来源于中国证券管理委员会网站，2011年12月统计数据整理，其中山东证监局辖区A股上市公司124家，青岛证监局辖区A股上市公司19家。

权人提供及时的信息，防范和化解投资风险；同时，公司管理当局可以及早地发现公司的财务危机信号，能够在财务危机出现的萌芽阶段采取有效措施来改善公司的经营管理，从而有效防范和化解财务危机和风险。

本书意在通过分析山东省的上市公司，同时结合沪深证券交易所的A股上市公司，分析上市公司出现经营困难、公司业绩逐年下降，亏损、财务状况异常甚至资不抵债等状况的原因，利用上市公司的有关财务指标数据，建立相关的财务危机预警模型和探讨公司财务危机的预警系统，向监管部门、广大投资者和债权人揭示，有哪些上市公司已经进入财务危机的预警区。通过实证研究，可以寻求建立有效的财务危机预警模型，结合上市公司的日常经营管理，可以帮助公司建立操作性比较强的财务预警系统，这样不仅可以对投资者、债权人进行风险警示，而且可以引起公司管理层的重视，对公司的经营管理等方面做出调整，防范和化解财务风险，避免财务危机的出现。公司财务危机预警的实证研究在国外是一个被广泛关注的研究课题，我国目前对这一领域的研究也得到了很大的关注，在这类研究中对西方的研究成果有所借鉴，但在研究方法和研究角度方面与国外的相关研究还存在较大的差异。我们应该在对国外经典研究成果进行回顾和总结的基础上，建立适合我国实际情况的财务危机预警模型；结合各省区市的实际情况，建立适合各省区市的财务危机预警模型和相关的预警系统。

二、研究财务危机预警的意义

上市公司财务危机预警的实证研究随着我国资本市场的快速发展显得越来越重要，建立有效的财务危机预警模型和预警系统，是确保资本市场健康发展和公司财务状况良性循环的重要方面之一。研究财务危机预警的意义可以从以下几个方面分析。

（一）有利于投资者的投资决策

现行的预亏、预警制度都是针对上市公司出现财务困境以后的相关措施，其发布与否以及发布的确切时间都取决于上市公司，上市公司调控的余地很大。而投资者在进行投资决策时，更多的是需要一种事前信息。他们想知道盈利的上市公司是否会突然亏损，亏损一年的上市公司是否会连续两年亏损，亏损两年的上市公司是否会连续三年亏损，他们也想知道每股净资产低于面值一元的公司是否会出现破产的情况。从保护投资者利益出发，中国证券监督管理委员会和交易所制定了一系列防范和化解财务困境与风险的制度，在此基础上建立了一套财务危机预警模型及财务危机处理系统，可以帮助投资者识别公司质量，及时调整投资组合，对投资者做出投资决策、降低投资风险、提高投资收益有着重要意义。

（二）有利于证券监管部门更好地推进监管工作，并从实证研究角度上支持和加强证券监管部门的监管工作

为了提示不同程度的财务风险与危机情况，证券监管部门制定了一系列制度，对财务状况和其他财务状况异常的上市公司的股票交易进行特别处理（英文为special treatment，缩写为"ST"）①，实施退市风险警示制度②。如对最近两年连续亏损的上市公司实行特别处理制度，在其股票简称前冠以"*ST"字样。对于未按要求改正财务会计报告的上市公司、股本总额发生变化不具备上市条件的上市公司、连续三年亏损的上市公司等，实行暂停上市和退市制度。

①1998年4月22日，沪深证券交易所宣布将对财务状况和其他财务状况异常的上市公司的股票交易进行特别处理（英文为special treatment，缩写为"ST"）。其中异常主要指两种情况：一是上市公司经审计两个会计年度的净利润均为负值，二是上市公司最近一个会计年度经审计的每股净资产低于股票面值。在上市公司的股票交易被实行特别处理期间，其股票交易应遵循下列规则：a.股票报价日涨跌幅限制为5%；b.股票名称改为原股票名前加"ST"，例如"ST轻骑"；c.上市公司的中期报告必须经过审计。

②2003年5月8日起，沪深股市开始正式实施退市风险警示制度。上市公司出现财务状况异常或者其他异常情况，导致其股票存在被终止上市的风险，由证券交易所对该公司股票交易实行特别处理。特别处理分为警示存在终止上市风险的特别处理（简称"退市风险警示"）和其他特别处理。退市风险警示的主要措施为在其股票简称前冠以"*ST"字样；被实施退市风险警示处理的股票，其报价的日涨跌幅限制为5%。*ST股票在第二年如果继续亏损，将会被暂停上市。

这些制度所约束的条件都是以上市公司亏损程度为基础的，是否存在其他能有效反映上市公司财务危机的财务指标？是否能从历史财务指标的变化中判断出上市公司发生财务危机的征兆，从而加强事前监管？证券监管部门出台的一些规范信息披露的指标，如非经常性损益等指标，能否获得实证研究上的支撑？若能通过实证研究，找出判断上市公司是否发生财务危机的关键性财务指标，并建立一套财务危机预警模型和预警系统，可以帮助政府监管者体察市场风险，确定监管重点，对于证券监管部门的监管工作有着重要意义。

（三）有利于上市公司防患于未然

真实的财务数据可以说是企业经营绩效最客观的成绩单，相关的比率分析更是公司最好的财务预警资讯，会计资讯对上市公司的评估绩效及决策参考有着重要的内部功能。若能建立起上市公司财务危机预警系统，可以帮助上市公司的管理者准确预测公司财务危机，有助于上市公司及时发现问题，解决问题，使其提前采取适当的纠正措施以阻止公司财务状况的进一步恶化，防患于未然，避免被特别处理或被兼并收购甚至进入破产清算的境地。

（四）有利于债权人等利益相关者的决策

上市公司的利益相关者还包括债权人，如银行。尽管目前上市公司有着直接融资渠道，但间接融资仍在上市公司的资本结构中占相当大的比重。债权人在进行是否对上市公司提供贷款的决策时，迫切想知道上市公司是否会发生财务困境，从而保证其发放贷款的安全性和收益性。尤其是在中国特定的环境下，债权转让市场没有建立起来，债权人持有的债权流动性不强，一旦上市公司发生财务困境，债权很有可能收不回来，发生坏账的可能性很大。因此，研究上市公司财务危机的内生因素和利用相关的财务指标与模型进行危机预警，对银行等债权人有着重要的意义。

第二节 财务危机与财务危机预警的界定

在众多的财务危机研究文献中，我们将财务危机（Financial Crisis）又称为财务困境（Financial Distress）的研究存在很大忽略，甚至对其定义都不一而足。究竟什么是财务危机，却有很多争论，不同的学者在进行研究时也采用了不同的标准，造成这种现象部分是因为企业陷入财务危机的事件多种多样。以前的研究往往是通过财务困境的现象来判别：如股利的减少，工厂的关闭，亏损，解雇员工，高级主管的辞职，股票价格暴跌等现象。很多学者在研究中根据各个国家的不同具体情况和各个时期、行业的不同具体情况，对财务危机的定义进行了不同程度的改造，从财务危机的范畴、财务危机的程度或财务危机原因等方面进行定性和定量的描述。

学术界最早提到过财务危机这个词是在20世纪30年代美国经济大萧条时，Dewing曾经在其著作《公司财务政策》的第二卷"失败与重组"中用约三分之一的篇幅来解释如何防止和对付财务危机。

William Beaver（1968）对公司财务危机的定义为不能清偿到期债务，具体包括以下四种情况：出现破产、债券拖欠不偿付、银行透支、不能支付优先股股利。

Carmichael（1972）认为财务危机是公司履行义务时受阻，具体表现为流动性不足、权益不足、债务拖欠和资金不足等四种形式。

Deakin（1972）认为财务危机公司仅包括"已经经历破产、无力偿还债务或为债权人利益而进行清算的公司"。

George Foster（1986）认为财务危机就是"如果不对公司运营方式或者结构进行大规模的重新调整就不能解决的严重流动性问题"。George Foster指出：所谓财务危机，就是指公司出现了严重的资产折现问题（也就是偿债问题），而且这种问题的解决必须要依赖于公司的经营方式或存在形式的改变。

Karen Wruck（1990）认为，财务危机是指一个企业处于经营性现金流量不足以抵偿现有到期债务（例如商业信用或利息），而被迫采取改正行动的境况。

Altman（1990）综合了学术界描述财务危机的四种情形，分别为（经营）失败（failure）、无偿付能力（insolvency）、违约（default）、破产（bankruptcy），具体定义见表1-1。

表1-1 财务危机界定

财务危机描述	具 体 界 定
（经营）失败（Failure）	典型代表是著名商业统计公司Dun & Bradstreet，该公司定义的"经营失败"（Business Failure）是指公司破产后停止经营；处置抵押品或仍然对债权人造成损失的；无法按期支付债务的；因法律纠纷被接管、重组的；与债权人自愿和解的。
无偿付能力（Insolvency）	包括技术上的无偿付能力和破产意义上的无偿付能力。前者指企业缺乏流动性，不能偿付到期债务；Walter于1957年提出了技术上无偿付能力的度量，即用净现金流是否能满足流动负债的支付需要作为判别技术上是否无偿付能力的标准；后者则是指企业资不抵债，净资产为负。
违约（Default）	违约可分为技术违约（Technical Default）和法律违约（Legal Default）两种。技术违约是指债务人违反合同规定并可能招致法律纠纷；法律违约是指债务人不能按期支付到期债务。
破产（Bankruptcy）	提交破产申请，被接管清算

Ross等（1999）则认为可以从四个方面定义企业的财务危机：第一，企业失败，即企业清算后仍无法支付债权人的债务；第二，法定破产，即企业或债权人向法院申请企业破产；第三，技术破产，即企业无法按期履行债务合约付息还本；第四，会计破产，即企业的账面净资产出现负数，资不

抵债。

谷祺和刘淑莲（1999）将财务危机定义为"企业无力支付到期债务或费用的一种经济现象，包括从资金管理技术性失败到破产以及处于两者之间的各种情况"。

总体而言，财务危机的定性描述多集中在破产清算或无偿付能力等方面。与财务危机相关联的一个概念是债务危机（Debt Crisis），债务危机是指任何不能按计划还本付息并由此损害其他债权人财务健康的情况。这种无力偿还假如是由于公司的盈利能力不足，通常可以被归结为"无力偿还（Insolvency）"问题。有时，也可能是由暂时现金短缺造成的，如由于罢工、自然现象或价格的暂时下降引起的，这种情况下是"流动性不足（Liquidity）"问题。在高利率的情况下，流动性不足问题可以迅速转变成为无力偿还问题。

关于财务危机预警（Finance Early-Warning）的定义，我们结合以上的概念，比较认同上海财经大学会计学院的张鸣、程涛等的观点，即财务危机预警是以财务会计信息为基础，以其他相关重要信息为参考，通过设置并观察一些敏感性预警指标的变化，对企业可能或者将要面临的财务危机实施的实时监控和预测警报。财务预警机制（Finance Early-Warning Mechanism）事实上是一种风险控制机制，贯穿于企业经营活动的全过程，它以公司的财务报告、经营计划及其他相关的财务信息为依据，以经济学、管理学、投资学、财务学、会计学等学科理论为研究基础，从宏观监督和企业微观管理双重角度，采用规范研究与实证研究等方法，发现公司存在的风险和问题，并及时示警的实时监控系统。

第三节 财务危机预警研究现状综述

一、西方财务危机预警研究现状

对企业财务状况的预警研究，西方国家始于20世纪初。亚历山大·沃尔出版了《信用晴雨表研究》和《财务报表比率分析》，开创了对财务状况进行综合检测和评价的先河。二战后，随着西方经济的全面复苏，人们对财务状况所进行的监测和评价逐步被财务业绩评价所取代。

国外对于预警模型的研究已经有70多年的历史，产生了大量有效的预警模型。比较早的预警研究是1932年Fitzpatrick的单变量预警分析，Fitzpatrick以19家公司为样本运用单个财务比率进行的财务危机的判别分析开创了财务危机预警实证研究的先河。Fitzpatrick将样本划分为破产和非破产两组进行研究，发现净利率/股东权益和股东权益/负债对财务危机的判别能力最高，而且在经营失败之前三年这些比率就呈现出显著差异。

Beaver（1966）使用1954~1964年间79家发生财务危机的企业和相同数量、同等资产规模的79家成功企业组成的样本，在排除行业因素和公司资产规模因素的前提下，分别检验了反映公司不同财务特征的6组30个变量在公司破产前一至五年的预警能力。Beaver的研究表明，下列财务比率对预测财务失败是有效的：现金流量/债务总额，净收益/资产总额（资产收益率），债务总额/资产总额（资产负债率）。其中，现金流量/债务总额指标表现最好，该指标在公司财务失败前一年、两年、三年、四年、五年用于预测的准确率分别为87%、79%、77%、76%和78%，大大高于随机预测模型。但是总体而言，该指标用于分辨非失败企业的准确率高于分辨经营失败企业，这在一定程度上影响了模型的实用性。Beaver还发现企业越临近破产日，误判率越低。由于采用不同比率预测同一公司可能会得出不同的结果，并且Beaver采用的是单变量判定模型，所以这种方法不能充分反映企业的财务状况。

Altman（1968）首先采用多元判别分析方法，使用负债比率、流动比率、净资产收益率等多种财务指标，建立了企业财务危机预警分析的多变量模型。Altman于1968年首先使用了多元线性判别模型来研究公司的破产问题。根据行业和资产规模，他为33家破产公司选择了33家非破产配比公司，选用22个变量作为破产前一至五年的预警备选变量，根据误判率最小的原则，最终确定了5个变量为最佳判别变量。选取的5个财务指标变量是：营运资本/总资产（X_1），留存盈余/总资产（X_2），息税前利润/总资产（X_3），股东权益的市场价值/负债总额的账面价值（X_4），销售收入/总资产（X_5），建立了企业破产预警分析的多变量模型，即著名的Z-Score模型。其多元线性判别模型为：

$$Z = 1.2X_1 + 1.4X_2 + 3.3X_3 + 0.6X_4 + X_5 \qquad （公式1.1）$$

在估计样本中，其模型在破产前一年成功地判别出33家破产企业中的31家，而对于由25家破产企业和56家非破产企业中组成的样本中，从25家破产企业中判别出24家，从56家非破产企业中判别出52家。Altman（1977）运用流动资金与总资产的比率、盈利留存和总资产的比率、息税前利润与总资产的比率、股票市值与总负债的比率、销售收入与总资产的比率等五个指标对1970年到1973年企业破产情况进行分析预测，成功率高达82%。线性判别模型对预警变量有着严格的联合正态分布要求，但现实中大多数财务比率并不能满足这一要求，且一旦在预警变量中出现虚拟变量，那么联合正态分布的假设就完全不成立。

为克服这一局限性，研究人员引进了逻辑（Logit）和概率比（Probit）回归方法。Ohlson（1980）使用逻辑回归方法和由在1970～1976年间破产的105家公司和2058家非破产公司组成的非配对样本，分析了样本公司在破产概率区间上的分布以及两类判别错误和分割点的关系，他发现至少存在四类显著影响公司破产概率的变量：公司规模、资本结构、业绩和当前的变现能力，用公司规模、资本结构、业绩和当前的变现能力进行财务危机的预测准确率达到96.12%。由此，Ohlson认为：以前根据行业和资产规模来进行样本配比的选样方法显得有些武断，还不如将资产规模变量直接放在模型中考虑。此外，他还发现以前的一些研究有高估模型预警能力的现象，他将这种现象归咎于在样本中含有破产申请日后公布的数据。

Bartczak和Norman（1985）运用多元判定分析和条件逐步逻辑回归两种方法对1971~1982年申请破产的60家公司和同时期的230家非破产公司进行研究，试图验证美国会计准则委员会提出的当期经营现金流量的详细信息披露是否有助于信息使用者更好地评估将来现金的数额、时间以及不确定性。研究结果表明：由于财务比率是以应计制（即收入发生时记入收入，费用发生时记入费用）为基础，经营现金流的数据提供并不能增加预测能力。

Tirapat和Nittayagasetwat（1999）运用多元逻辑回归模型研究了1997年泰国企业的破产情况，他们认为宏观经济条件可以在一定程度上反映潜在的企业财务危机，而且如果一家企业对通货膨胀的敏感度越高，其陷入财务危机的风险也就越大。

Odour和Sharda（1990）用BP神经网络预测了财务困境。他们的模型要优于当时的判别分析模型，能更好地解决分类问题。但他们的模型仅仅是神经网络方法应用的展示和Altman（1968）研究的重复。Coats和Fant（1992）运用神经网络技术学习审计专家的结论来判别财务困境。他们选取了由审计师判定的1971~1990年的94家持续经营的公司和188家财务状况变动较大的公司，并采用Altman的Z值模型中的五个财务比率分析了这些公司在破产前三年内的数据。Coats和Fant认为Z值模型对破产当年具有很好的判断效果，但不具有很好的提前预测效果。神经网络模型则解决了此问题，并用47家财务危机公司和47家健康公司检测模型的预测效果，拟合度达100%，模型用于预测财务危机公司准确率达91%。Lee等人（1997）就韩国的财务数据比较了多层神经网络方法和多元线性判别法，发现在预测破产问题上神经网络模型的预则效果和适应性均优于多元线性判别法。Luther（1998）将采用遗传算法的神经网络模型与logit回归模型相比较，结果证明神经网络的预测准确率远高于Logit模型。

二、我国财务危机预警研究现状

早在20世纪80年代中期我国的学者吴世农、黄世忠等曾经对企业破产进行过研究和预测，其代表性的文章为《企业破产的分析指标和预测模型》。他们的文章曾介绍了企业的破产分析指标和预测模型，引领了我国在这一领域的研究。

我国对企业经济活动财务危机预警的实证研究起步较晚，但国内学者也做了较多的研究，对行业和企业微观经济活动的预警活动的系统研究是在20世纪90年代初我国实行经济体制改革后才崭露头角。

周首华（1996）等我国学者注意到Altman的Z分数模式（Z-Score Model）没有充分考虑到现金流量变动的局限性。为此，对Z分数模式加以改造，并建立其财务危机预测的新模式——F分数模式，它的主要特点是：①F分数模式中添加了关于现金流量预测的自变量。以往的理论和实践证明，现金流量比率是公司财务危机预测的有效变量，因而它弥补了Z分数模式的不足。②F分数模式根据现代公司财务状况的新理念及新标准对模型进行了调整和更新。比如公司所应有的财务比率标准已发生了许多变化，特别是现金管理技术的应用，已使公司所应维持的必要流动比率人为降低，相应的危机指标标准也进行了调整。③F分数模式使用的样本范围更广。在分析使用了4160家公司的数据的基础上，验证检查F分数模式的有效性，而Z分数模型的样本仅为66家（33家破产公司和33家非破产公司）。F分数模式为：

$$F = -0.1774 + 1.1091X_1 + 0.1074X_2 + 1.9271X_3 + 0.0302X_4 + 0.4961X_5 \quad （公式1.2）$$

其中，X_1，X_2及X_4与Z分数模型中的X_1，X_2及X_4相同，X_3=（税后纯收益+折旧）/平均总负债，X_5=（税后纯收益+利息+折旧）/平均总资产。其代表性的文章为《论财务危机的预警分析-F分数模式》。

陈静（1999）以1998年的27家ST公司和27家非ST公司，使用了1995~1997年的财务报表数据，进行了单变量分析和二类线形判定分析，在单变量分析中，发现在负债比率、流动比率、总资产收益率、净资产收益率四个指标中，流动比率和负债比率误判率最低；在多元线形判定分析中，由负债比率、净资产收益率、流动比率、营运资本/总资产、总资产周转率等六个指标构建的模型，在ST发生的前3年能较好地预测公司的财务危机。其成果的代表性文章为《上市公司财务恶化预测的实证分析》。

张玲（2000）选取沪深交易所120家上市公司作为研究对象，其中60家为构造样本（30家ST，30家非ST），60家为预测样本（21家ST，39家非ST）。研究得出的判别方程是：

$$Z = 0.517 - 0.46X_1 - 0.388X_2 + 9.32X_3 + 1.158X_4 \qquad （公式1.3）$$

其中，Z是判别函数值；X_1=资产负债率；X_2=营运资金/总资产；X_3=总资产利润率；X_4=留存收益/总资产。其判别规则是：①凡判别分Z值小于0.5的公司被判为财务危机公司。②凡判别分Z值介于0.5~0.9之间的公司被判为灰色地带公司。③凡判别分Z值大于0.9的公司被判为财务正常公司。

陈晓和陈治鸿（2000）以因财务状况异常而被特别处理（ST）作为上市公司陷入财务困境的标志，运用多元逻辑回归模型和可公开获取的财务数据，对中国上市公司的财务困境进行了预测。通过试验1260种变量组合，发现负债/权益、应收账款周转率、主营利润率/总资产和预留收益/总资产对上市公司财务困境有着显著的预示效应。就判别正确率而言，他们的研究所发现的最优模型能够从上一年股本收益率公告小于5%的上市公司中预测出73.68%的下一年会进入ST板块的公司，总体判别正确率为78.24%。

李华中（2001）选择1997年全部ST公司和选择一小部分1999年为ST的公司作为失败类样本组；而1997、1998年非ST类个股样本作为预测之用，再按照配对原则从同行业、相近资产规模的企业中选出同样数量的非ST公司作为非失败类样本组。选择贝叶斯方法、费歇方法、Logit方法及Tobic方法，作为备选的判断方法，前两种方法是距离判断方法，后两种方法是回归判别方法。选取了27个财务指标变量，分别使用全部进入法、向前选择法、向后选择法三种方法进行判别函数的构造。结果发现：三种方法判别结果很相近，但由于向前选择法运用的变量少，成本小，所以采取向前选择法。从实证结果看，模型判别的平均误判率为5.66%，而模型预测的误判率为

14.5%，这表明模型具有很强的判别分类能力，是有效的判别工具，可用于外推预测。

吴世农、卢贤义（2001）以我国上市公司为对象，选取了70家处于财务危机的公司和70家财务正常的公司为样本，首先应用剖面分析和单变量判定分析，研究财务危机出现前五年内这两类公司21个财务指标各年的差异，最后确定六个为预测指标，应用Fisher线性判定分析、多元线性回归分析和逻辑回归分析三种方法，分别建立三种预测财务危机的模型。研究结果表明：①在财务危机发生前两年或一年，有16个财务指标的信息时效性强，其中净资产报酬率的判别成果率较高。②三种模型均能在财务危机发生前做出相对准确的预测，在财务危机发生前四年的误判率在28%以内。③相对同一信息集而言，逻辑预测模型的误判率最低，财务危机发生前一年的误判率仅为6.47%。其代表成果为《我国上市公司财务困境的预测模型研究》。

杨保安等（2001）采用人工神经网络模型进行财务危机预警研究，通过输入层、隐藏层和输出层的人工神经网络的模拟，构建财务预警模型。在其网络结构中，输入层神经元个数由输入量决定，输出层神经元个数由输出类别决定，至于隐藏层神经元个数一般为经验值。研究结论表明：除个别样本外，样本实际输出与期望输出接近，较为一致，显示出神经网络是进行财务评估的一种比较好的应用工具，能为银行贷款授信、预警提供有效的决策支持。

顾银宽、林钟高（2004）分析了各种财务危机预测方法的利弊，主要包括一元判别法、多元线性判别法、多元逻辑回归方法、生存分析法、模拟类预测方法、反映类分析法、案例分析法、综合分析法、分行业分析法等，并对主要存在的问题进行了探讨。

武汉理工大学的张友棠（2004），在其全国教育科学"十五"规划重点课题项目中通过分析财务风险逐步显露的三个阶段——潜伏期、发作期和恶化期的财务警兆，从外部环境和内部控制两个层面对财务风险的警兆表现进行了系统的论述，构建出了基于现金流量基础的全新的财务指标——现金盈利值CEV和现金增加值CAV，并在此基础上系统地构建了财务预警指数测度系统和分析系统。其代表作为2004年中国人民大学出版社出版的《财务预警系统管理研究》。

上海财经大学的张鸣教授在其国家级课题的研究中通过从静态和动态的角度分别构建具有静态财务预警模型和动态财务预警模型，并进行中长期的预测，同时分别从外部信息使用者和内部信息使用者的角度去阐述具体的应用过程，并构建以财务预警模型为核心的财务预警系统和企业预警系统。张鸣等（2004）以1998~2000年之间因财务状况异常而被特别处理的公司即ST公司44家，按照行业分类和总资产规模选择相应的控制样本即非ST公司44家，组成样本88家公司，运用多元判别方法并引入逐步判别分析建立了基于年报数据的预警模型。基于年报数据的判定模型，包含了12个预测变量，具体模型是：

$$Z=0.1677+1.4029X_1-2.0601X_2-1.5686X_3+0.0443X_4-0.0726X_5-0.6276X_6$$
$$-0.0711X_7-0.5608X_8+0.1640X_9+1.0648X_{10}-0.0412X_{11}-0.1346X_{12}$$

（公式1.4）

其中，Z是判别函数值；X_1=资产负债率；X_2=（利润总额+财务费用）/总资产；X_3=主营业务利润/总资产；X_4=负债/股东权益合计；X_5=存货净额/主营业务收入净额；X_6=非主营业务利润/总资产；X_7=主营业务收入/净资产；X_8=流动负债合计/总资产；X_9=（本年度净利润–上一年度净利润）/（｜本年度净利润｜+｜上一年度净利润｜）；X_{10}=留存收益/总资产；X_{11}=每股净资产；X_{12}=每股未分配利润。该模型将判别临界值设定为0.5，大于0.5的判为财务危机公司即ST公司，小于0.5的判为财务正常公司即非ST公司。通过实证研究，该模型的判定精度达到了100%，说明该模型对原样本的拟合程度很高，交互验证误判率仅为10.29%，预测精度达到85%，确定该模型为ST前一年预测最优模型。其代表作为2004年中国财政经济出版社出版的《企业财务预警研究前沿》等。

三、国内外财务危机预警研究的缺陷

（1）缺乏深厚的经济理论的指导。无论采用什么统计技术方法或模型，财务预警机制都存在着这样一个问题：缺乏深厚的理论基础来支持。没有明确和深厚的理论作为研究的基础，这样在选取样本指标和变量时很难做到相关性，也很难做到成本收益原则所要求的用最小的成本来取得最大收益。

（2）缺乏有机的联系。早期大部分预警研究大都是从宏观层面的角度对财务预警进行系统研究的。那些从微观方面对企业的财务活动的预警做出了很好的预测，但是不足之处是，将宏观监督和微观管理有机结合的角度来研究财务预警机制的相对很少，而这些发展历程过多地从单一方面或注重从宏观层面即宏观经济对企业微观活动的影响或从单一的一种模型来研究企业的经济活动。

（3）指标的选择过于单一。我国目前的财务预警实证研究大多数只是考虑定量方面的指标，尤其是财务业绩评价指标，很少将定性因素（比如事务所的审计报告等）纳入模型并与定量指标相结合补充。审计意见是注册会计师对企业财务会计报告在重大方面是否公允反映财务状况的一种职业判断，能够从独特的视角反映公司的经营情况和财务信息的真实可靠及内控的水平情况，可以作为企业总体财务情况的指示灯。

（4）财务信息的相关性较差。由于目前我国的证券交易所股票上市规则中规定对公司股票交易实行特别处理，即警示存在终止上市风险的特别处理（简称"退市风险警示"）和其他特别处理，以及暂停股票上市交易和终止股票上市交易的制度。我国财务危机模型的选择的指标主体主要是取自资产负债表和损益表的数据，以权责发生制为基础，容易受到盈余管理的影响，其与财务状况的相关性会大打折扣。

第四节 研究主要内容和研究方法

一、研究的主要内容

本研究以山东省上市公司为研究对象，分析在经营中因为经营亏损和财务状况异常等原因被特别处理、甚至面临退市的上市公司，寻找这些公司发生财务危机的原因和能够预测财务危机发生的财务指标，筛选和确定对公司陷入财务危机影响显著的财务指标，建立财务危机的预测模型，检验模型的预测精确度和模型的应用，提出对预警模型的修正思路以提高模型预测能力。具体内容有如下几个方面。

（1）财务危机预警研究的理论基础分析。导致财务危机的具体原因千差万别，可以归为两大类：一是外部环境的变迁，二是内部控制失控。因此，可以从两个方面阐述财务危机预警的理论基础：一是公司外部的财务危机理论基础，如周期波动理论、风险价值理论和企业预警理论；二是内部的相关理论基础和观点，如内部控制理论、现代财务管理理论等。通过对这些理论的分析和阐述，阐明这些基础理论对构建财务危机预警理论的支撑作用。

（2）山东省上市公司财务危机的共同特征和原因分析。对山东省上市公司现状进行分析，重点分析因为经营亏损和财务状况异常等原因被特别处理、第一次出现经营亏损的公司，寻找这些公司发生财务危机的共同特征。从微观的角度研究公司发生财务危机的原因，如从投资决策失误、债务负担过重、治理结构存在严重缺陷、盲目扩张和多元化等方面进行分析；从宏观的角度研究公司发生财务危机的原因，如从经济形势、金融政策、经济周期等方面进行分析。

（3）财务危机预警模型的建立。选取山东省的上市公司为研究样本，将样本划分为样本组和对照组。选择能综合反映公司的偿债能力、盈利能力、资产运营能力、现金流量和发展能力情况的财务指标，搜集并计算样本公司财务指标的数值，对这些财务指标进行对比分析，探讨对公司陷入财务危机影响显著的变量。筛选和确定对公司陷入财务危机影响最为显著的财务指标为模型的判定指标，建立中长期财务危机预警模型，提高在财务危机预测中的效率。

（4）预警模型的应用及修正思路。选取具体的上市公司进行预警分析，进行模型的应用以及检验模型的预测精确度。针对预警模型存在的问题与局限性提出对预警模型的修正思路，考虑其他非量化的因素对模型的影响，完善财务危机预警机制。

二、研究方法

在研究过程中，本研究将综合运用财务学、经济学、管理学以及计量经济学等学科的理论和方法。研究方法主要包括如下几个方面。

（1）本项目拟以规范研究思路对上市公司陷入财务危机的原因、症状的共性特征进行研究与归纳，运用比较研究的方法对财务危机预警原理与构建预警系统的要素进行分析和论证。

（2）采用实证研究方法对财务危机预警模型进行研究，采用宏观层面的统计方法与微观层面的变量选取方法相结合的手段，选取具有显著性差异的财务指标作为预警变量，尝试性地构建财务危机预警模型。

（3）运用案例研究的方法，以财务失败的典型公司为例，将财务危机与财务预警理论模型进行具体运用，以佐证模型建立的理论价值与实际意义。

第二章

财务危机预警研究的
理论基础和分析方法

DI ER ZHANG

第一节 财务危机预警研究的假设前提

理论系统的构建，需要一定的系统外部环境变量的预先设定或共性假设。这些假设前提的作用在于规范环境变量、统一认知水平，并有利于逻辑推理和科学论证。一般而言，对于经济运行系统、财务信息系统和财务危机预警系统，人们所共知的环境前提至少有如下内容。

信息传递是有效的。根据有效市场理论，市场的有效性可以分为强式有效、半强式有效和弱式有效三种情形。根据理论上的划分和实证检验，尽管各国资本市场的发展程度不同，但大多研究支持资本市场均为半强式有效的结论，认为资本市场又同时受到许多因素的影响。在信息基本对称的前提下，市场、企业、投资者（发现者）之间的信息传递是通畅的。

理性预期和同质性预期。市场中的企业、管理者、投资者和其他信息使用者对经济形势、资本市场、财务数据的理解和预计基本相同。纯粹的投机性活动不在本研究的范围之列。基于这一认识，公司财务可以建立一种基于普遍理解和预期的、为广大信息使用者服务的预警系统。

风险传导观。根据财务学理论，经营风险来自企业的资本投资运用，并随着经营杠杆的提高而增大，财务风险来源于债务筹资，没有债务资本的公司无财务风险。经营风险与财务风险是分离的、不相交的。然而，现实的情况是，无债务资本的企业是不存在的，没有或很少长期债务资本的企业如果经营不善，也会陷入"资不抵债"的境地。原因在于，企业的经营运行中，商业信用占款、短期借款、应付应计项目等流动负债不可避免，尤其是对于某些季节性经营的企业，其流动负债的比重更为突出。企业经营不善，通常是资本的投资运用不利，进而引起财务状况恶化和财务筹资风险。因此，我们有理由相信，财务风险不纯粹是由筹资行为引发的，风险可以传导，经营风险可以导致财务风险，系统性风险也可能加剧公司的个别风险。甚至，我们可以认为，经营风险是导致财务风险的重要原因，经营风险是财务风险的一个组成部分。

相同行业、相同资产规模公司的风险暴露相同；暴露是一种处于某种风险之中的状态。该假设将不同企业的风险评估建立在可以比较的基础上。

非系统性风险可以规避。首先，人们认识到风险和不确定性的存在既可以为产生利润带来一定条件，又可能招致不可预期的损失。而普遍地，人们对待同等数额的利润和损失的态度是不同的，更多的人倾向于风险中性和风险厌恶，积极寻求规避风险的方法和措施，只有极少数人追求高风险下的高利润，由此才产生了以风险与价值对等为基础的风险价值理论。但是，我们必须清醒地认识到，经济的系统性风险是身处经济系统其中的企业所无法规避的，公司的个别风险可以通过采用一定的系统方法而有效规避。风险的强度与公司所处的行业有关，规避风险的能力取决于公司的经营能力和管理水平。

公司财务危机的发生是客观的。这是由公司外界环境变化的不可避免性和公司内部条件改变的普遍性所决定的。在公司外部，自然环境、社会环境（尤其是经济环境）的改变是客观的、无法回避的，它们都有自身客观的变化规律；在公司内部，公司生产经营的规模扩大与缩小，技术的进步与落后、管理水平的提高与降低等，这些改变都是普遍的。当它们使公司处于相对劣势时就会使公司的经营效率下降，经营成果和财务状况变坏甚至恶化，不可避免地产生财务危机。

危机潜伏观。所谓人无远虑必有近忧，危机无时不在，但危机和风险总是以多种不同的形式或潜伏，或出现。企业危机的根本原因在于企业与外部环境的适应性。当企业能够顺应社会环境和外部市场，其能力可得以发挥。如果企业克服重重困难，可能转危为安。否则，危机可能由潜伏变为现实。企业能力是以企业的人力资源、财务资源和物质资源等要素为基础的。离开了这些核心资源要素，企业就不可能有竞争能力可言。企业经营是为了获取利润并持续发展，同时必须警醒和提防潜伏的风险和危机。

　　财务危机是可以预测和可以控制的。由于公司财务危机是客观的、相对的、变化的，它的发生、发展过程必然表现为某种规律性。由于人的行为是可以矫正的，因此人对公司财务危机的认知能力与矫正能力，使得人们能够辨明危机成因、认识危机活动规律，即公司财务危机的产生及其过程是可以预警的，随着现代预测方法的发展，对公司未来财务危机发生与否的预测以及危机的扭转成为可能。危机的预测、预警和预防是以对企业经营风险和财务风险的有效识别和度量为基础的，这就需要系统科学的预警理论指导和切实可行的预警方法。当人们在经营与财务活动中提高了辨别力与应变力，掌握了应对危机的对策与方法时，公司财务危机就可以被控制、转化。

　　财务会计遵循了会计原则。财务报告真实可靠地反映了企业的历史信息，成为财务危机预警的重要依据。盈余操纵、异常报表和数据可以识别并剔除。

　　财务比率具有高度相关性。财务分析最为常用的是由财务会计报告中提炼的财务比率。财务比率被认为是可靠的，并与投资者的决策具有高度的相关性。

第二节 企业外部的财务危机理论基础

财务失败的危害是财务危机预警的根本动力，财务危机预警的直接目的是阐明财务危机的产生机理从而避免财务失败。这在客观上要求财务危机预警研究应从财务危机产生的深层原因入手，研究警源、警兆和警情，并针对不同的警情，提出切实可行的防范措施。

导致财务危机的具体原因（警源）千差万别，但归纳起来，不外乎两类：一是外部环境变迁的外因；二是内部控制失控的内因。因此，可以从两个方面阐述财务危机预警的理论基础：一是公司外部的财务危机理论基础，如不确定性理论、经济周期和波动理论、风险价值理论和企业预警理论；二是内部的相关理论基础和观点，如公司治理理论、内部控制理论、利益相关者财务理论，现代财务管理理论（如不对称信息理论、代理理论和信号理论等）以及信息论等。通过对这些理论的分析，阐明这些基础理论对构建财务危机预警理论的支撑作用。

企业的危机征象（警兆和警情）体现在市场、经营、人事多个方面，但主要的和首要的是财务方面。财务会计肩负着如实反映企业经营业绩、财务状况和现金流量的重大责任，财务会计报告是联系企业内部、外部的信息通道。财务危机不可避免地能够体现在财务报告中的各项财务指标上，这种现实成为分析财务报告和构建基于财务比率的预警系统的实践基础。

一、不确定性理论和风险管理理论

现实世界里，无论社会、组织和个人都面临"下一步"的问题。由于"下一步"现实中尚未发生和存在，谁也不可能明确知道"下一步"究竟会怎样，所以不确定性是未来事件的最基本特征。但是，不确定并不意味着完全不可知。历史事实、知识积累和科学研究都是在找寻事物发生、发展的规律性，其存在的目的是增强预知能力，预先推测未来的可能走势，从而降低不确定性和不利情况的发生。

变化是不确定性的主要来源。企业外部自然环境、经济、政治、法律、文化等条件的变化，以及企业自身的变化，使企业面临不确定性的未来。企业的经营处于时刻变化的环境，受变化的环境和自身能力的制约。

企业未来收益或损失的不确定性就是通常理解的"风险"，但"风险"更多地用来描述"损失的不确定性"。不确定性蕴含着盈利的机会和损失的压力。当外部环境发生变化，企业可以有不同的应对策略。企业应对变化环境的过程是企业能力与环境要求之间的博弈过程，博弈的结果体现了二者的力量对比。

风险管理是一个组织中全面的、普遍的管理职能，用以对该组织所面临的风险进行评价和处理。良好的风险管理有助于降低决策错误的概率、避免损失可能、相对提高企业本身的附加价值。风险管理理论起源于20世纪50年代，发展至今已成为企业管理理论的重要学科。风险管理作为企业组织及管理的重要功能，其地位不断得以强化。当企业在经营活动中的全部可能发生的结果完全已知，并且每种结果可能发生的概率也是已知的情况下，如何选择不同的决策方案，以达到用最小的成本把经营风险造成的不利影响降至最低限度的管理程序和方法。风险管理广泛运用了数学语言如期望值、概率、加权等，至今，风险管理的研究为企业危机预警管理提供了许多数学方法和数理模型。

风险管理的基本程序包括风险识别、风险估测、风险评价、风险控制和风险管理效果评价等环节。其目标包括：在可能的损失发生前，避免或减少风险事故形成的机会，包括节约经营成本、减少忧虑心理；在可能的损失发生后，则是努力使损失的标的恢复到损失前的状态，包括维持企业的继续生存、生产服务的持续、稳定的收入、生产的持续增长和社会责任。

经济领域的决策分析中的随机现象，尤其是经济预测中对经济现象出现结果的可能性预测，绝大多数不能重复发生，无法使用古典的频率方法确定事件概率，只能用贝叶斯学派的"主观概率"来确定，即某个事件的概率是人们根据经验对各事件发生可能性所给出的个人信念。主观概率是依据客观现象的现实规律和先验概率，由管理者对未来事项的估计。财务危机预警暗含了在风险识别基础上对风险进行评估，即估算可能损失发生的概率和损失幅度的思想。可以说，财务危机预警是风险管理的一个分支或方向，概率是预计发生可能性大小的工具，预警是风险管理的一种措施。

二、经济周期理论和波动理论

经济运行中周期性出现的经济扩张与经济紧缩交替更迭、循环往复的一种现象就是经济周期，通常表现为国民总产出、总收入和总就业的周期性波动。

西方经济周期理论中对周期理论的理解经历了从"古典周期"到"增长周期"的演变。第二次世界大战以来，美国经济和其他市场经济所表现的不稳定性发展，表现为经济扩张中增长率（相对值）的减慢或阻滞，而并不一定有经济总体绝对值下降或下跌的变化。由于经济上表现出的这种不稳定变化，古典的经济周期定义所说的衰退次数已比较少，但在经济活动的发展速度上仍发生重大的波动，虽然这些波动并不激烈，但仍属一种经济周期，所以经济学家们越来越多地考虑采用增长性衰退和增长周期的概念。

经济周期一般可以划分为繁荣、衰退、萧条、复苏四个阶段。一般的理解是在经济繁荣期，蕴含着经济运行的风险，由于经济结构、市场规律、经营行为等的共同作用和不协调影响，在衰退期警兆开始出现；萧条期是危机的警情；复苏期是经济开始走出危机的阴影。

经济周期是一种不以人的意志为转移的客观现象，经济周期波动规律的发现为解释经济现实和实现逆周期经营战略和财务战略提供了理论工具。市场经济条件下，企业家们越来越多地关心经济形势，也就是"经济大气候"的变化。一个企业生产经营状况的好坏，既受其内部条件的影响，又受外部宏观经济环境和市场环境的影响。一个企业，无力决定它的外部环境，但可以通过内部条件的改善，来积极适应外部环境的变化，充分利用外部环境，并在一定范围内改变自己的小环境，以增强自身活力，扩大市场占有率。

经济周期对企业财务具有重要影响。政府通常利用货币政策等手段应对经济周期。在银根紧缩期，企业的资金链紧张，容易发生财务困难、资金链断裂，从而诱发财务失败。通货膨胀期，经济萧条，大量企业倒闭。相反，在经济景气时期，货币政策宽松，适合扩张型的财务战略。由此可见，经济周期与经济组织的周期性财务危机紧密关联，经济周期导致企业财务危机有一定的必然性。经济周期必然导致各种经济组织出现周期性的财务风险，对周期性的财务风险进行监测和预警也就显得越来越重要。财务风险包括经营风险、投资风险与筹资风险。人们解释经济出现周期波动的理论很多，大体有消费不足理论、投资周期理论和货币因素理论。

消费不足理论认为经济波动的原因如下：消费不足→产品库存积压严重→生产下降→经营活动产生波动→经营风险出现。从消费不足理论上我们可以看出这样的一条轨迹：当消费者购买急剧下降时，特别是许多耐用品的存货会大量的积压，然后便是企业的产出下降，从而导致对原材料的需求下降，导致其价格跌落。企业利润在这种情况下会急剧下滑，从而会使企业产生经营风险。

投资周期理论认为经济波动的原因如下：经济扩张或畏缩→投资增加或减少→投资活动产生波动→产生投资风险。从投资周期理论中我们可以看到，当经济在扩张或者萎缩状态时，社会上的投资额增加或减少，企业会随着经济的繁荣或衰退来加大投资或减少投资，从而来满足社会大众对产品的需求。企业增加或减少投资都会使企业产生或大或小的投资风险，从而产生企业的财务风险。

货币因素理论认为经济波动的连锁原因如下：利率体系的降低或升高→借款额度的增加或减少→生产的扩张或收缩→筹资活动出现波动→产生筹资风险。货币学派将商业周期波动归因于货币和信贷的扩张和收缩（弗里德曼），即货币是影响总需求的最基本因素，通过货币机制的运作过程可以影响利率体系的升降，受利率的影响，企业的借款额度和成本也会发生相应的增减。受此影响的结果就是企业的生产或扩张或萎缩，从而导致企业的筹资活动产生变动，产生筹资风险。

三、企业生命周期理论

企业进化论理论认为企业存在着生物特性，企业的发展轨迹要受到生命周期的影响。恰当地评估企业当前的生命周期，对企业制定和实施经营战略、实现可持续发展意义重大。

企业的生命周期是指企业诞生、成长、壮大、衰退甚至死亡的过程。企业的寿命有长有短，但各企业在生命周期的不同阶段所表现出来的特征却具有某些共性。通过对这些集体共性的研究和一定的危机预警机制而使企业了解自己所处的生命周期阶段，从而调整经营状态，尽可能地延长自己的经营生命。

陈佳贵（1995）重新划分了企业的生命周期，将企业生命周期分为：孕育期、求生存期、高速发展期、成熟期、衰退期和蜕变期。这种划分模型充分考虑了企业生命特征的特殊性，在企业衰退期后加入了蜕变期，认为企业不蜕变就不能在变化的环境中求生存，提出了企业的蜕变理论。该理论不同于以往以衰退期为结束标志的企业生命周期研究，拓展了纯粹生物特性的论断，对企业可持续发展具有重要的理论意义和较强的实践价值。美国著名管理学家伊查克·爱迪斯（Ichak Adizes）（1997）在他的《企业生命周期》一书中指出，企业的生命周期要经历两个阶段和十个时期：两个阶段是指成长阶段与老化阶段；十个时期是指孕育期、婴儿期、学步期、青春期、盛年期、稳定期、贵族期、官僚化早期、官僚期与死亡期。

当经济周期和企业生命周期的波幅叠加，可能产生抵消现象或共振现象。如果企业正值青年期，则外部经济条件极有可能放大、加速其扩张成长的可能。在经济扩张期，如果企业已步入老年期，仍可能持续经营一段时间，甚至可以掩盖当下的财务危机。因此，企业的财务预警分析应结合对经济形势的系统展望和对企业生命周期的恰当评估。

四、财务周期理论

基于公司财务状况波动的周期性现象，财务学界提出了财务周期概念。财务周期是公司财务状况运行波动的时间周期，与财务管理过程比较接近（罗福凯，2010）。财务周期的主要特征在于企业的财务管理过程是资本的投入产出和价值创造的全过程，它既包括筹资、投资、耗资、收回资金、分配规划资金等财务活动的资本运行过程，也包括财务行为主体之间处理财务关系的行为过程。财务周期包括财务活动运行过程和财务关系处理过程，资本循环周期是财务周期的形式或种类之一。

财务周期与经济周期有明显区别，也有紧密联系。在周期性波动的产生原因、外在标志、影响面等方面明显不同，在周期的时间跨度、同步性以及形态和类型表现方面也有很大差别。但是，总体看来，公司财务周期是一个国家和全社会经济周期的组成部分，财务周期与经济周期之间是部分与整体的关系。经济周期形成后对财务周期具有决定性作用，财务周期对经济周期具有反作用。当多数企业的财务状况处于成长和快速发展时期时，必然会拉动整个国家经济上升；当多数企业的财务状况处于扩张和价值最大化时期，整个国民经济发展必然会进入高峰时期；当多数企业因国际环境或国内突发事件影响而处于衰退、困难期，整个国民经济也必然发生衰退和萧条。可见，大量微观企业经营过程价值波动周期——财务周期的叠加对经济周期具有强有力的促发作用。

企业的产品生命周期、人力资源周期和财务周期等共同构成了企业的生命周期。财务周期是企业生命周期的一部分，企业生命周期决定着财务周期，同时，财务周期又会反作用于企业生命周期。一般说来，产品生命周期是企业生命周期的物质基础，应服从公司的财务周期，众多公司的财务周期又形成了整个国家的经济周期。

理解和识别财务周期是财务风险评估和财务预警分析的基础性工作，企业对财务周期的有效预测，有助于股东和管理者有效地管理企业，推进企业健康、可持续发展。

五、非均衡理论（Disequilibria Theories）

财务预警之非均衡理论（Disequilibria Theories），主要用外来冲击（External Shock）来解释由公司财务危机导致的公司破产，具有代表性的是混沌理论（Chaos）和灾害理论（Catastrophe）。

混沌理论是一种迅速发展的新科学，致力于研究复杂的、非线性的、动态的系统，是20世纪60年代初，气象学家爱德华·洛伦兹在用12个递归方程模拟天气的基本方面时偶然发现的。他有一次在重新输入已经输入过的数据并重新运行程序运算天气模式时，得到了一个和以前用同一数据计算的截然不同的图像。原因是计算机将精确到三位改为精确到六位，就得出了和用同一数据运行计算结果完全不同的天气模式。他经过认真探究才知道：由于方程的递归性，极小的错误首先会引起微小的错误，下一步错误更大一点，再下一步再大一点。经过一长串的递归计算后的最终结果会导致一种和预期完全不同的天气模式。混沌理论不是关于无序的理论，虽然从字面上看起来是这样；相反，它可以看作是一种更好的理解秩序的方法。混沌理论支持这样的观点：要预料所有那些与计划安排有所偏离的无数小事件是不可能的。在一个偶然的时间点上，这些小事件积聚起来可能造成灾难性的后果；一些很微小的错误时间长了，再加上其他异常，结果就会导致大灾难。那些其他人认为无关紧要的小错误是不可容忍的，大的不利事件总会发生。如果我们接受混沌理论的话，要注意企业在日常运行中出现的一些小错误，以防止大的不利事件发生。我们可以采用管理会计中的例外管理原则来对一些重要部门的重要的、不正常的、不符合常规的一些指标和情况进行关注和考虑。

灾害理论（Catastrophe），Ho和Saunders（1980）首次将灾害理论应用于公司破产研究领域，他们使用灾害理论首先研究美国的银行管制，发现银行的破产不是因为逐步衰落而引起的，而是一种由管制机构行为引起的突然倒闭；这种观点对于我们从企业宏观监督和微观管理的角度来研究企业的财务危机是很有帮助的。另外一些则将破产与具体的经济原因联系在一起，如消费者偏好、企业生产函数的变化、市场结构、行业特征（如进入及退出壁垒）、公司的成长特点、资本结构特征及在行业中的相对地位等。我们可以用以上两种理论分别从企业的内控方面和外部的经营环境对企业规模、生产经营和企业的财务运行情况等方面进行全面的分析，从而选择出需要加以考虑的一些定性和定量的财务指标与适合财务预警的模型。

六、 权变理论

财务预警之权变理论（有时人们称为情景模式）强调这样一个事实，每个组织所具有的特征和特性不同，因此他们所面对的情景不同，要求有不同的管理方式。权变管理学派的权变理论也称权变观点，是从系统观点出发，试图了解各子系统内部和各子系统之间的相互关系，以及组织与环境之间的相互关系，从而确定各种相关变数的结构模型与关系模型。

正如一句名言所说的那样，"世界上没有两片相同的叶子"，企业所处的经营环境不可能是完全相同的，企业要面对的是千变万化的市场需求和变幻莫测的全球经济状况，未来的任何时刻对企业来说都是不确定的。面对复杂多变的环境，要针对分析对象处于不同的行业和其所处的经营周期的不同，要求在设计财务预警指标与预警模型之前，需要设计者在充分了解企业将来有可能面临的一些可预测的事情和情景。在企业环境发生变化后，财务预警中的一些预警指标应随着环境的变化进行调整，这样，就要求财务预警模型的设计者应站在权变观点的角度来分析财务预警企业的刚性财务指标（比如像资产负债率、资产周转率等）和柔性财务指标（比如像审计意见、技术贡献率等）。只有这样，才能做到指标的选取能够最接近企业组织的实际情况，真正做到因时而变因势而变从而使得财务预警模型的效用达到最大。在财务预警机制中，不存在一个统一的、标准的、适用于任何企业的、最优的预警系统，财务预警的设计必须建立在对企业内外环境和行业特征等一系列分析的基础上，并随着环境的变化而进行改进和调整。

七、在险价值（VaR）理论

在险价值理论（Value at Risk，简称VaR），也称担险价值或风险价值理论，是现代财务经济学与数理统计技术相结合而产生的定量分析技术，其目的是量化、测定金融市场中复杂证券组合的市场风险。VaR的基本含义即"处于风险中的价值"，该理论的基本内涵在于构造证券组合价值变化的概率分布（张友棠，2004）。市场正常波动下，在一定的概率水平（置信度）下，某一金融资产或证券组合在未来特定的一段时间内的最大可能损失可由VaR度量。

在公司资产的证券化趋势下，VaR理论不仅在树立公司的风险意识方面有显著作用，同时也给出了一种现实可行的定量衡量风险和基于风险的价值的方法，为公司的财务风险与危机预警提供了一条极有价值的思路。

第三节　企业内部的财务危机
相关理论基础和观点

一、公司治理理论

从公司治理的产生和发展来看，公司治理可以有狭义和广义两种理解。

狭义的公司治理，是指所有者（主要是股东）对经营者的一种监督与制衡机制，即通过一种制度安排，来合理地界定和配置所有者与经营者之间的权利与责任关系。公司治理的目标是保证股东利益的最大化，防止经营者与所有者的利益背离。其主要特点是通过股东大会、董事会、监事会及经理层所构成的公司治理结构的内部治理。

广义的公司治理是指通过一整套包括正式或非正式的、内部的或外部的制度来协调公司与所有利益相关者之间（股东、债权人、职工、潜在的投资者等）的利益关系，以保证公司决策的科学性、有效性，从而最终维护公司各方面的利益。在这个意义上，公司治理可以称作是利益相关者公司治理。

综合可见，公司治理是一种牵制机制，它试图在企业内部和外部、企业的所有者、经营管理者和董事会之间和各利益相关者之间寻求一种平衡性，以在一定程度上降低企业的经营风险，并使企业的各方的利益诉求得以维护，企业能够继续经营和持续发展。

治理质量低劣的上市公司，由于治理风险容易诱发和增强经营风险，继而加大财务风险，将可能导致经营状况恶化和财务危机等不良迹象，进而最终可能导致退市、企业终结或者发生控制权转移，由此招致利益相关者的巨大损失。所以，企业的预警系统有责任及时揭示治理风险，从风险的终端发出信号，及时遏制风险的发展和转化。

二、内部控制理论

内部控制是指由企业董事会（或者由企业章程规定的经理、厂长办公会等类似的决策、治理机构）、管理层和全体员工共同实施的，旨在合理保证实现企业基本目标的一系列控制活动。内部控制的有效实施旨在使企业实行既定企业战略、提高经营绩效，并保证财务会计报告及管理信真实性和可靠性。

内部控制失控对企业的影响可以有两类不同的途径：①直接影响。如质量事故可能导致企业形象严重受损，市场份额急剧下滑，经营难以为继，体现为经营风险的瞬时增加。②间接影响。公司的内部人控制，对财务信息的不实列报，致使信息质量受损和严重的信息不对称、信息不能有效传递，影响到董事会的及时监督和促进，最终可能使企业经营误入歧途而出现财务危机。现代以来，有效的内部控制被认为是控制风险的有力措施，正是基于此，内部控制评价是财务风险评估与财务危机预警的前提和基础。

按照控制的类型，控制可以分为前馈控制（Feedforward Control）同期控制（Concurrent Control）和反馈控制（Feedback Control）。前馈控制是指控制手段在事情实际发生或行动开始之前，它是未来导向的。前馈控制的关键是在问题发生之前采取行动。前馈控制是期望用来防止问题的发生而不是当出现问题时再补救。企业在生产经营、财务及企业组织各种相关信息处理中的控制流程如图2-1所示。

各项事前预判和计划及适时信息输入和处理及意见反馈	各项企业运行的适时信息汇总和处理及意见反馈	各项信息的处理和依据信息做出的对策和措施的反馈
前馈控制 预期出现的问题，解决问题	反馈控制 纠正正在发生的问题	同期控制 纠正发生后的问题

图2-1　控制流程图

前馈控制的关键是在问题发生之前采取管理行动，前馈控制是财务预警最渴望采取的控制类型。财务预警的目的就是通过对以往破产企业的分析，建立起一个有效的预警模型，通过模型对企业现在所处状态的各方面指标的测试，来判定企业的状况是处于一种良好状况，还是濒临财务危机或是现在已经处于财务危机中。如果指标反映企业所处状况良好，没有任何财务及生产经营方面的问题，这对企业来说是最好的事情；如反映企业有问题出现，则采取相应的措施来消除出现的问题，使企业重新走上健康发展的道路。我们可以通过企业所处的经济环境对企业的未来有一个较为明确的预判，这些定性的预判建议我们在设计指标时应充分考虑，看是否与财务危机的发生有很强的相关性。

同期控制，它是发生在活动之中的控制。在企业的运行中予以控制，企业的管理者可以在发生重大损失之前及时纠正问题。在财务预警中，通过运用设计的财务预警模型对企业的各项指标进行测试，从而得出企业目前所面临的境况，如果能在财务危机发生之前，就及时检测出企业所存在的问题，运用控制中的同期控制来解决企业存在的问题，把问题消灭在萌芽状态，可以避免使企业产生更大的损失。

反馈控制，是控制类型中最常用的，但是在财务预警中它也有其致命的缺点。究其原因，主要是在企业组织获得信息时浪费或损失已经造成了。但是在有些情况下反馈控制是一种有效的控制手段，例如通过财务报表分析，如果收入表中显示销售收入下降，则收入下降已经发生，企业管理者就可以利用反馈控制，找出销售下降的原因并改变目前的状况，为后续的财务预警提供理论与数据支撑。

三、契约理论

我们引用契约理论，是因为运用该理论能够解释股东和债权人之间的潜在利益冲突，来研究公司财务危机导致的破产。Chen、Weston和Altman于1995年建立了一个研究破产过程的基本代理模型，该模型假设有三种参与者：股东、银行和债权人；假设企业只面临两种状态，好的（good）和坏的（bad）现金流；假设所有参与者都是风险中性的，管理层以股东利益最大化为目标。在这些假设的基础上，他们研究了出现有效投资、过度投资、投资不足和不投资的条件，认为公司的变现价值 L 和债务面值 D 之比对公司的投资行为有很大的影响；因为投资项目资金紧张会造成财务危机。它将使得上市公司失去良好的发展机会，削弱其核心竞争力，从而产生投资风险导致的财务危机；同时，债务的期限结构也是影响投资效率的显著因素。负债结构主要是指公司负债总额中长短期负债的比例，一般讲，虽然公司负债比例很高，但绝大部分都是三年或五年以上的长期负债的话，这种财务危机只是一种潜在的财务危机。如果企业有很好的盈利和筹资能力，这种潜在的危机是不会变成现实的财务危机的。但如果公司的负债比例很高，且绝大部分是一年内的短期负债所构成的，那么如果公司财务失控或没有良好的偿债能力和筹资能力，公司的财务危机就会马上变成现实。以契约理论为基础，我们可以在选择预警模型的指标时多选择一些反映债权人和所有者之间的关系的指标，比如产权比率等财务指标。

第四节 财务危机预警的分析方法

在总体上，财务危机预警的分析方法可以分为定量分析和定性分析两类方法。定量预警分析法可以将实际值与目标值进行对比，根据其差距发出不同程度的预警信息，或通过运用相应的数据图表分析来判断一些定量指标的变动趋势。定量预警分析法所得结论较精确，但由于忽略了一些对判断企业财务状况有价值的信息使得出的结果不完整。定性预警分析法则通过实践调查来获取相关评价性指标，或者根据风险因素出现的概率来发出警报，在一定程度上弥补了定量预警分析法的不足。在实践中这两种方法应结合使用。

一、定性分析法

（一）"四阶段症状"分析法[①]

公司财务运营情况不佳，甚至出现财务危机是有特定症状的，而且是逐渐加剧的，财务运营病症大体可以分为四个阶段，即财务危机潜伏期、发作期、恶化期、实现期。

财务危机潜伏期：盲目扩张；无效市场营销；疏于风险管理；缺乏有效的管理制度，公司资源分配不当；无视环境的重大变化。

财务危机发作期：自有资本不足；过分依赖外部资金，利息负担重；缺乏会计的预警作用；债务拖延偿付。

财务危机恶化期：经营者无心经营业务，专心于财务周转；资金周转困

---

① 周首华、陆正飞、汤谷良. 现代财务理论前言专题 [M]. 大连：东北财经大学出版社，2000.

难；债务到期违约不支付。

财务危机实现期：负债超过资产，丧失偿付能力；宣布倒闭。

根据上述症状进行综合分析，公司如有相应情况发生，就需弄清病因，判定公司财务危机的程度，采取有效措施，使公司尽快摆脱财务困境，恢复财务正常运作。这种方法简单明了，但实际中很难将这四个阶段做截然的划分，特别是财务危机的表现症状，它们可能在各个阶段都有相似或互有关联的表现。

（二）标准化调查法

标准化调查法又称风险分析调查法，通过专业人员、调查公司等，对公司可能遇到的问题进行详细的调查分析，并形成报告文件供公司管理者参考的方法。该方法的优点是在调查过程中所提出的问题对所有公司或组织都有意义、普遍适用，它的缺点是无法针对特定公司的特定问题进行调查分析。另外，调查时没有对要求回答的每个问题进行解释，也没有引导使用者对所问问题之外的相关信息做出正确判断。

（三）流程图分析法

流程图分析是一种动态分析方法，对识别公司生产经营和财务活动的关键点特别有用，运用这种分析方法可以暴露公司潜在的风险。在公司生产经营流程中，必然存在着一些关键点，如果在关键点上出现堵塞和发生损失，将会导致公司全部经营活动终止或资金运转终止。在流程图中，每个公司都可以找出一些关键点，对公司潜在风险进行判断和分析，发现问题及时预警，在关键点处采取防范的措施，才可能有效降低风险。

（四）管理评分法

美国的仁翰·阿吉蒂调查了企业的管理特性及可能导致破产的公司缺陷，按照几种缺陷、错误和征兆进行对比打分，还根据这几项对破产过程产生影响的大小程度对它们做了加权处理。内容及其评分见表2-1。

表2-1 管理评分法评分项目及其评分值

项目		评分	表现
缺点	管理方面	8	总经理独断专行
		4	总经理又兼任董事长
		2	独断的总经理控制着被动的董事会
		2	董事会成员构成失衡，比如管理人员不足
		2	财务主管能力低下
	财务方面	1	管理混乱，缺乏规章制度
		3	没有财务预算或不按预算进行控制
		3	没有现金流转计划或虽有计划但从未适时调整
		3	没有成本控制系统，对企业的成本一无所知
		15	应变能力差、过时的产品、陈旧的设备、守旧的战略
合计		43	及格 10分
错误		15	欠债过多
		15	企业过度发展
		15	过度依赖大项目
合计		45	及格 15分
症状		4	财务报表上显示不佳的信号
		4	总经理操纵会计账目，以掩盖企业滑坡的实际
		3	非财务反映：管理混乱、工资冻结、士气低落、人员外流
		1	晚期迹象：债权人扬言要诉讼
合计		12	
总计		100	

用管理评分法对公司经营管理进行评估时，每一项得分要么是零分，要么是满分，不容许给中间分。所给的分数就表明了管理不善的程度，总分是100分，参照表中各项进行打分，分数越高，则公司的处境越差。在理想的公司中，这些分数应当为零；如果评价的分数总计超过25分，就表明公司正面临失败的危险；如果评价的分数总计超过35分，公司就处于严重的危机之中；公司的安全得分一般小于18分。这种管理评分法试图把定性分析判断定量化，这一过程需要进行认真的分析，深入公司及车间，细致地对公司高层管理人员进行调查，全面了解公司管理的各个方面，才能对公司的管理进行客观的评价。从评价项目可知，管理评分法基于这样一个前提即认为公司的失败源于公司的高级管理层。这种方法简单易懂，行之有效，但其效果还取决于评分者是否对被评分公司及其管理者有直接、相当的了解。

（五）财务能力分析法

企业的竞争能力、经营能力体现在财务指标上，财务指标是各种能力的特征值。一般应注重以下几个方面的风险分析：偿债能力分析、经营能力分析、获利能力分析和成长能力分析。

如果某一方面的指标数据实际值与预期值差距较大或出现了不同程度的问题，分析者将其视为一定的预警信号，往往通过履行诊断程序来排查问题的源头，从而指出问题的"病灶"所在，改善和提高经营管理和财务绩效。

（六）综合分析法

综合内外因素、主要考虑企业的各类财务指标进行比较分析的方法。综合分析法的基本顺序为[①]：

（1）行业分析。分析上市公司，首先要分析上市公司所处的行业发展状况和前景，判断行业将发生的变化及其对上市公司的影响。

（2）辨别系统性风险和非系统性风险。分析上市公司年度报告，要辨别

---

① 刘姝威. 刘姝威教你读财报[M]，北京：机械工业出版社，2009.

上市公司出现的问题是行业普遍存在的系统性风险，还是上市公司自身存在的个别的非系统性风险问题。企业无法通过自身的力量避免，但是可以通过自身的努力减少系统性风险对企业的危害。而对非系统性风险，企业可以通过自身的努力消除。如全球性金融危机已经严重影响了某种产品的市场需求，就形成了行业性系统性风险，并且在短期内不会消失。而由于企业产品的质量问题使市场萎缩而导致的非系统性风险则可由企业加强质量管理而消除。

（3）比较分析上市公司。比较分析可以帮助我们比较准确地选择上市公司。在同一行业中，不论是龙头企业还是落后企业，其财务数据和财务指标都不会明显地偏离同业平均值。如果一家企业的财务数据和财务指标出现了明显偏离，我们必须分析其原因。通过比较同业企业的财务指标、主营产品结构、经营策略等，可以判断不同企业的竞争实力、盈利能力和发展空间。

（4）分析上市公司的主营产品。上市公司的主营产品决定企业的利润。上市公司的主营产品分析包括主营产品的技术生命周期、市场空间和竞争力等。

（5）分析企业的经营策略。上市公司的经营策略是决定企业盈利能力的重要因素。企业经营策略分析包括市场定位、销售策略等。

二、定量分析法

上市公司通过财务报告将公司的内部经营管理和外界的信息沟通联系起来。理论上，财务报告应该如实可靠地反映企业的管理水平和经营绩效，财务报告是人们认识公司能力和经营状况的先导。所以，如果财务报告中的某些财务比率出现异动现象，根据直觉、经验和科学推理，可以通过某些财务指标或财务指标组合来判定财务危机发生的可能性，从而建立一套专门的财务指标评价体系和预警模型，及时恰当地识别与传达企业财务恶化征兆的信号，以促使企业寻求提高经营绩效，规避财务风险。在定量分析中主要运用模型分析，模型分析法通常有单变量分析和多元分析两种方法。

（一）单变量分析

单变量分析即一元判别分析，是指以某一项财务指标作为判别标准来判断公司是否处于破产状态的预测模型分析。在一元判定模型中，最为关键的一点就是寻找判别临界值。通常需要将样本分为两组：一组是构建预测模型的"预测样本"，也称估计样本（Estimation Sample）；另一组是测试预测模型的"测试样本"，又称"有效样本"（Validation Sample）。首先，将预测样本（包括破产公司和非破产公司）按照某一选定的财务比率进行排序，选择判别临界点，使得两组的误判率达到最小。然后，将选定的临界值作为判别规则，对测试样本进行测试。

Fitzpatrick（1932）最早开展的单变量破产预测研究，他以19家企业为样本，运用单个财务比率，将样本划分为破产与非破产两组。Fitzpatrick发现，判别能力最高的是净利润/股东权益和股东权益/负债。Beaver（1966）考察了29个财务比率在企业陷入财务困境前一至五年的预测能力，发现营运资金流/总负债在破产前一年的预测正确率可以达到87%。陈静（1999）以27家ST公司和同行业、同规模的27家非ST公司作为控制样本，进行单变量预测研究，研究发现总资产收益率在前两年、前三年的预测中具有较高的预测精度。

一元判定模型虽然方法简单，使用方便，但总体判别精度不高。对前一年的预测，一元判定模型的预测精度明显低于多元模型。不过，一元判定模型在前两年、前三年的预测中也能表现出很强的预测能力，说明一些上市公司的财务危机是从某些财务指标的恶化开始的。

一元判定模型的缺点是：其一，只重视一个指标的分离能力，如果经理人员知道这个指标，就有可能去粉饰这个指标，以使公司表现出良好的财务状况。其二，如果使用多个指标分别进行判断，这几个指标的分类结果之间可能会产生矛盾，以致无法做出正确判断。也就是说，虽然财务比率是综合性较高的判别指标，但是仅用一个财务指标不可能充分反映公司的财务特征。

（二）多元线性判定模型

多元线性判定模型，又称 $Z-Score$ 模型，最早是由 Altman（1968）开始研究的。他得到的最终预测方程包含五个判别变量，在破产前一年的总体判别准确度高达95%。多元线性判别方法现已成为财务困境预测最常用的方法。多元判别方法的基本原理是通过统计技术筛选出那些在两组间差别尽可能大，而在两组内部的离散度最小的变量，从而将多个标志变量在最小信息损失下转换为分类变量，获得能有效提高预测精度的多元线性判别方程。运用多元线性判别方法判定二元问题时，可以通过降维技术，仅以最终计算的 Z 值来判定其归属，其构造的线性方程简单易懂，具有很强的实际应用能力。

其判别方程的形式为：

$$Z = V_1X_1 + V_2X_2 + \cdots + V_nX_n \qquad （公式2.1）$$

根据判别方程可以把单个公司的各种财务比率转换成单一的判别标准，或称为 Z 值，根据 Z 值将公司分为"破产"或"非破产"两类。其中，V_1、$V_2\cdots V_n$ 是权数，X_1、$X_2\cdots X_n$ 是各种财务比率。在实际运用时，需要将公司样本分为预测样本和测试样本，先根据预测样本构建多元线性判定模型，确定判别 Z 值（Z 值的大小可以作为判定公司财务状况的综合标准），然后将测试样本的数据代入判别方程，得出公司的 Z 值，并根据判别标准进行判定。此方法还可以用于债券评级，银行对贷款申请的评估、子公司业绩考核及投资决策等。

多元线性判定模型具有较高的判别精度，但也存在一些缺陷。其一，工作量比较大，研究者需要做大量的数据收集和数据分析工作。其二，在前一年的预测中，多元线性判定模型的预测精度比较高，但在前两年、前三年的预测中，其预测精度都大幅下降，甚至低于一元判别模型。其原因是，很多财务变量只是公司陷入财务困境的征兆，或者说是一种表象，而不是公司陷入财务困境的原因和本质。过多的财务指标，将"因"和"果"混淆在一起，反而增加了模型的判别难度。其三，多元线性判定模型有一个很严格的假设，即假定自变量是呈正态分布的，两组样本要求等协方差，而现实中的样本数据往往并不能满足这一要求，这就大大限制了多元线性判定模型的使用范围。当然，也有一些研究在并不满足这一前提的条件下，近似地使用多元线性判定模型，这无疑会降低模型的预测精度。其四，使用多元线性判定技术（Multiple Discriminant Analysis，MDA），要求在财务困境组与控制组之间进行配对，但配对标准如何恰当确定是一个难题。

（三）多元逻辑（Logit）模型

多元逻辑模型的目标是寻求观察对象的条件概率，从而据此判断观察对象的财务状况和经营风险。这一模型是建立在累计概率函数的基础上，不需要自变量服从多元正态分布和两组间协方差相等的条件。Logit模型假设公司破产的概率为p（破产取1，非破产取0），并假设Ln$[p/(1-p)]$可以用财务比率线性解释。假定Ln$[p/(1-p)]$=a+bx，根据推导可以得出p=exp（a+bx）/[1+exp（a+bx）]，从而计算出公司破产的概率。其判别方法和其他模型一样，先是根据多元线性判定模型确定公司破产的Z值，然后推导出公司破产的条件概率。其判别规则是：如果p值大于0.5，表明公司破产的概率比较大，可以判定公司为即将破产类型；如果p值小于0.5，表明公司财务正常的概率比较大，可以判定公司为财务正常。

Logit模型的最大优点是，不需要严格的假设条件，克服了线性方程受统计假设约束的局限性，具有了更广泛的适用范围。目前，这种模型的使用较多，但其计算过程比较复杂，而且在计算过程中有很多近似处理，这不可避免地会影响到预测精度。

（四）人工神经网络（ANN）模型

人工神经网络（Artificial Neural Network，简称ANN）作为一种平行分散处理模式，是对人类大脑神经运作的模拟。人工神经网络模型，是将神经网络的分类方法（Classification）应用于财务预警。传统的分类方法大部分属于母参数统计方法，其中以判别分析（Discrimination Analysis，简称DA）和Logic回归等应用最为广泛。母参数统计方法是以选定的独立变量结合历史数据资料建立一个预测模型，并用来作为未来分类判别之用。传统的统计区分方法由于受制于若干母体分配的假设前提，已不适用于今日复杂多变的公司运作环境，且传统的分类方法对错误资料的输入不具有容错性，无法自我学习与调整，也无法处理资料遗漏的问题。

ANN除具有较好的模式识别能力（Pattern Recognition）外，还可以克服统计方法的局限，因为它具有容错能力和处理资料遗漏或错误的能力。最为可贵的是，ANN还具有学习能力，可随时依据新的数据资料进行自我学习，并调整其内部的储存权重参数，以应对多变的公司环境。由于ANN具备上述良好的性质与能力，因而可以作为解决分类问题的一个重要工具。

ANN模型通常由输入层、输出层和隐藏层组成，其信息处理分为前向传播和后向学习两步进行。网络的学习是一种误差从输出层到输入层向后传播并修正数值的过程，学习的目的是使网络的实际输出逼近某个给定的期望输出。根据最后的期望输出，得出公司的期望值，然后根据学习得出的判别规则来对样本进行分类。人工神经网络具有较好的纠错能力，从而能够更好地进行预测。然而，由于理论基础比较薄弱，ANN对人体大脑神经模拟的科学性、准确性还有待进一步提高，因此其适用性也大打折扣。

第五节 小结

综上所述，通过对财务预警理论基础和预警分析方法的表述和研究，使我们的研究视野有了极大的拓展，便于我们在借鉴前人思路和方法的基础上进行更深入的研究，也便于我们选用最为恰当的数学模型和最贴切的定性及定量财务指标去研究我国的财务预警问题。

在财务预警研究、分析方法中，越来越多的统计技术和研究方法得到运用，但模型中变量的选择一直缺乏公认的、系统的理论指导，因此预测变量随着研究者和研究方法的变化而变化，研究结论也并不一致。因此，依据前述的财务危机预警的理论基础，建立一套综合的包含有诸多必要因素的系统评价模型非常迫切和必要。

财务预警的研究是不断发展的，不同时期的宏观经济环境和会计处理方法的不同，使建立预警模型和模型所采用的财务数据具有鲜明的时效性，这对财务预警的基础理论提出了挑战，这就要求其理论基础的全面和极大的相关性。我们力争在本课题研究中以其客观性、科学性和较高的精度与效度，为方便客观地评价企业财务状况、预测企业未来发展趋势和防御企业的财务风险提供重要方法。建立和运用正确的企业财务预警模型，对于经营者正确把握企业自身财务健康状况，对于保护投资者和债权人的利益，对于银行业科学加强信贷风险管理，对于政府部门提高对企业的宏观监控质量以及规范证券市场等方面，都将起到重要作用。

第三章

上市公司财务危机的共同特征和原因分析

DI SAN ZHANG

第一节 山东省上市公司分析和
财务危机的共同特征

一、山东省上市公司的基本状况分析

（一）上市公司基本规模

自1993年8月青岛啤酒在上海证券交易所挂牌上市以来，到2011年12月底，山东省A股上市公司有143家[1]，占沪深两市2342家[2]A股上市公司总数的6.12%。近五年来，山东上市公司发展迅速，股本规模和股本扩张分别从静态和动态上反映了上市公司的规模和实力的变化，股本扩张的途径有首次公开发行、增发、配股、送转增股和可转债转股等方式。随着越来越多山东企业在沪深交易所挂牌上市，上市公司的总股本、流通股本等指标也迅速扩大（表3-1）。5年间总股本扩大了1.67倍，这说明山东上市公司总体经营能力得到了很大发展。以山东证监局辖区的上市公司为例，上市公司数量、股本规模和股本扩张情况见表3-1。

表3-1 山东辖区上市公司数量、股本规模和流通市值情况表

项目	单位	2007年	2008年	2009年	2010年	2011年
上市公司数	家	76	85	87	110	126
发行A股公司数	家	74	83	85	108	124
发行B股公司数	家	6	6	6	6	6
A、B股均发行公司数	家	4	4	4	4	4

---

[1] 数据来源于中国证券管理委员会网站，2011年12月统计数据整理，其中山东证监局辖区A股上市公司124家，青岛证监局辖区A股上市公司19家。

[2] 数据来源于中国证券管理委员会网站，2011年12月统计数据。

（续表）

项目		单位	2007年	2008年	2009年	2010年	2011年
总股本		亿股	453.04	510.48	573.37	653.69	756.47
流通股本	A股	亿股	0	387.69	347.23	394.67	492.36
	B股	亿股	14.06	15.68	15.68	15.68	15.68
境内上市公司境外股		亿股	36.66	40.21	41.33	44.64	44.64
总市值（境内）		亿元	6927.15	3223.21	7279.95	9456.72	7493.96
流通市值（境内）		亿元	5295.52	2400.13	4426.53	5269.63	4828.97

注：数据来源于中国证券管理委员会网站

（二）上市公司地区分布情况

截至2011年12月底，山东143家A股上市公司在全省17个地市的分布情况见表3-2，上市公司数量在各地区中分布的不均衡性特征十分明显。上市公司作为经济发展的龙头企业，其地区分布从总体上反映了各地市经济发展的不均衡。

表3-2 山东省上市公司地区分布情况表

地区	上市公司家数	所占比例	地区	上市公司家数	所占比例
济南	20	13.99%	威海	7	4.90%
青岛	19	13.29%	日照	1	0.70%
淄博	19	13.29%	滨州	7	4.90%
枣庄	0	0.00%	德州	5	3.50%
东营	3	2.10%	聊城	4	2.80%
烟台	24	16.78%	临沂	5	3.50%
潍坊	17	11.89%	菏泽	0	0.00%
济宁	6	4.20%	莱芜	1	0.70%
泰安	5	3.50%			
合计				143	100%

注：数据来源于中国证监会网站和锐思数据库，经过加工整理

从表3-2中所反映的上市公司的地区分布来看，上市公司主要集中在经济发达的烟台、济南、青岛、淄博和潍坊5个地区，共有上市公司99家，占全省上市公司总数的69.23%；枣庄和菏泽两地市，没有上市公司；其余44家上市公司分布在威海、滨州、济宁等10个地市中，占全省上市公司总数的30.77%。

（三）上市公司行业分布情况

截至2011年12月底，山东省143家A股上市公司分布在18个行业中（表3-3），上市公司数量在各行业中分布的不均衡性特征十分明显。上市公司作为各行业的龙头企业，其数量分布从总体上反映了各行业在山东经济中的地位，在一定程度上体现了山东省的产业政策导向和实施结果。

表3-3　山东省上市公司行业分布

一级行业代码	行业名称	公司数量	所占比例
A	农、林、牧、渔业	6	4.20%
B	采掘业	4	2.80%
C0	食品、饮料	8	5.59%
C1	纺织、服装、皮毛	6	4.20%
C3	造纸、印刷	6	4.20%
C4	石油、化学、塑胶、塑料	29	20.28%
C5	电子	3	2.10%
C6	金属、非金属	14	9.79%
C7	机械、设备、仪表	32	22.38%
C8	医药、生物制品	8	5.59%
D	电力、煤气及水的生产和供应业	3	2.10%
E	建筑业	1	0.70%
F	交通运输、仓储业	2	1.40%
G	信息技术业	8	5.59%
H	批发和零售贸易	5	3.50%
J	房地产业	5	3.50%

（续表）

一级行业代码	行业名称	公司数量	所占比例
K	社会服务业	1	0.70%
M	综合类	2	1.40%
	合计	143	100.00%

注：数据来源于中国证监会网站和锐思数据库，经过加工整理

从表3-3中所反映的各行业上市公司数量看，山东在利用证券市场募集资金方面明显偏向机械设备仪表、石油化学塑料、金属非金属，这三个行业上市公司共75家，占全省上市公司总数的52.45%；其次是食品饮料、医药生物制品、信息技术三个行业上市公司24家，占全省上市公司总数的16.78%；建筑业和社会服务业最少，各有一家上市公司，其余42家占全省上市公司总数的29.37%，分布在农林牧渔业、采掘业、纺织服装皮毛等10个行业中。

（四）上市公司盈利情况

上市公司的盈利能力是指公司在自身发展过程中经营效益的增长变化情况，可以结合一定时期内每股收益和净资产收益率的变化来观察分析。盈利能力的变化直接反映了上市公司的成长性，而成长性是上市公司的灵魂，是国民经济可持续发展的主要动力。表3-4反映了2001—2010年山东上市公司的盈利变化和亏损公司的变化情况。

表3-4　山东省上市公司盈利变化和亏损公司情况

年度	2001	2002	2003	2004	2005	2006	2007	2008	2009	2010
每股收益	0.18	0.034	0.237	0.319	0.275	0.22	0.36	0.33	0.36	0.52
净资产收益率	6.26	1.26	7.41	9.489	8.786	3.04	8.33	3.05	9.02	5.47
上市公司家数	58	65	66	72	76	82	86	94	97	123
亏损公司家数	9	12	4	11	11	10	10	17	13	12
亏损比例	15.52%	18.46%	6.06%	15.28%	14.47%	12.20%	11.63%	18.09%	13.40%	9.76%

注：数据来源于中国证监会网站、新浪财经和锐思数据库，经过加工整理

每股收益折线图

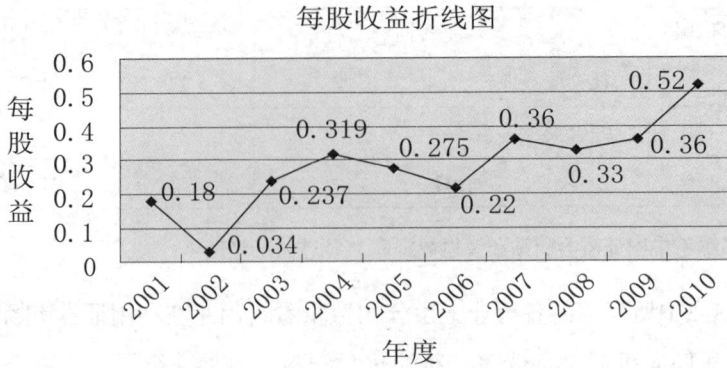

图3-1 山东省上市公司每股收益变化

净资产收益率折线图

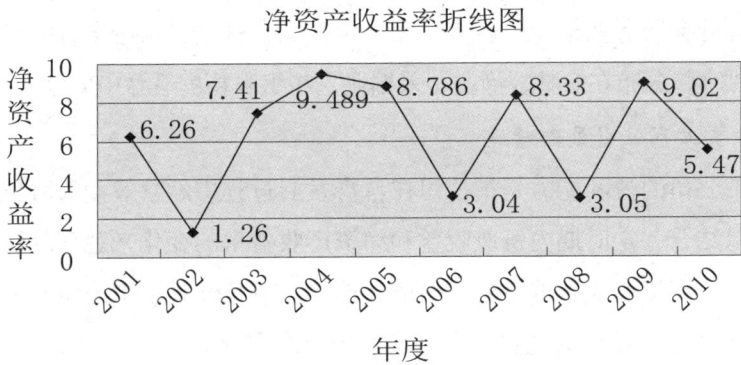

图3-2 山东省上市公司净资产收益率变化

上市公司与亏损公司

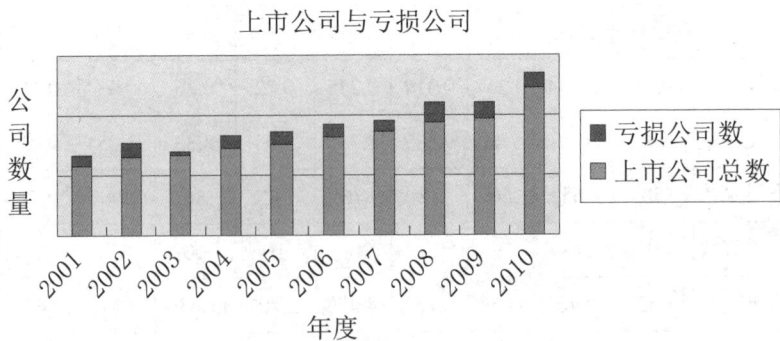

图3-3 山东省上市公司与亏损公司数量变化

自2001~2010年以来，山东上市公司的每股收益指标总体呈现上升的态势（表3-4、图3-1），但净资产收益率指标总体呈现波动状态（图3-2），上升趋势不显著，2002年每股收益和净资产收益率出现了较大幅度的下滑；从总体上市公司数量和亏损公司数量看（表3-4、图3-3），随着上市公司数量的增加，亏损公司数量也呈现上升趋势，其中2002年、2008年亏损公司数量达到12家和17家，亏损比例达到18%以上，从一定程度上体现了国际经济环境和国内经济状况对上市公司经营业绩的影响。

二、上市公司财务危机的共同特征

国内外对于企业财务危机共同特征的研究主要可以归纳为阶段论、业务范畴论和性质论三种观点。

（一）阶段论

所谓阶段论是指财务危机所处的阶段不同，其特征也各不相同。这种观点认为，财务危机具有客观积累性，它是反映企业一定时期的资金筹集、投资、占用、耗费、回收、分配等各个环节所出现的失误，它是各种财务活动行为失误的综合反映。大多数公司陷入财务危机都是一个逐步发展的过程，一般是从财务正常逐步发展成财务危机的过程。

1. Amy Hing-Ling Lau的五状态论

1987年，Amy Hing-Ling Lau在《五状态财务困境预测模型》一文中将企业财务状况分为五个状态：

状态0——财务稳定；

状态1——取消或减少股利；

状态2——技术性违约和债券违约；

状态3——处于破产法保护之下；

状态4——破产和清算。

依据Amy Hing-Ling Lau的观点，取消或减少股利是企业财务危机开始的信号，破产和清算意味着企业的终结即财务危机达到最严重和最后的阶段。

2. Donald和Richard的四阶段论

Donald和Richard（1988）认为财务危机的发生是一个渐进式的过程，通常包括四个阶段。

第一阶段是指公司在发生危机的前10年。当时公司一切运行正常，但公司整体获利性已经不如以前，此时公司在日常运营上并无明显的异常发生。

第二阶段是指发生财务危机前10年到财务危机前6年，这时是公司早期遭受损伤的阶段。公司遭受大环境不确定性的影响而使其绩效下降，此时绩效的下降是潜在的，不会明显地表现出来，但是这个时期公司已经开始遭受损伤。因为外在资料难以取得深入的信息，因此这两个阶段很难加以判断及区分。

第三阶段是财务危机发生的前6年到前3年，这时公司获利急剧下降，只能勉强维持在损益平衡的状态。处在这个时期的公司会有下列四种倾向：①公司对已经制定的决策会进行复杂的变动或者完全不从事决策活动。②公司在策略行为上会出现摇摆不定的现象。③外在大环境变得不确定，对公司产品的需求变化也不明确。④运营资金没有出现不足的情况，与其他非危机公司相差不大，运营资金不会因为公司在这段时间绩效表现不佳而造成无法支付短期负债的现象。

第四阶段是公司在面对危机时的挣扎阶段。在危机发生前两年到危机年，公司会面对大环境突然转差，进而使获利表现急速下降，公司连支付短期负债的能力都丧失，运营资金因而严重不足，使得公司立即面对财务上的危机。

3. 国内学者的四阶段论

郭小金（2004）认为企业出现财务危机并非一朝一夕的结果，它是企业长期经营和财务失效的集中体现。他认为企业财务危机症状特征大体可以分为四个阶段。

第一阶段症状危机潜伏期。主要表现在：盲目扩张、无效市场营销、无视环境变迁和缺乏风险管理。

第二阶段症状危机发作期。主要体现为：自有资金不足、过分依赖外部资金、债务拖欠支付和利息负担沉重。

第三阶段症状危机恶化期。主要体现为：经营混乱、资金周转困难和到期债务不能偿还。

第四阶段症状危机实现期。主要体现在：资不抵债、丧失偿付能力和宣布破产。

总之，上述几种阶段论观点的共同点是都认为：财务危机的发生是一个渐进式的过程，识别这些不同阶段企业财务危机的不同特征可以为企业财务风险预警系统提供可靠信号，有助于发现和预测财务系统的现有问题和发展趋势，并帮助确定财务风险的高低程度。

（二）企业业务范畴论

业务范畴论的观点认为，企业包括不同的业务领域，比如生产、销售等。当发生财务危机时，不同的业务领域会表现出不同的特征。企业的运作不是一个单一环节，而是依赖于多个环节的有机整合和协作，任何一个环节的失误都可能导致财务危机。如表3-5所示。

表3-5　不同业务范畴的财务危机先兆

生产领域	经营领域	销售领域	财务管理领域
盲目扩充生产设备； 存货异常变动； 企业规模过度扩张；	公司人员大幅变动； 经常拖欠银行借款和员工薪水； 产品的市场竞争力不断减弱； 企业经济效益严重滑坡	销售的非预期下跌； 交易记录恶化，平均收账期延长	关联企业濒临倒闭； 过分依赖某个关联企业或银行贷款； 财务结构明显恶化； 财务报表不能及时公开

1.生产领域

生产方面出现以下异常情况往往是财务危机发生的先兆。

（1）盲目扩充生产设备。一段时间内，公司的设备大幅度增加，但其生产能力和营销能力未能完全很好地配合，从而导致大量资金沉淀，流动资金紧张。

（2）存货异常变动。存货通常是公司重要的资产项目，存货项目对公司的资产状况和损益状况均能产生直接的影响。一段时间内，存货大幅增加或大幅减少都是不正常的，尤其是非计划的存货积压。管理人员应根据企业具体情况，掌握关于存货与销售比率的一般标准，任何一个月的存货与销售的比率，如果高于这个标准，都可能是企业财务存在问题的早期信号。

（3）企业规模过度扩张。如果一家企业同时在许多地方大举收购其他企业，尤其是同时涉足许多不同的领域，可能会使企业因负担过重，支付能力下降而破产。在业务的发展过程中一旦企业未进行严密的财务预算与管理，很可能会发生资金周转不畅的现象。因此，对于大举收购企业或资产的行为要多加注意，要透过繁华的表象发现财务危机的征兆。如销售额迅速增长常伴随毛利率下降、资产增加主要通过银行借款和应付账款增加来实现等。

2.经营领域

（1）公司人员大幅变动。Gilson（1989）认为在公司发生财务困难时，会发生裁减管理人员的现象，有财务困难的公司裁减管理人员的比例显著高于非财务困难的公司。一般发生裁减管理人员的原因是因为公司无法获利，在巨大的经营压力下，企业希望通过更换新的管理团队能为公司带来较佳的获利能力，或者通过裁减管理人员来降低企业的经营成本。另外，在公司发生财务危机前一段时间内，一些公司管理层重要人员、董事会成员、高级财会人员及其他高管人员往往会突然离职或频繁变更或者集体辞职等。例如美国安然公司在危机爆发前的四五个月内，就相继出现CEO辞职、CFO离职的现象。

（2）经常拖欠银行借款和员工薪水。企业信用状况变得糟糕，经常拖欠银行贷款的本金或利息，员工薪水经常迟发，由此也使企业信誉不断降低，这些都显示企业的资金周转有了困难。

（3）产品的市场竞争力不断减弱。产品市场竞争力的高低，主要体现在企业产品所占的市场份额和赢利能力上。如果企业产品市场占有率很高，且赢利空间很大，则说明企业的市场竞争力很强。相反，如果企业的产品市场占有率明显下降，出现产品压库现象，或者虽然企业的产品市场份额未变，但盈利空间却在明显缩小，则说明企业的市场竞争力在减弱。企业的市场竞争力一旦由强变弱，企业就无法按计划、按目标地进行生产经营，从而就埋下了发生财务危机的伏笔。

（4）企业经济效益严重滑坡。经济效益指标是一个综合性的指标，企业的一切经营活动的最终成果都要由经济效益体现出来。如果企业销售额上不去，成本却在不断攀升，导致盈利空间逐步缩小，甚至连年出现亏损，就出现了财务危机的明显征兆，若长期下去，企业必然陷入绝境。

3.销售领域

（1）销售的非预期下跌。销售量的非预期下降会引起企业各部门关注，但是，大多数人往往将销量的下降仅看作是销售问题，会用调整价格、产品品种或加强促销等手段来应对，而不考虑财务问题。事实上，销售量的下降，尤其是非预期的下降，会带来严重的财务问题，只不过并不会立即反映出来。比如，当一个销售量正在下跌的企业仍在扩大向其客户提供赊销时，管理人员就应该预料到其现金流量将面临的困境；再如，某企业月销售额减少而本身还要支付采购费和其他开支，如果拿不出现金补缺口，潜在危机就会变为现实。

（2）交易记录恶化，平均收账期延长。较长的平均收账期，会占用掉大量的现金，当企业的现金余额由于客户延迟付款而逐渐减少时，较长的平均收账期就会成为企业严重的财务问题。当然，还有其他一些原因也会减少企业正常的营运现金余额，但管理人员应当重视企业的收账期，以免使问题变得更为严重。平均收账期延长主要是交易记录恶化所引起，交易记录恶化不能单纯地理解为客户偿付货款中的延期或违约现象。重点可以参考以下几个信号：一是客户一向是按期付款的，而最近突然延期或拒绝付款，并没有正当理由说明。二是客户承认财务状况困难并请求延期付款。三是客户违约后未做出偿付承诺，或正式承诺后并未履行。四是客户与其债权人之间产生法律纠纷，债权人以法律手段要求偿付债款，并且数额巨大。

4.财务管理领域

（1）关联企业濒临倒闭。由于企业经营方式中赊销业务的大量存在，企业相互之间形成了紧密的债权债务关系，有的关联企业之间甚至形成了扯不断、理还乱的"三角债"。因此，企业必须未雨绸缪地防范坏账的发生，要时刻盯紧关联企业，特别要注意观察分析那些经营管理不善、产品销售不旺、资金周转不畅、欠款长期不还的关联企业的生产经营和财务活动情况。一旦发现其经营情况和财务状况发生异常变化，出现危机的先兆或苗头性问题时，要及时采取措施，以防关联企业把自己也拖入危机境地。

（2）过分依赖某个关联企业或银行贷款。企业在缺乏严密的财务预算与管理下，较大幅度增加贷款只能说明该企业资金周转失调或盈利能力低下；子公司如对母公司过度依赖，一旦母公司根据战略需要或者整体投资回报率的考虑，觉得某个子公司不再有利用价值，就会立即停止对该子公司的支持，这种情况下子公司如果在销售、供应甚至管理、技术各个方面都完全依赖于母公司的帮助，那么没有了支持和帮助，子公司很可能会陷入危机甚至倒闭。

（3）财务结构明显恶化。企业的财务结构恶化主要表现在四个方面：一是筹资结构不合理，长、中、短期债务搭配不当，这样往往会引发筹资成本过高和偿债高峰过于集中的情况，导致企业盈利能力下降与偿债困难，出现盈利能力（现金流）与负债规模不匹配，确切说是较低的盈利能力与较高的负债规模的不匹配问题，形成偿债风险与财务危机。二是投资结构不合理，长、中、短期投资比例失当，由于每一个投资项目的把握程度和风险程度都是不一样的，最终导致投资回报率低、企业的盈利能力减弱出现变现困难、不能及时偿还到期债务的问题。三是生产资金结构不合理，资产中的存货、应收款项比例过大，产生不能及时变现、存货跌价损失与债权回收的风险，这直接会影响企业营运资金的正常周转，使企业蒙受重大损失。四是支出结构不合理，其突出表现是非生产性、消费性支出增长过快，导致企业发展、积累能力下降，缺乏持续发展能力。

（4）财务报表不能及时公开。无法按时编制财务报表，财务报表不能及时报送，财务信息公开延迟，一般都是企业财务状况不佳的征兆。但这只是提供一个关于企业财务危机发生可能性的线索，而不能确切地告知企业是否会发生财务危机。如果一个公司的财务信息总是公布不及时或是有意拖延，那么至少表明其情况不佳，有时会潜伏着严重的财务危机。对这样的公司不仅要分析会计报表，还要关注会计报表附注以及有关的内幕情况，防范风险与财务危机的发生。

（三）财务危机性质论：突发性与可预见性

性质论的观点认为，财务危机具有突发性和可预见性两种特性。财务危机之所以具有可预见性，是因为财务危机是企业生产经营中长期财务矛盾日积月累形成的，它的形成必然会表现为企业内部的一种逐步扩展或传导的过程，并且能反映在企业内部管理流程与管理行为的重要环节中。如果企业能够建立比较完善的预警指标和检测系统，就能够预见企业财务危机的发生。财务危机具有突发性是因为，尽管有些影响财务危机发生的因素是可以控制和把握的，但也有很多因素是爆发性和意外性的，当这些突发性的因素出现时也会突发财务危机。例如，一个经营状况很好的公司，如果它的一个长期贸易伙伴突然破产倒闭，或者因为不可抗力造成的自然灾害，结果导致巨额应收账款不能收回，会使这个经营状况很好的公司也陷入财务困境，当危机的严重程度超过公司短期所能承担风险控制能力范围时，公司就会陷入财务危机。

具有可预见性的财务危机特征（阶段论）上面已经阐述过了，下面主要论述突发性财务危机的特征。有学者认为，突发性财务危机有两种典型特征。一是现金极度匮乏，二是销售额迅速下降。

1.现金极度匮乏

这里所说的"现金"是指现金流量表中的现金，除了现金账户核算的库存现金外，还包括银行存款账户中的货币资金、其他货币资金账户中的外埠存款、银行汇票存款、银行本票存款及在途货币资金；同时，它还包括那些流通性强、转换能力强、价值变动风险小的现金等价物，如短期债券投资。企业现金流量实际反映的是企业财务状况中的偿债能力和运营能力，通过对现金流的评判，可以对企业财务机动性、获利能力及风险程度进行评判。正因为如此，企业投资者、债权人等会计报表的使用者们才会高度关注现金流量表。

在发生财务危机前，企业的现金往往极度匮乏，其具体表现为：现金流量表所表现的最后结果即现金净流量为负值，或相比前期出现大幅度非常规性递减。企业现金净流量是企业经营活动、投资活动、筹资活动而发生的现金流入与流出金额的抵减额，如果现金净流量为负值，表明企业现金正往企业外流失，企业日常经营所必需的货币资金严重缺乏；如果接连几期发生现金净流量（正数）大幅下降，说明资金运作成本上升，或企业经营产生的现金流入量大幅下降，这同样会导致日常经营现金匮乏，从而导致企业经营停顿。

2.销售额迅速下降

企业销售额的迅速下降，表明存货中供销售的产品大量积压在企业及销售渠道中，由此造成资金沉淀而难以流动，使得这部分存货大量占用企业的资金。更重要的是，销售额迅速下降会造成企业资金运转困难，大量消耗流动资金或改变流动资金性质，它形成了财务危机爆发的可能性。

三、本书的观点

由于企业所处的行业、大小规模、经营特点各不相同，企业发生财务危机的表征也不尽相同。但是，经验证明，当企业遇到可能发生财务危机的威胁时，总会具有某些共同的征兆。根据国内外学者的研究，本书认为财务危机的共同特征可以从企业的盈利能力、偿债能力、营运能力、成长能力、现金流量几个方面进行概括①。

———————

① 除此以外，企业盲目多元化经营和扩张、企业信誉的降低、市场竞争力不断减弱和关联企业发生诉讼或倒闭等也是多数企业财务危机表征。

1. 盈利能力方面

从企业的盈利能力看，主要表现为产销严重脱节，公司销售利润明显下降，亏损严重。

（1）主营业务严重萎缩。销售量的非预期下降，企业销售额上不去，成本却在不断攀升，导致盈利空间在逐步缩小，甚至连年出现亏损。主营业务发生严重萎缩，企业利润依赖关联方交易及外来补贴。由于主营业务较其他业务稳定性强，因而主营业务是否经营得好是上市公司能否生存和发展的关键。据统计，1997年度我国证券市场上主营业务发生亏损的上市公司共有101家，这其中产生了中国证券市场上第一代ST公司（共27家）。山东上市公司在2001~2010年的10年间，因最近两个会计年度连续亏损而被特别处理的上市公司有23家，反映盈利能力的指标如销售毛利率、资产报酬率等在这些公司被特别处理的前5年，呈现逐步下降的趋势，见表3-6、图3-4、图3-5。

表3-6 山东省ST上市公司被特别处理前五年盈利能力财务指标（平均值）[1]

盈利能力财务指标	$t-5$年	$t-4$年	$t-3$年	$t-2$年	$t-1$年
净资产收益率	3.1157	−44.7922	2.8695	−15.2605	−42.3229
资产报酬率	4.9336	3.5305	3.3006	−6.3634	−15.4160
资产净利率	2.4957	1.3517	1.4814	−8.0568	−17.7856
销售净利率	−12.6010	−29.0112	5.8870	−440.0875	−409.8617
销售毛利率	22.4347	22.1714	22.8635	15.6118	10.0885
销售期间费用率	32.2830	30.2039	22.5259	228.0884	397.5284

----

[1] 在最近两个会计年度连续亏损而被特别处理的上市公司，公布被特别处理的年份为t年，被特别处理的前一年为$t-1$年，被特别处理的前二年为$t-2$年，依次类推。在这里使用这些ST公司财务指标的平均值。

（续表）

盈利能力财务指标	$t-5$年	$t-4$年	$t-3$年	$t-2$年	$t-1$年
营业利润率	−7.9544	−11.1200	6.9562	−261.3921	−404.6148
成本费用利润率	7.71	−1.95	6.70	−30.36	−44.37

注：数据来源于中国证监会网站、新浪财经和锐思数据库，经过加工整理

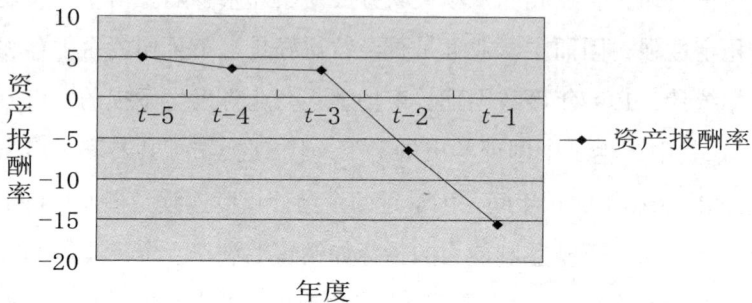

图3-4   山东省ST上市公司特别处理前五年资产报酬率变化

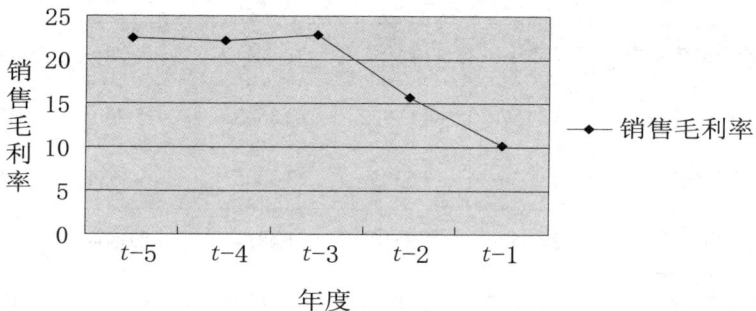

图3-5   山东省ST上市公司特别处理前五年销售毛利率变化

（2）对外巨额投资无收益。在我国证券市场上，有不少上市公司实施投资计划之前没有经过科学严谨的可行性论证，带有较大的盲目性，因而在投资项目实施后，不但没有给公司创造良好的经济效益反而带给公司巨额的投资损失。

（3）企业经营风险加大。市场对企业产品的需求缩小、企业产品销售价格偏低、企业对产品销售价格的调整能力下降、单位产品变动成本的增加、

企业固定成本总额偏高，这些因素都会增加企业经营风险，减少企业利润，导致企业盈利能力下降。

2. 偿债能力方面

从企业的偿债能力看，主要表现为负债比例过高，丧失偿还到期债务的能力，流动资产不足以偿还流动负债，甚至出现总资产低于总负债。

（1）负债过多。债务增加，造成资金结构失调，使企业资产负债率超过一定比率时，可能引起企业偿债能力和企业融资信誉下降，导致难以清偿到期债务，陷入严重的财务危机。

根据对山东省上市公司的调查，因最近两年连续亏损而被特别处理的上市公司，其资产负债率都比较高，有些接近100%，甚至超过100%，而国际上这一指标的安全值为50%，并且资产负债率呈现逐年上升的趋势。因此，当企业资产负债率超过一定比率时，可能引起企业偿债能力和企业融资信誉下降，导致清偿到期债务的困难，陷入严重的财务危机，甚至引发企业破产。这种征兆一般可从资产负债率、流动比率等这些指标反映出来。被特别处理的23家山东省上市公司，其反映偿债能力的部分指标在被特别处理的前5年变化情况，见表3-7、图3-6、图3-7。

表3-7　山东省ST上市公司被特别处理前五年偿债能力财务指标（平均值）

偿债能力财务指标	$t-5$年	$t-4$年	$t-3$年	$t-2$年	$t-1$年
流动比率	1.2963	1.3378	1.2025	1.0642	0.8140
速动比率	1.0369	1.0134	0.8683	0.7748	0.6263
有形净值债务率	316.9005	106.4773	116.0359	163.3818	438.6348
利息保障倍数	19.7746	26.2258	1.6594	-3.2230	-15.8645
现金流动负债比	0.0573	0.0338	0.0566	0.0115	-0.0032
资产负债率	50.7918	52.3023	53.3562	58.0502	79.7657

注：数据来源于中国证监会网站、新浪财经和锐思数据库，经过加工整理

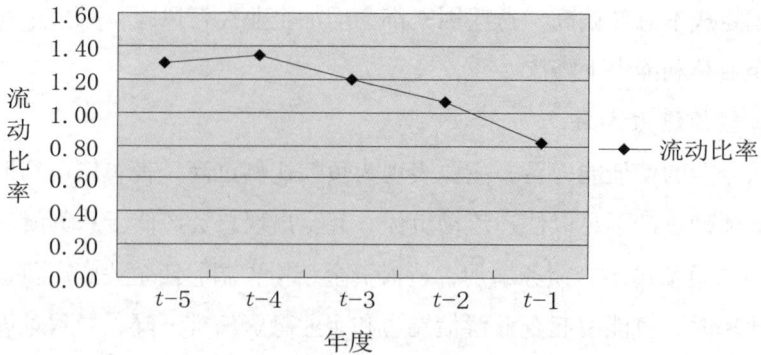

图3-6 山东省ST上市公司特别处理前五年流动比率变化

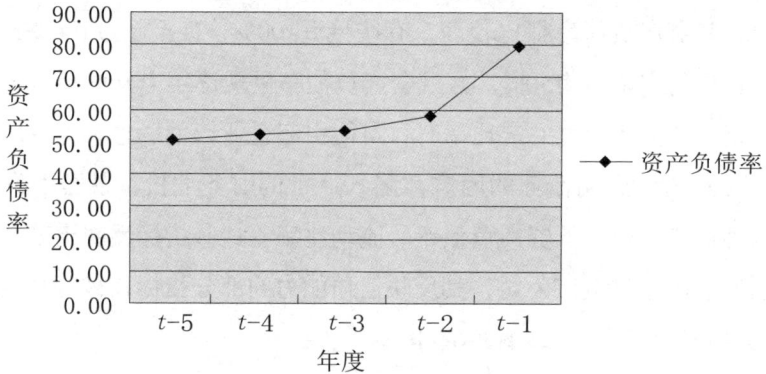

图3-7 山东省ST上市公司特别处理前五年资产负债率变化

（2）财务结构不合理。首先，筹资结构不合理，长、中、短期债务搭配不当，表现为偿债高峰过于集中或过早到来，造成偿债困难。其次，投资结构不合理，长、中、短期投资比例失当，表现为投资回报率低，变现困难，不能及时偿还到期债务。

3. 营运能力方面

从企业的营运能力看，主要表现为应收账款大幅增长，产品库存迅速上升。

（1）非计划的存货积压。存货通常是企业重要的资产项目，存货项目对企业的资产状况和损益状况均能产生直接的影响。产品销售不畅，必然导致存货的大量积压、存货周转率和变现率的降低，现金流短缺。情况严重时，会造成企业巨额亏损，并产生严重的财务危机。

（2）平均收账期延长。较长的平均收账周期会吸收掉许多的现金，当企业的现金余额由于客户迟缓付款而逐渐消失时，较长的平均收账期就会为企业带来严重的财务问题。还有一些原因也会减少企业正常的营业现金余额，但管理人员更应重视企业的收账期，从中找出主要问题和原因，以免使问题变得更为严重。被特别处理的23家山东省上市公司，其反映营运能力的应收账款周转率、总资产周转率等指标都呈现逐年降低的趋势，部分指标在被特别处理前五年的变化情况见表3-8、图3-8、图3-9。

表3-8 山东省ST上市公司被特别处理前五年营运能力财务指标（平均值）

营运能力财务指标	$t-5$年	$t-4$年	$t-3$年	$t-2$年	$t-1$年
存货周转率	4.1464	4.2971	3.9462	4.2424	4.2314
应收账款周转率	30.4868	23.8181	19.5233	14.0104	8.7462
流动资产周转率	1.2499	1.1064	1.0696	0.8852	0.8498
固定资产周转率	2.5755	2.3649	2.1210	1.6873	1.3373
总资产周转率	0.6614	0.5706	0.5255	0.4300	0.3760

注：数据来源于中国证监会网站、新浪财经和锐思数据库，经过加工整理

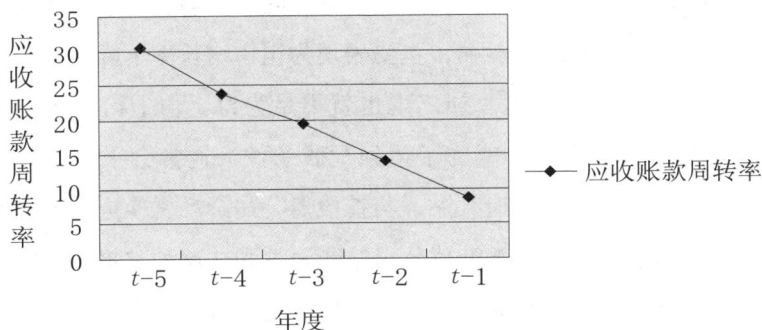

图3-8 山东省ST上市公司特别处理前五年应收账款周转率变化

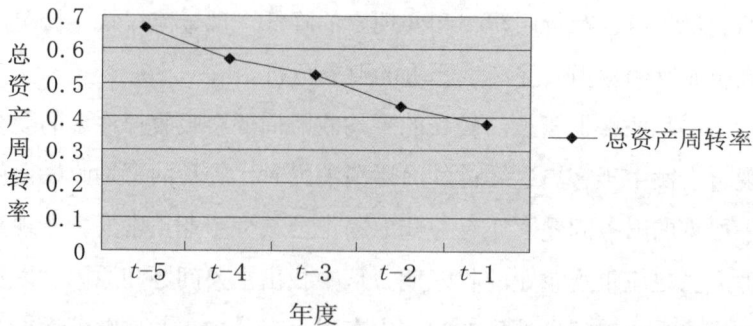

图3-9 山东省ST上市公司特别处理前五年总资产周转率变化

4. 成长能力方面

从企业的成长能力看，主要表现为公司的资产规模下降，主营业务严重萎缩。

（1）资产增长率下降，资产规模降低。随着我国市场经济的不断发展和完善，许多上市公司将证券投资组合理论运用到公司投资活动中，在公司财务资源有限的条件下，实行多元化投资，但却不能合理解决企业资产结构与资本结构的有机协调、营利性与流动性的有机协调等财务问题，所以企业往往遭受重大损失，严重时可能会导致企业破产。

（2）销售增长率萎缩。从上市公司历年年报中可以看出，一般主业经营好的上市公司都有良好且稳定的业绩，而且主营业务利润占利润总额的比例较高；而大多数亏损企业均是由于主营业务陷入困境，主业收入萎缩以至出现亏损的。主营业务严重萎缩，主要表现为销售增长率下降，主营业务利润无法抵补期间费用，巨额亏损出现也就不足为奇。但上市公司出于改善财务状况、维持股票市值，或为了达到配股条件，通常会采用诸如出售资产、与关联方交易、获得政府补贴、与控股母公司资产置换或债务重组等手法，增加公司非经营性利润来维持公司的账面盈利。这种"报表重组"形成的公司盈利，不是公司盈利能力的真实反映，无法掩饰公司实际处于财务危机的窘况。

（3）可持续增长策略。可持续增长策略包括经营策略和财务策略，经营策略主要由销售政策和资产营运政策构成，财务策略由融资政策和股利政策构成。从我国目前ST公司的实际情况来看，经营策略和财务策略都不同程度地存在问题，营业收入增长率、净资产增长率、总资产增长率在ST前几年连续下降甚至是负值；财务策略方面，资本结构不合理，融资成本高等也严重影响企业的发展。

从被特别处理的23家山东上市公司来看，反映企业成长能力的营业收入增长率、净资产增长率、总资产增长率等指标都呈现逐年降低的趋势，部分指标在被特别处理的前五年的变化情况见表3-9、图3-10、图3-11。

表3-9　山东省ST上市公司被特别处理前5年成长能力财务指标（平均值）

成长能力财务指标	$t-5$年	$t-4$年	$t-3$年	$t-2$年	$t-1$年
营业收入增长率	8.8158	16.5148	1.3048	−20.4353	−9.5549
营业利润增长率	−95.4230	−15.3102	−36.3289	−2228.1691	−240.3822
利润总额增长率	−121.6268	−57.0281	−19.9598	−1734.4031	−275.7966
净资产增长率	19.4418	15.8374	2.4833	−8.2435	−37.2271
总资产增长率	25.5417	18.8564	5.7624	2.7527	−12.7042

注：数据来源于中国证监会网站、新浪财经和锐思数据库，经过加工整理

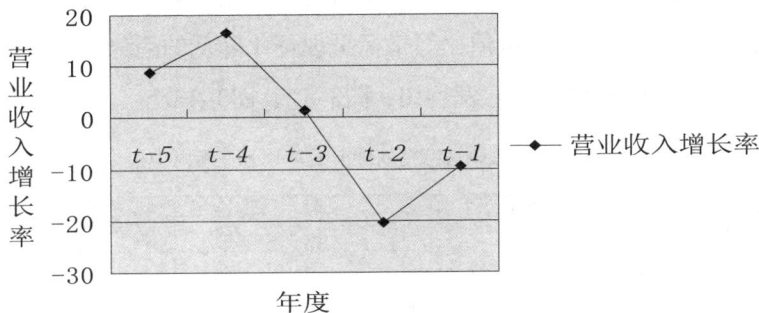

图3-10　山东省ST上市公司特别处理前五年营业收入增长率变化

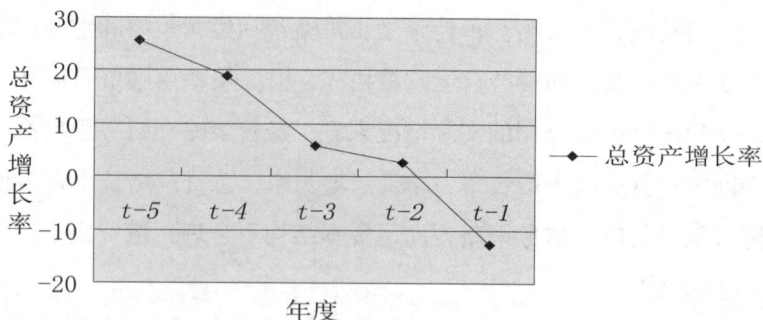

图3-11　山东省ST上市公司特别处理前五年总资产增长率变化

5. 现金流量能力方面

从公司的现金流量能力看，主要表现为缺乏偿还即将到期债务的现金流，现金总流入小于现金总流出。

国外从现金流的角度建立公司财务危机的预警模型早已取得显著成果。如：Beaver（1966）在排除行业因素和公司资产规模因素的前提下，对1954-1964年间79家失败企业和相对应的79家成功企业的30个财务比率进行研究表明，现金流量/债务总额指标对财务失败的预测是最有效的；现金支付严重不足，是表明企业已面临财务危机的重要的、最为直接的表现形式。国内学者的研究也表明，我国发生财务危机的企业的现金流量能力明显低于正常企业。

从被特别处理的23家山东上市公司来看，反映企业现金流量能力的总资产现金回收率、现金流动负债比等指标呈现逐年降低的趋势，部分指标在被特别处理前5年的变化情况见表3-10、图3-12、图3-13。

表3-10　山东省ST上市公司被特别处理前五年现金流量财务指标（平均值）

现金流量财务指标	$t-5$年	$t-4$年	$t-3$年	$t-2$年	$t-1$年
销售现金比率	6.5424	−7.2877	−0.2406	−15.3877	−3.7618
净利润现金含量	112.4661	362.8978	−179.6665	242.3965	−326.5500
营业收入现金含量	97.2878	104.1435	108.1961	105.4604	109.2678

（续表）

现金流量财务指标	$t-5$年	$t-4$年	$t-3$年	$t-2$年	$t-1$年
总资产现金回收率	2.2060	1.2497	2.3926	0.0628	−0.1509
现金流动负债比	0.0573	0.0338	0.0566	0.0115	−0.0032

注：数据来源于中国证监会网站、新浪财经和锐思数据库，经过加工整理

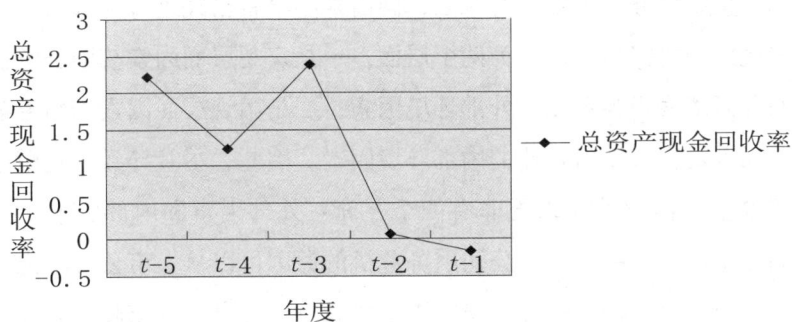

图3-12　山东省ST上市公司特别处理前5年总资产现金回收率变化

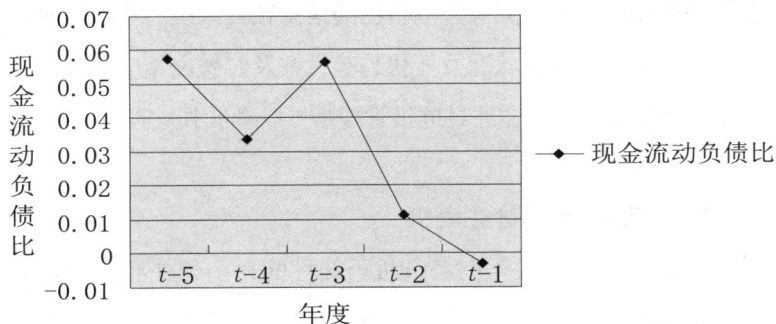

图3-13　山东省ST上市公司特别处理前5年现金流动负债比变化

第二节 财务危机的原因分析

对于企业财务危机发生的原因，国内外的学者已经进行了大量的研究。本文将他们的研究角度概括为两个层面，一是宏观层面因素与财务危机，宏观层面因素多表现为企业的外部环境因素；二是微观层面因素与财务危机，微观层面因素多表现为企业的内部环境因素。因此，尽管导致企业财务危机的因素众多，但归纳起来无非有两个方面：外部因素和内部因素。梁飞媛（2004）也认为，引发上市公司财务危机的原因可以从上市公司的内部和外部两个方面加以分析。外部环境因素主要有自然灾害、国家政策和经济环境变化的不良制约、市场波动的冲击、金融风暴、科技进步的负面影响、文化环境变迁的制约等。一般情况下，外部环境因素对企业来说大多是不可控因素，也是企业无法回避的，企业只有建立自己的信息预警系统，不断地对外部环境进行监视，密切关注其具体状况及变化趋势，并及时做出相应的反应。内部因素大多是企业可控因素，企业通过危机管理是可以降低其危害的。

一、宏观层面因素与财务危机

可以这样认为，企业发生财务危机可能性的大小与外部宏观因素有密切关系，外部环境对企业的整个生产经营和财务活动都会造成重要影响，一方面它为公司的顺利发展提供了机遇和可能，另一方面又对公司的经营和财务活动提出了制约和挑战，如政府的西部开发战略、振兴东北老工业基地的方略、山东半岛蓝色经济区发展规划、各种宏观金融政策的调整和市场竞争的压力等等。严格地讲，公司外部的所有经济、政治、社会等的各类变化因素对公司的生产经营和财务活动的管理与财务危机的发生都会产生直接或间接的影响，在这里不能全部列举。因此，在进行财务危机研究时，有必要从总体上把握外部宏观因素的状况。宏观因素对财务危机的影响主要体现在以下几方面：

（1）经济发展状况的影响。经济的增长促使需求得以扩张，利润的驱使使得越来越多的企业加入新的行业，投入新的项目。企业纷纷通过举债、扩股等筹资方式获取资金，进行较大规模资金筹集的财务活动、加大投资及生产规模。一些经营管理不善、生产质次价高产品的企业也能暂时获得较高的利润。但是，当高速增长的经济势头开始减弱时，原本膨胀的需求出现收缩，从而使得企业竞争更为激烈，引起利润率的下降。不利的经营局面促使原来处于临界边缘的企业不堪激烈的行业竞争而出现经营危机，并在逐步经营困难中渐渐陷入更深的危机之中。资金的筹集、回收越来越困难，最终陷入财务危机的泥沼。同时，经济高速增长时扩大投资规模所借入的大量资金面临偿还高额利息甚至还本的境遇，这无疑是雪上加霜，更激化了财务危机与企业财务恶化的深度，甚至会使一些微利企业陷于破产境地。

（2）国家政策的变化会给企业的财务状况带来一定的影响。比如，国家调高贷款利率会加重企业的财务负担，如果企业以流动资产偿还债务则减弱了企业资产的流动性，也使企业陷入财务危机的可能性增加。又如在20世纪90年代中期，为了稳定我国经济的发展和实现经济的软着陆，我国开始实行"紧缩银根"的政策，结果大量的房地产企业由于不能适应这种变化而最终陷入经营困境。2006年以来，中国经济快速增长，但经济运行中的矛盾也进一步凸显，投资增长过快的势头不减。而投资增长过快的主要原因之一就是货币信贷增长过快。提高存款准备金率可以相应地减缓货币信贷增长，保持国民经济健康、协调发展。2011年以来，央行以每月一次的频率，连续四次上调存款准备金率。2011年6月14日，央行年内第六次上调存款准备金率，宣布上调存款准备金率0.5个百分点。一般地，存款准备金率上升，这是实行紧缩的货币政策的信号，会使得利率被迫上升，增加了企业的信贷成本和财务成本；同时，法定准备率的微小变动会引起社会货币供应总量的急剧变动，迫使商业银行调整自己的信贷规模，导致社会信贷规模骤减，使很多生产没有后继资金投入，企业融资困难、经营困难，无法形成生产能力而带来一系列的问题，引发经营危机和财务危机。另外，国家为了经济的长期稳步发展制定出的各种刺激性或限制性政策，以及国际上一些通用的须共同遵守的准则，如WTO准则，都会对企业的生产与经营产生影响。

（3）需求的周期性下降也是造成财务危机的宏观经济原因。需求的周期性下降会造成对产品需求下降，这往往在一段时间内影响同一行业里的大多数企业，与直接消费相关的企业容易先期进入衰退，而间接消费品厂商会稍稍落后一些时间进入衰退。所以，旅游休闲、耐用消费品、电子产品、居民房地产业和汽车销售业等通常率先遭受衰退的打击，而化工，农业，钢铁，以及银行业则会稍后才陷入衰退。

（4）国际经济变化的影响。由美国次贷危机引发的全球性经济危机，对世界各国的企业造成了严重影响，对中国经济的影响不容忽视。2007年，由于美国和欧洲的进口需求疲软，我国月度出口增长率已从2007年2月的51.6%下降至12月的21.7%。企业的订单越来越少，生产的成本越来越高，利润越来越薄，资金周转越来越困难，企业的经营逐渐朝着恶化的方向发展，由此导致许多企业经营陷于瘫痪乃至破产。

（5）由其他因素引发的财务危机。由于劳动力市场供求关系发生变化，发生通货膨胀，自然气候恶化，国家税收政策调整，以及其他宏观经济政策的变化等方面的因素，也会直接或间接地影响企业正常的经济活动。一旦外部经济环境突然发生变化，重大政策调整，各种自然灾害或其他突发性意外事件发生，企业就可能因为业务萎缩、资产缩水或重大财产损失而陷入财务困境。

二、从微观角度分析财务危机原因

除了上述一些主要的宏观因素之外，更多的研究是从企业的微观层面进行探讨的，主要的企业微观层面的原因包括以下几个方面。

(一)公司治理不佳

奥利弗·哈特（OLIVER.HART）在《公司治理理论与启示》一文中提出了公司治理理论的分析框架。国内学者张维迎认为，公司治理结构又称法人治理结构，是指在公司法人财产的委托-代理制下，对投资者（股东和贷款人）、经营者（董事会和经理）和职工之间的责、权、利关系加以规范和协调的一种制度安排（张维迎，1999）。德姆塞茨（DEMSETZ）等认为，控股股东的利益和外部小股东的利益并不一致，两者之间存着严重的利益冲突，从而使企业增加了财务与经营风险。CLAESSENS、DJANKOV、LANG（1999）的研究结果表明，不良的公司治理机制是亚洲金融危机和大量企业失败的重要原因。

康新花（2005）认为，公司治理结构的不健全是财务危机发生的重要原因。从近年来发生财务危机的集团及上市公司看来，公司治理出现的问题主要体现在以下一些方面：

（1）控股股东及关联方占用上市公司资金。上市公司具有从市场募集资金的特殊功能，其融资渠道相对较宽，但如果募集而来的资金不能用于生产经营，而长期被大股东占用，便会造成经营资金极度短缺，财务状况恶化，对上市公司的生存发展产生严重威胁。在这些个案中，有多起案例就是起因于管理阶层（兼大股东）涉嫌挪用公司资金，进行违法炒作股票甚至中饱私囊。长期以来，这些上市公司的控股股东和内部控制人利用各种手段占用、挪用、转移上市公司资金和资产，严重影响了上市公司的正常经营和持续性发展。如此不仅仅危害到企业本身的发展及整体金融的稳定，更对一般的投资大众（小股东）产生极大的伤害。La Porta（1999年）表示：当信息不对称时，小股东缺乏必要的信息判断企业策略的好坏，大股东（兼管理阶层）便有机会剥夺小股东的财富，导致企业绩效不佳，甚者发生财务危机。

（2）交叉持股，偏离一股一权。La Porta 等人（1999年）还指出：许多上市公司的大股东（兼管理者）透过金字塔结构（Pyramid Structure）、交叉持股（Cross-Shareholding）与互为董事（Interlocking Directors）来增强他们的控制力；在以此为基础的股权结构及董事会组成下，引发的代理问题为大股东（兼管理者）对小股东的财务剥夺，而非Jensen和Meckling（1976）所提出的特权消费（Perquisites）。

（3）股权结构不合理。中国绝大部分上市公司由国企改制而成，导致尚未上市流通的国家股比重过高，通过股权分置改革后，缓和了流通股和非流通股的矛盾，但存在流通股较分散、机构投资者比重较小的问题。流通的公众股股权分散于个人股东之中，使得公众对上市公司缺乏有效的直接控制力，这导致上市公司治理机制薄弱，不能形成较为完善的内部治理机制，一些上市公司甚至出现严重的内部人控制。

（4）虚假财务报告。虚假财务报告是我们现有的一系列制度失衡下的产物，即上市公司质量控制制度引发了上市公司管理当局虚假披露的压力和动机，会计信息披露的行为制度给管理当局以从事虚假披露的机会。虚假财务报告不容易发现，但却造成极大危害。在委托—代理机制下，所有权和经营权的分离，使得所有者的地位不断弱化，管理人员的地位不断强化，成为事实上的控制者。由此造成的结果就是，管理当局成为会计信息的垄断提供者，他们为了达到自己的预期目的，而在会计准则允许的范围内，选择最为有利的政策。

（二）经营不当

Sharma与Mahajah（1980）认为，企业经营受到内在与外在因素的交互影响，其中，内在因素着重于管理的策略与执行，外在因素则泛指行业与经济等外部不可控因素。波特指出，一家企业经营的成败通常取决于"策略"运用是否妥当。当一个企业经营决策不当时，可能就会种下发生财务危机的原因。

（1）跨业多角化经营的失败。当一个公司集团在本身所属之行业已面临高度成熟或强大竞争威胁时，根据经济学的理论是无法赚取超额利润的，而通常这些公司也多会利用多元化经营的方式来维持营运。多元化经营，也称为多样化经营或多角化经营，指的是企业在多个相关或不相关的产品领域同时经营多项不同业务的战略。多元化作为经营战略和方式而言，其本身并无优劣之分，然而这一种跨业的转投资也有可能因为决策的失当及不熟悉另一种产业而拖垮本业的营运绩效。企业运用这种战略，成效的关键在于企业所处外部环境及所具备的内部条件是否符合多元化经营的要求，两者相符，就能成功，否则，就会失败，这也符合复合多角化未必获得异常报酬的论点。多元化发展是国内很多企业的战略目标，然而，由于盲目扩张、经营策略不当导致企业主营业务盈利能力下降的企业也不在少数。企业盲目扩张不但没有形成规模优势反而会使企业力不从心，以至于陷入财务危机。

（2）恶性竞争。在市场容量一定的情况下，每个企业都想占领更多的市场份额，有些企业为了能够占领更多的市场，不计成本盲目地融资扩大企业的规模、企业之间开展价格战、进行促销活动，而使企业融资成本、销售成本升高而收益减少，甚至于收不抵支，现金流量减少。长期下来，也使企业存在了陷入财务危机的可能性。

（3）上市公司缺乏核心竞争力。上市公司中有不少企业在多个方面存在自己的独特专长，获得良好的发展空间。例如，青岛海尔的国际星级服务、豫园高城的特殊文化内涵、邯郸钢铁的成本管理专长等。但是，整体上讲，上市公司在国际、国内范围内的核心竞争力缺乏，核心技术研发能力较弱，公司产品结构和技术结构不能适应日益变化的市场需要，竞争能力下降，业绩不良。由于传统体制下形成了科研与生产一线相脱节，企业自身的研发能力基础相当薄弱，建立有真正实力的研发机构的上市公司还不多。

（三）企业内部财务关系混乱，财务管理制度不严

企业与内部各部门之间及企业与上级企业之间，在资金管理及使用、利益分配等方面存在权责不明、管理混乱的现象，造成资金使用效率低下，资金流失严重，资金的安全性、完整性无法得到保证。这种无序混乱的管理状态积累到一定程度必将寻找一个突破口爆发出来，最终导致企业彻底失败。

另外，财务管理基础十分脆弱，理财随意性强，资产管理漏洞百出，企业浪费严重。企业内部没有建立科学有效的财务经营程序和良好的财务经营

机制，造成财务信息失真，理财措施朝令夕改，容易产生理财失误和财务舞弊，为财务危机提供了滋生的土壤。另外，现金管理环节十分薄弱，而企业财务危机爆发的诱因往往都是因为企业资金链的断裂。

公司内部财务管理人员滥用职权、营私舞弊，设计再优良的内部控制制度也只是摆设。如公司内部的监察审计人员如果与公司业务部门勾结，则不会发挥内部控制的作用，再加上公司内部负有监控责任的人员本身能力所限，虽然有良好的监控制度，但是执行不力，无法及早察觉违规行为，或者在违规行为发生后无法采取适当措施来避免损失扩大。这些人员的问题造成的内部控制失效同样会使公司出现财务危机。

（四）企业负债和负债结构不合理

吴羚（2005）认为过度负债是财务危机的重要原因。适度负债，企业可以获取财务标杆利益，但过度负债则会使企业的支付能力变得极为脆弱，甚至发生支付危机。偏高的负债一方面会弱化企业的支付能力，蕴含着财务危机；另一方面，一旦信用链条上某一环节出现故障，或实际现金流量比预期净流量相差较大，影响即期债务偿付，必然会出现财务危机。从被实行特别处理的上市公司（简称ST公司）财务指标来看，被ST的上市公司的资产负债率都很高，有的到达了80%以上，有些接近100%，甚至超过100%。

负债数量结构是指流动负债和长期负债各项目的数量占总负债的比重。在这些构成比重中，应引起高度重视的是流动负债占总负债的比重。若一个企业流动负债数量膨胀，则意味企业使用了较多的短期资金，虽然这种政策能使企业整体资金成本下降，提高企业盈利水平（这种筹资政策又称激进型筹资政策），但却以牺牲企业财务安全稳健为代价，导致企业负债结构和资产占用期限不匹配，产生以短期资金配置长期资产的现象。若一个企业负债期限结构不合理，引起某一时期偿债高峰，此时企业又没有足够的现金准备，企业财务陷入危机将是必然。

不同的财务结构，对处于不同的经营时期，不同的经营类型的企业，有完全不同的支持作用。假如财务结构与企业的经营类型及规划发生了错位，尤其是利用了短期资金去操作长期项目，外借内投、短借长投，便犯了财务管理上的大忌，企业未来现金流量的不确定性，与债务到期日之间的矛盾，必然会引发企业的财务风险与财务危机。

（五）投资不当或收购整合不力

从大量的调查中可以看到，投资不当或收购整合不力是造成企业财务危机的重要原因。贡晓军（2005）认为，投资引起的财务危机是财务危机形成的重要原因。投资引起的财务危机是指企业对内或对外有关项目进行投资时，由于各种不确定因素的影响，使原投资额不能按期收回，或根本无法收回而使企业遭受损失及损失的程度。这种危机主要是企业不能准确预计投资项目的现金流量，导致决策失误形成的，这种失误严重时直接危机企业的生存与发展。罗瑶琦（2004）也认为，投资决策失误是财务危机的重要原因。成功的企业总是追求更大的成功，不断扩张是每一个企业内在的冲动。然而，没有明确目标和科学论证的盲目扩张，其仓促的增长会使一个本来健全的组织陷入混乱，这种增长不仅会超越管理和财务上的能力，而且还会超越组织上的能力，其带来的不仅仅是经营亏损，甚至将是彻底的崩溃和破产。

（六）现金流量产生危机分析

企业的现金流量不足会导致企业的财务危机。BLUM以现金流量为指导理论，将企业视为一个流动资产的"储水槽"，如果流动资产管理不当，出现企业流动资产总量下降或流入量减少而流出量需求却在增长等现象时，企业失败的概率将会增加。Turetsky和Mcewen（2001）指出，运营现金流量的不足，是财务困难刚开始时显现的状态。企业一味地追求销售数额的增长，却忽略了对销售质量—现金流入的有效支持程度及其稳定可靠性与时间分布结构等的关注，由此导致企业陷入了过度经营状态与现金支付能力匮乏的困境。

第四章

财务危机预警变量与
模型构建的选择问题分析

DI SI ZHANG

第一节　财务危机预警变量的选择

构建财务预警模型的关键之一在于选择预警变量。对企业来说，预警变量选择得好，财务危机预警模型就能真正起到预知危机、控制危机的作用；预警变量选得不好，则财务危机预警就形同虚设，起不到防患于未然的作用。因此对预警变量必须慎重地选择。

一、从定性角度需要考虑的非财务指标

从定性角度来看一些非财务指标，往往能作为上市公司未来是否会发生财务危机较好的指示器。比如，企业过度扩张、过度依赖银行贷款、企业人力资源匮乏、企业市场定位不清等都是预示着企业存在潜在的危机，而这些都是财务比率指标所不能反映的。

（一）从权变观点和系统观点设定的非财务指标

权变的观点和系统观点要求对企业所处的内外部环境要有清醒的认识，对企业在最近一个财务年度所处的经营环境和所面对的外部环境，实行的战略计划、产品及市场在同行业中所处的位置、企业领导层的稳定情况等要做相关分析。这些信息我们可以从企业当年的财务报告中获得部分信息，通过这些信息我们可以从总体情况对企业有一个比较全面、客观的了解和判断。

我们可以参考《国有资本金绩效评价规则》中的指标来设计财务预警的非财务指标，在企业财务危机成因分析的基础上，以《国有资本金绩效评价规则》为参照，结合企业发展的实际情况，本书笔者认为应纳入财务预警指标体系范围进行定性分析诊断的因素主要包括：厂领导班子基本素质、基础管理水平、在岗员工素质状况、技术装备更新水平、企业经营发展战略、长期发展能力预测、企业文化、银企关系。

（1）领导班子基本素质。领导班子基本素质是指企业现任领导班子的

智力素质、品德素质和能力素质等，具体包括知识结构、道德品质、敬业精神、开拓创新能力、团结协作能力、组织能力和科学判断决策水平等因素。企业领导班子素质高、责任心强、判断准确、决策正确，就能避免因决策失误、观念失误而引发的财务危机，这样才能引导企业健康发展，使企业产生良性财务循环。企业领导班子素质低、能力弱、责任心差、判断错误、决策失误，则企业更容易陷入财务危机。

（2）基础管理水平。基础管理水平是指企业按照国际规范做法和国家政策法规的规定，在生产经营过程中形成和运用的维系企业正常运转及生存和发展的企业组织结构、内部经营管理模式、各项基础管理制度、激励与约束机制、信息系统等的现状及贯彻执行状况。基础管理水平较高的企业，各项制度健全，系统功能得到充分发挥，能够促进生产、经营健康发展，财务状况良好，财务危机发生的可能性就小。

（3）在岗员工素质状况。在岗员工素质状况是指企业普通员工的文化水平、道德水准、技术技能、组织纪律性、参与企业管理的积极性及爱岗敬业精神等的综合情况。人员素质高、企业的综合实力就强。产品、服务的市场占有率的竞争，其实质是人才的竞争，有了高素质的人才，企业的产品和服务质量就能提高，企业的竞争力就强，因而企业发生财务危机的可能性就小。

（4）技术装备更新水平。技术装备更新水平是工业企业专用的评价指标，指企业主要生产设备的先进程度和生产适用性、技术水平、开工及闲置状况、新产品的研究和开发能力、技术投入水平以及采用环保技术措施等情况。企业技术设备先进，开发新产品的能力强，产品更新周期短、升级快，企业产品成长速度就快。不断开拓新市场的企业，其竞争力就强，可持续发展能力也强，因而收益能稳定增长，消除了财务危机发生的可能。

（5）企业经营发展战略。企业经营发展战略是企业所采用的包括增加科技投入、建立新的营销网络、更新设备、实施新项目、兼并重组等各种短期、中期、长期经营发展战略。企业经营发展战略制订适当，营销网络广泛严密，设备更新快，产品科技含量和附加值高，就不易发生财务危机。

（6）长期发展能力预测。长期发展能力预测是指从企业的资本积累状况、利润增长情况、资金周转状况、财务安全程度、科技投入和创新能力、环境保护等多个方面，综合预测企业未来年度的发展前景及潜力。一个科技投入高、创新能力强、发展前景良好的企业不易发生财务危机。

（7）企业文化。企业文化是企业在长期生产经营过程中逐步生成和发育起来的日趋稳定的独特的企业价值观、企业精神，以及以此为核心而生成的行为规范、道德准则、生活理念、企业习俗、经营战略、经营观念等。健康、团结、进取、向上的企业文化是企业稳定发展和壮大的基础，企业文化健康，凝聚力就强，企业充满进取精神，不易发生财务危机。

（8）银企关系。企业与银行建立"面向21世纪的战略性合作伙伴"关系，企业信誉好，融资渠道比较畅通，即使发生暂时的困难，也可以争取银行的谅解，双方携手共渡难关；企业信誉差，银企关系恶化，融资渠道不畅，支付能力不高，则易发生财务危机。

（二）从非均衡的角度考虑非财务预警指标

财务危机由于受到许多主、客观因素的影响，其中有些因素是可以把握和控制的，但更多因素是爆发性的、意外性的，有的甚至是急转直下的。例如，某企业经营状况很好，但由于一个长期贸易伙伴在事先没有"察觉"的情况下突然宣布倒闭，造成数额巨大的应收账款不能预期收回，使企业陷入困境。在突变性这一特征显现时，若在企业承担短期风险的控制能力范围内，企业则可安然度过风险；相反，若超过企业短期承担风险的最高限度，那么企业就将陷入危机。所以要对一些能影响企业偿债的潜在重要事项进行加强关注，我们在选择财务预警指标时，要从非均衡的角度考虑，选择一些指标来反映此类情况，比如客户最近财务年度的贸易关系和信用等级等情况。

（三）从反映公司综合特征方面的因素考虑非财务预警指标

对于这方面的分析主要从公司的经济性质、公司的规模、公司所处的行业以及该行业的特征等几个方面进行。公司的经济性质和规模在一定程度上对于市场变动的承受能力和抗风险水平等都会产生重要的影响，不同经济性质和规模的公司，在资金来源、贷款能力、筹资渠道、投资规模、资金运作、管理制度、价格政策、税收优惠和利润分配等各个方面都有较大差异。对于规模较大和股权结构稳定的公司，相对来讲其经营和财务风险就较小，因此在设计财务预警指标时应该充分考虑到公司的经济性质和规模这方面的因素。

不同行业的公司其经营和财务风险相差较大，对于市场稳定但盈利较低的行业来说，在市场销售和顾客消费倾向没有发生重大变化前，公司的经营和财务状况稳定，风险也较小，但当市场消费和竞争对手发生较大变化时，公司可能会面临重大风险，而这类行业的公司大多抗风险能力较弱；对于市场多变、竞争激烈和盈利较高的行业来说，对公司的经营和财务管理的要求较高，面临的风险也较大，对于小风险具有较强的抗御能力，而面临大风险时可能会陷入财务危机的境地。因此，在财务危机预警指标制订时，应充分注重公司经营所处的行业及其行业特性，结合行业特色选择合适的预警指标。

在公司经营发展的过程中，公司的经济性质、股权结构、公司规模、经营范围和行业特性可能会发生改变，而财务危机预警的建立是一个动态的过程，是逐渐发展和完善的，应该根据公司发展的状况、规模的提升和行业特性的改变，及时对公司财务危机预警指标及其控制标准进行必要的修正，以保证公司财务危机预警的有效性和预测的准确性。

（四）从反映公司内部管理方面的因素分析非财务预警指标

不同公司的内部管理水平是有很大差异的，即使是在行业、规模相同的公司中，其内部经营和管理也存在很大差异，因而在构建财务危机预警指标时就应该考虑这些差异的存在，建立合适、有效的财务危机预警指标体系。

公司内部管理水平的判断，可以从以下几个方面来分析和研究：公司的预算系统是否完备、公司的市场监控机制是否建立、公司财务的内部控制制度是否成熟、成本控制制度是否完善、资金管理和控制是否有效、信息化处理和信息传输系统是否及时和准确、现金的日常管理制度是否完备和有效等。对于内部管理水平的评判内容不仅仅局限于上述内容，其判断标准也不唯一，因为不同公司各有其重点和特色，作为公司自身的管理层，应该有一个清醒的认识，正确地定位公司实际的管理水平和控制能力。针对公司的具体情况选择合适的预警指标，对于内部管理相对薄弱和管理水平相对较低的公司来讲，财务监控和预警指标必须十分明确，预警指标的控制标准设置得尽可能严格；同时当财务危机预警指标出现偏差时，能及时上报上级主管部门进行处理，保证信息传递的有效性和及时性。对于内部管理水平相对较高的公司来说，其信息系统也较为发达，当出现经营和财务问题时其部门和事项的控制能力、自我调控能力、信息传递能力都比较强，其财务监控和预警指标都有一定的控制范围，预警指标的控制标准可以相对宽松，同时可以通过内部控制制度的完善和监控的系统化来强化财务危机的预警功能。

（五）其他需要考虑的非财务预警指标

我们主要关注的是预警企业的信息披露监管情况、募集资金的使用情况、对公司未来发展有重要影响的并购重组和有无违反规章制度的情况。

信息披露监管是上市公司监管的核心内容，也是证券市场的监管机构赖以保护市场公平原则的基础。作为上市公司应该让所有的投资者都及时了解公司的重大信息，以便在掌握信息的情况下做出投资决策。信息披露制度要求上市公司在发行股票的时候就充分、完整和准确地披露其基本情况；而在上市后，为了便于股东和监管机构更好地了解公司情况，包括企业财务状况、经营业绩、重大事项等方面的信息也必须及时公布，并且符合会计准则中所要求的会计信息质量的特征。因此，我们应当对上市公司是否按规定的时间和要求披露了其信息的基本情况做出分析，将是否及时、完整、真实和详细的披露会计信息作为非财务预警指标要考虑的因素。

上市公司募集资金使用中存在诸多问题，这些问题主要有：募集资金投向变更频繁、募集资金闲置、大股东肆意占用募集资金、募集资金被挪作他用、募集资金使用效果欠佳等，这些问题直接降低了上市公司的资产质量。

我们有必要对募集资金的使用情况进行分析，在财务预警指标设置中，应该适当考虑上市公司募集资金的使用情况是否有违反规定的情况，并将这些情况作为非财务预警指标来考虑。

并购重组是企业走外部成长道路的重要途径，与新设企业、走内部成长道路的传统途径相比，并购能够促进资本集中，节省培养人才、开拓市场、开发技术等所需要的时间，能够迅速扩大企业规模，形成生产、营销、技术、资金、管理等方面的协同作用，充分享有规模经济的益处。

但是，上市公司的很多并购重组行为存在诸多问题，如通过并购重组以保壳、掏空上市公司、盲目扩张的并购等情形，错误的并购重组对企业发展的影响是巨大的。应该关注企业最近财务年度中的并购事件，分析此并购重组是否对企业的未来发展情况产生重要影响，还是出于粉饰报表的目的进行并购重组。结合并购重组的目的和对企业的影响情况，在设置财务预警指标时将这些影响因素纳入考虑范围。例如，如果并购重组是为了粉饰报表的目的，那么我们在采用定量财务指标时应进行调整，将非主营的利润收入剔除掉，这样的话，我们选取的财务预警指标将能真实地反映企业的盈利情况以及发展情况，这对我们能够准确地预测企业的财务危机情况是大有裨益的。

二、定量财务预警指标的选择

在财务危机成因分析及定性指标分析的基础上，笔者认为，财务危机预警的主要定量研究对象是财务风险和经营风险，故总体财务预警指标体系由可对企业财务支付风险、财务结构风险、运营风险进行监测的三大类指标构成，其中还要运用现金流量指标和盈利指标以加强财务预警的可靠性。在具体选择预警指标时，着重考虑各指标间既能相互补充，又不重复，尽可能全面综合地反映企业运营状况。

虽然从理论上讲并不存在一种固定和统一的财务危机预警模式，但应该承认其基本的经营和财务控制指标是相似的，如公司财务危机的出现都必然表现为资金的失控和现金状况的恶化，所以这些财务指标就必然成为公司财务预警系统的监控指标。这些预警指标主要是公司一定时期基础的财务和经营性指标，这些指标的变动一般能从整体上说明公司财务危机出现的可能性，但我们必须要说明的是这些指标是一个有机整体，不能割裂地看待它们，而应联系地分析。财务危机预警的指标体系，我们从定量角度来考虑的是一系列最基本的财务预警指标，这些指标可以细分为盈利能力预警指标、偿债能力预警指标、营运能力预警指标、成长能力预警指标和现金流量指标，下面分别加以说明。

（一）盈利能力预警指标

不论是投资人、债权人还是公司的经营者都非常重视和关心公司的盈利能力。一般来说，公司的盈利能力只涉及正常的营业状况，非正常的营业状况也会给公司带来收益或损失，但那只是特殊情况下的个别结果，不能说明公司真正的盈利能力。所以，为了客观评价投资人所关注的盈利能力，应选择的财务指标有净资产收益率、每股收益、主营业务利润率（销售利润率）、总资产报酬率、成本费用利润率、主业鲜明率等。

1. 净资产收益率（税后净利／股东权益总额）

该指标反映了股东所投入资本的报酬率，反映了公司净资产的增值情况。一般来说该指标越大就说明公司权益资本的盈利能力越强，说明公司充分利用了财务杠杆，通过一定的负债促使公司的权益资本盈利能力提升，如果公司的财务状况良好，公司短期内不会出现重大财务危机。但如果公司净资产收益率过高，明显高于同行业水平，就应该对其特别关注，其本身就可能隐含着一定的财务风险，因为过高的净资产收益率，说明公司是一个高负债和高利息费用的公司，必须对公司的财务状况作全程跟踪分析，一旦发现该指标出现不正常波动，应及时报警并采取降低负债的相应措施。

2. 每股收益（净利润／总股本）

每股收益反映普通股的投资效益水平，每股收益越高，反映普通股投资效益越好，股东对公司充满信心，公司持续性较强，不易陷入财务危机，财务安全。

3. 销售利润率（销售利润总额／产品销售净收入）

该指标是盈利能力分析中的主要指标，它反映了公司一定时期的获利能力。该指标表明单位销售收入创造的销售利润，反映公司主营业务的获利能力，体现了公司产品市场的竞争能力，是评价公司获利能力的基本指标。该指标越高，说明公司产品或商品定价科学，营销策略得当，主营业务竞争力强，发展潜力大，获利水平高，不易发生财务危机；如果该指标较低或持续低下，说明公司的产品已逐步丧失其竞争能力和盈利水平，可能导致公司财务状况恶化，现金短缺，公司将可能面临较大的财务危机。因此，对该指标应确定一个控制标准和监控防范范围，如一旦发现该指标有异常变动，就应及时实施财务预警。

4. 总资产报酬率（息税前利润／资产总额）

总资产报酬率反映公司总资产获得利润的能力，是反映公司资产综合利用效果的指标。该指标越高，表明资产利用效果越好，整个公司的活力能力越强，经营管理水平越高，发生财务危机的可能性越小。

5. 成本费用利润率（利润总额／成本费用总额）

成本费用利润率表示公司为取得利润而付出的代价，从公司支出方面评价公司的获利能力，有利于促进公司加强内部管理，节约支出，提高经营效益。该指标越高，说明公司投入产出比越高，单位成本费用创造的利润越大，公司财务越健康，这是公司经营管理和成本控制能力较好的重要标志。相反，如果该指标较低或持续下降，特别是明显低于公司的历史水平或同行业水平等，就说明公司的成本处于失控的状态，公司产品的市场竞争能力低下，公司可能由于成本费用的超支和盈利水平的下降而导致财务危机的发生。因此，建立有效的成本费用利润率的财务预警监控指标是十分必要的。

6. 主业鲜明率（主营业务利润／利润总额）

主营鲜明率反映主业的突出情况，该指标越大，反映主业鲜明，突出主业的多角化经营既分散了风险，又取得良好的投资回报，财务稳健；反之，则主业模糊，会弱化公司的核心竞争力，财务不安全。

（二）偿债能力预警指标

公司的财务危机和失败从资产存量角度看，表现为公司总资产账面价值低于总负债账面价值，即公司净资产为负数；从《企业破产法》规定的角度看，国有企业的破产界限为"因经营管理不善造成严重亏损，不能清偿到期债务"，其实质是不能清偿到期债务。因此过度举债是形成公司财务危机和失败的关键因素，进行偿债能力分析显得很重要，反映偿债能力的财务指标就成为构建财务危机预警系统指标体系的首要因素。偿债能力强，公司陷入财务危机的可能性就小；反之，如果到期不能偿还债务，很可能引发财务危机。所以，为了全面评价债权人所关注的资产负债水平和偿债能力，应选择的财务指标有资产负债率、流动比率、速动比率、利息保障倍数、债务本息偿付保障倍数、产权比率、现金流动负债比率、现金到期债务比率、现金债务总额比率等。

1. 资产负债率（期末负债总额／期末资产总额）

资产负债率是公司最常用的财务预警指标。根据当前我国公司生产经营实际，以及所属行业的资金周转特征和长期债务偿还能力，不同行业中公司的资产负债率各不相同。在实际分析时，应结合国家总体经济状况、行业发展趋势、公司所处竞争环境等具体条件进行客观判定。另外，公司一定时期实际的资产负债率指标应该与预期标准的指标、和同行业的、历史状况的指标等进行比较，才能真正了解公司资产负债状况所面临的实际风险。因此，应该正确地确定公司合理的资产负债水平，并确定一定的比例标准，给予一定的波动范围，如果超出其波动范围就应及时报警。

一般说来公司的资产负债率越高，公司的财务危机越大。过高的资产负债率会使公司背上沉重的利息负担，资本结构脆弱，会恶化长期支付能力，埋下财务危机的种子。

2. 流动比率（期末流动资产／期末流动负债）

流动比率是用以反映公司流动资产偿还到期流动负债能力的指标，是公司用来预警短期偿债能力的重要指标。一般来说，流动比率的正常系数应该是2，说明公司有两倍的流动资产来保护一倍的流动负债。但是对于不同的公司该指标的差异较大，应该根据实际情况做出有针对性的研究，来确定最合理的预警标准。

该指标也有其不利的一方面，它不能成为衡量公司短期变现能力的绝对标准。一是因为流动比率高也有可能是存货积压，应收账款增多且收款延长，以及待摊费用增加所致，而真正可用来偿债的现金和存款却严重短缺。二是该比率只反映报告日的静态状况，要注意公司会计分析期前后的流动资产和流动负债数额变动情况，流动资产中各要素所占比例的大小对公司偿债能力有重要影响，公司可以通过瞬时增加流动资产或减少流动负债等方法来调节流动比率，人为地操纵其值的大小，误导信息使用者。

3. 速动比率（期末速动资产/期末流动负债）

速动比率也是公司用来预警其短期偿债能力的重要指标，相对流动比率而言，速动比率更能反映流动负债偿还的安全性和稳定性，它的敏感度比流动比率更高。从一般情况来说，速动比率的正常系数应该是1，即公司在一定时期内有一倍的速动资产来偿付一倍的流动负债。

在采用该指标进行短期偿债能力预警时，还应该考虑到该指标的不利情况，并不能认为速动比率较低的公司到期不能偿还流动负债，如果公司存货流转顺畅，变现能力较强，公司仍然有望偿还到期的债务本息。该比率虽然弥补了流动比率的某些不足，但其仍没有全面考虑速动资产的构成。速动资产尽管变现能力较强，但不等于公司的现时支付能力。当公司速动资产中含有大量不良应收账款或公司的短期股票投资套牢而转化为事实上的长期投资时，均不能保证公司有很强的短期偿债能力。因此在预警分析时，应该根据公司对风险的态度和对预警指标的敏感要求，选择合适的速动资产的内容。

4. 利息保障倍数指标（息税前利润/利息支出）

利息保障倍数反映了获利能力对债务偿付的保证程度，它是一个常用的财务预警指标。如果该指标大于1，基本说明公司在利息支付方面是安全的，公司有充分的收益来保证利息费用的支付；如果该指标小于1，说明公司可能出现到期盈利连利息费用都无法支付的状况，就有可能使公司面临财务危机。该指标取值1是一个临界值和最低标准，一般来讲该指标越大说明公司的财务风险越小，公司的盈利对于利息的偿付越充分。至于公司将该指标的预警值设置多少为最优，则应根据公司的实际情况和历史经验以及同行业指标值等进行综合研究后确定。

在使用该指标时，要考虑到利息保障倍数指标的不足，它只能反映公司支付利息的能力，却不能反映债务本金的偿还能力。另外，从短期来看，公司的固定资产折旧费用、待摊费用、递延资产摊销、无形资产摊销等非付现费用，并不需要资金支付，但已从公司当期利润中扣除。因而，有些公司即使在利息保障倍数低于1的情况下，也能够偿还其债务利息，因此在预警分析时要充分考虑到这些例外的情况。

5. 债务本息偿付保障倍数 [息税前利润 / （利息支出＋到期负债本金）]

债务本息偿付保障倍数也是一个常用的财务风险的监控指标，但它比利息保障倍数指标更全面，不但能说明公司一定时期利息费用的偿付能力，而且也能说明公司一定时期到期债务本金的偿付能力。如果该指标大于1，基本说明公司在利息支付和偿付本金方面是安全的，公司有充分的收益来保证利息费用和债务本金的支付；如果该指标小于1，说明公司可能出现到期盈利无法偿付利息费用和债务本金的状况，就有可能使公司面临财务危机。

6. 产权比率 （负债总额/股东权益总额）

产权比率衡量公司长期偿债能力，反映公司所有者权益对债权人利益的保证程度，反映公司基本财务结构是否稳定。产权比率高，是高风险高报酬的财务结构；产权比率低，是低风险低报酬的财务结构，该指标与资产负债率相互补充使用。产权比率高，风险较大，如果资金利用效率不高，效益低下，财务结构不稳健，则会发生财务危机。

7. 现金流动负债比率（经营活动现金净流量 / 流动负债）

现金流动负债比率与流动比率和速动比率相比，更能反映出公司的短期偿债能力。如果该比率偏低，说明公司依靠现金偿还债务的压力较大；若较高，则说明公司能轻松地依靠现金偿债，因此该指标对公司的短期偿债能力具有较好的预警功能。

8. 现金到期债务比率（经营活动现金净流量／本期到期债务）

现金到期债务比率反映公司偿还本期到期债务的能力，本期到期债务包括长期债务和短期债务，对这个指标进行考查，可根据其大小直接判断公司的即期偿债能力。

9. 现金债务总额比率（经营活动现金净流量／本期债务总额）

现金债务总额比率是评价公司中长期偿债能力的重要指标，同时也是预测公司破产的重要指标。该指标越高，公司承担债务的能力越强；反之，公司的偿债能力越弱。

（三）营运能力预警指标

公司的最终目标是获利，而获利的关键是如何合理而有效地使用公司的资金。营运能力指标就是用来衡量公司资金使用效率与效益的财务比率，反映公司资产的利用状况，它与公司的财务状况密切相关，这类指标越高越好。公司的经营者比较关心此类指标，为了评价公司的营运能力，应选择的财务指标有总资产周转率、固定资产周转率、流动资产周转率、应收账款周转率、存货周转率和不良资产比率等。

1. 总资产周转率（销售收入／平均资产总额）

总资产周转率反映全部资产经营质量和利用效率。通过该指标的对比分析，不但能够反映出公司本年度及以前年度总资产的运营效率及其变化，而且能发现公司与同类公司在资产利用上存在的差距，促进公司挖掘潜力，积极创收，提高产品市场占有率和资产利用效率。一般情况下，该指标越高，周转速度越快，销售能力越强，资产利用效率越高，公司资产活动能力强，能够不断为公司创造新价值，财务风险小。因此，应该结合公司以前年度总资产的运营效率以及同类公司的总资产周转水平，制定有效的财务预警控制标准，一旦出现预警信号就应及时报警。

2. 应收账款周转率（销售收入总额／应收账款平均余额）

应收账款周转率反映应收账款变现的速度以及应收账款管理效率的高低，周转率越高，表明公司收账迅速，账龄期限较短，资产流动性大，短期偿债能力强；但如果应收账款周转率在一定时期内明显地下降和缓慢，公司应收账款余额不断加大，坏账损失明显增长等，就说明公司的经营活动有所失控，公司的资金周转紧张，客户信用下降，公司面临潜在财务危机的可能。

但是该指标存在以下局限性：一是没有考虑应收账款的回收时间，不能准确地反映年度内收回账款的进程及均衡情况，同一笔应收账款，因收回的时间不同，所带给公司的资金效益却是不同的。二是当销售具有季节性，特别是当赊销业务量各年相差较悬殊时，该指标不能对跨年度的应收账款收款情况进行连续反映。因此，公司管理当局应对公司的经营状况和财务特点等做深入的分析研究，制定出适合公司实际状况和发展要求的应收账款周转率控制标准，并且要动态管理，以此作为公司财务预警指标的控制标准和范围才是合理和有效的。

3. 存货周转率（销售成本总额／存货平均余额）

存货周转率是反映公司销售能力强弱、存货是否过量和资产流动性的指标，也是衡量公司生产经营各环节中存货运营效率的综合性指标。一般来说，如果公司一定时期内的存货周转状况稳定，并达到公司管理层预期的存货规模和周转水平，那么基本可以认定公司处在一个平稳发展的状况之中，公司的销售和流动资金周转都比较合理，在当期内基本不会出现重大财务危机；相反，如果公司的存货周转水平明显迟缓，特别是其中的产成品周转明显迟缓，就可以认定公司的销售状况开始出现不良和恶化，公司逐步丧失竞争能力，将直接面临可能的财务危机。

在实际运用中，存货计价方法对存货周转率具有较大的影响，公司为了改善资产报酬率，管理层可能会希望减低存货水平和周转期，有时受人为因素影响，该指标不能准确地反映存货资产的运营效率。存货增加可能是经营策略的结果，如对因短缺可能造成未来供应中断而采取的谨慎性行为，预测未来物价上涨的投机行动，满足预计商品需求增加的行动等。此外，对很多实施存货控制、实现零库存的公司，对其进行考核，该比率将失去意义。因此，应该对存货根据实际情况进行研究和分析，制定有效的财务预警控制标准，将其有效地控制在适度的范围内，一旦出现预警信号就应及时报警。

4. 不良资产比率（年末不良资产总额／年末资产总额）

不良资产主要指三年以上应收账款，积压商品物资和不良投资等，不良资产比率反映公司资产的质量，揭示公司在资产管理和使用上存在的问题。一般情况下，该指标越高，表明公司沉淀资金越多，资产缺乏活力，该指标越小越好。不良资产比率过高，说明"老弱病残"类资产比例过大，资产爆发力不强，反映公司的经营缺乏活力，后劲不足，易陷入财务危机。

（四）成长能力类预警指标

成长能力是公司在生存的基础上，扩大规模、壮大实力的潜在能力，反映公司未来的市场扩张、规模壮大及利润增长的前景，是公司未来发展趋势的综合体现。成长能力指标反映了上市公司的发展潜力，该类指标越大越好，为了反映公司未来的发展能力，应选择的财务指标有主营业务增长率（销售增长率）、资本积累率、每股净资产、净利润增长率、净资产增长率、总资产增长率和每股收益增长率等。

1. 主营业务增长率（本期销售收入增长额／上期销售收入）

主营业务增长率反映了公司主营业务规模的扩张情况，即反映了公司产品的市场大小。一个成长性的公司，这个指标的数值通常较大。处于成熟期的公司，这个指标可能较低，但是凭借已经占领的强大的市场份额，也能够保持稳定而丰厚的利润。处于衰退阶段的公司，这个指标甚至可能为负数，这种情况通常是危机信号的征兆。

2. 资本积累率（本年股东权益增长额／年初股东权益）

资本积累率指标反映公司净资产的变化情况，净资产表明公司股东权益的保障程度。该指标越大，股东权益的保障程度越大，公司具有发展后劲，公司发生财务危机的可能性越小；反之，情况相反。

3. 每股净资产（股东权益／总股本）

每股净资产反映了股本的扩张能力，可以比较分析公司历年的每股净资产的变动趋势，了解公司的发展能力和获利能力。该指标值越高，说明股本的扩张能力越强，公司的发展潜力大，发生财务危机的可能性越小。

4. 净利润增长率（本期净利润增长额／上期净利润额）

净利润增长率指标反映公司获利情况的增长情况，反映了公司长期的盈利能力趋势。上市公司的积累、发展以及投资者的回报，主要取决于净利润的增加。该指标是从资产增量扩张方面衡量发展能力。

5. 总资产增长率（本期资产增长总额／期初资产总额）

总资产增长率衡量上市公司本期资产规模的增长情况，评价经营规模总量上的扩张程度。总资产增长率指标是从资产总量扩张方面衡量发展能力，表明规模增长水平对发展后劲的影响。该指标越高，表明一个经营周期内资产规模扩张的速度越快。但在实际操作时，应注意资产规模扩张的质与量的关系，以及公司的后续发展能力，避免资产盲目扩张。该指标是考核公司发展能力的重要指标。

6. 每股收益增长率（本期每股收益增长额／期初每股收益）

每股收益增长率反映普通股每股盈余的增长情况，表明上市公司发放股利的实力扩张状况。该指标越高，股东对公司越有信心，公司的发展环境越好，发生财务危机的可能性越小。该指标是衡量上市公司成长能力的特有指标。

（五）现金流量指标

在现代经济生活中，一个企业盈利很多，却因无法偿还到期债务，最后导致发生财务危机乃至破产的事例已屡见不鲜。由此可见，在某种程度上决定一个企业偿债能力高低的不是企业净利润的多少，而是企业在特定时点的现金流量。同样，企业未来的发展能力也取决于企业长期稳定的现金流量。

现金流量对于企业来说就像人体内的"血液"一样，维系着企业机体的正常运营。因此，现金流量指标与公司的财务状况密切相关，公司的经营者比较关心此类指标，这类指标越高越好。为了评价公司的现金流量情况，应选择的财务指标有每股现金流量、盈利现金比率、盈利经营现金比率、销售现金收入比率和现金流动负债比率等。

1. 每股现金流量（经营活动产生的现金净流量 / 总股本）

每股现金流量是每股经营活动创造的现金净流量，反映股本的经营质量和创造现金的能力，一般情况下每股现金流量越大，说明公司股本的活动能力强和利用效率高，能够创造足够的现金流量；同时，公司的债务归根结底要用现金偿还，每股经营活动现金流量大，反映债务有足够的现金保障，公司不至于发生支付困难和危机。

2. 盈利现金比率（现金净流量 / 净利润）

盈利现金比率是衡量公司盈利质量的基本指标，反映了公司一定时期净利润实际有多少现金来保障。一般而言，该指标越高，说明公司盈利能力越好，公司的净利润越真实，财务状况越安全；如果该比率过低，说明公司的利润有一定的虚假，或是账面的非收现利润并未形成公司实际的盈利水平，或是说明公司的收现能力较差、收现速度缓慢。如果公司该指标持续较低，就应该引起重视及时发出预警信号。

但是该指标也有不足的一面，由于现金净流量可能是由投资或者筹资活动带来的，这种情况下，该指标只有与其他的指标结合才能看出公司的实际盈利能力。

3. 盈利经营现金比率（经营活动现金净流量 / 净利润）

这一比率反映公司本期经营活动产生的现金净流量与净利润之间的比率关系，该指标表明每一元净利润中经营活动产生的现金净流入，反映企业净利润的收现水平。跟盈利现金比率相比，该比率更能反映公司盈利质量的高低。一般情况下，该指标越高越好，比率较高，盈利质量越高；比率过低，严重时可以使公司破产。

4. 销售现金收入比率（销售商品提供劳务收到现金／销售收入）

该比率反映了公司的收入质量，即反映每元销售收入得到的净现金。一般而言，该比率越高收入质量越高，公司经营的收现能力越强，公司的财务状况越安全。但是当比值大于100%时，说明本期收到以前期间的应收账款，所以本比率应与资产负债表的应收账款相结合进行分析。但是当比值很小并且长期持续较低时，说明公司已不具备良好的销售收款能力，公司的经营管理存在某些问题，有可能因营业现金的收现不力而导致财务危机。

5. 现金流动负债比率（年经营现金净流入／流动负债）

此指标从现金流量方面衡量企业短期偿债能力，能准确反映企业当期经营活动现金净流量和短期优先债务的比值，体现企业的支付能力。该指标越大越好。

（六）小结

综上所述，我们依据理论基础从定性和定量的角度分析了能够反映公司经营和财务活动的盈利能力指标、偿债能力指标、营运能力指标、成长能力指标和现金流量类指标，但对于不同的公司，其经营和财务活动的内容和战略方针等都有很大的差异；不同行业的公司，其财务危机的特征、表现形式和表现时间等也有根本性的区别；因此，公司在财务危机预警指标选择上就会有很大不一致，但设计一套简单而实用的监测和预警评价指标是风险监测和危机预警活动成败的关键。

三、上市公司财务预警变量选择原则

Altman在建立企业破产预测的 $Z-Score$ 模型时，财务指标的最初选取遵循了两个原则：一是该指标在以前的研究中出现的频率。二是指标与所要研究问题的潜在相关性。本书笔者认为这两个原则比较科学，是选择财务预警变量的基本原则。

在实际财务危机监测和预警研究中，财务危机预警指标的选择除了符合上述两个原则外，还应遵循以下几个原则。

（1）高度敏感性和强烈的预示性。有发生财务危机的苗头时，就能在指标上比较迅速地反映出来，并且指标值一旦恶化就预示着公司很有可能发生财务危机。

（2）重要性和代表性。指标反映的内容在经济活动中居重要地位，对于特定的环节（层面）有重大的影响或代表性。

（3）可操作性。就是指标不能太复杂，能方便地从公司中获取所需要的财务指标数据，便于实际操作。

第二节 构建财务预警模型前应考虑的问题

一、公司财务危机预警目标的分析

公司财务危机有狭义与广义之分。狭义的财务危机是指公司全部资本中由于负债比例过高，使得公司不能按期还本付息所造成的风险，也称为负债风险或破产风险。广义的财务危机是指公司经营过程中各种不利因素所导致公司的经营失败和财务失败，如不能按期收回应收的销货款和投资款，不能按期偿还债务本金和利息，不能达到预期的销售量和销售额，产品质量突然出现问题，外部环境突然发生不利变化，政策法规突然进行调整，产品技术标准的突然变化等。财务危机的界定和分类可以从过程、属性或原因等多方面来确定，无论在理论或实务中都没有公认的规定，综合前人的研究成果，将财务危机划分为如下几种类型，如表4-1所示。

表4-1 公司财务危机分类表

序号	分类标准	主要内容
1	按无法偿还债务的原因和结果	运营失败、商业失败、技术性无力偿债、无力偿债、资不抵债、正式破产
2	根据财务危机发生的快慢	突发性危机、渐进性危机
3	根据实际净资产状况	资不抵债危机、流动性危机

公司财务危机形成的原因是多方面的，综合来说可以划分为三个方面：一是公司外部环境的突变，二是公司内部管理波动状态和管理失误，三是各种财务风险的形成和恶化。公司外部环境突变与公司财务危机是一种互动关系，前者引发后者，后者加强前者，其影响可能是积极的、正面的，也可能

是消极的、负面的。公司内部管理波动状态和管理失误是公司管理组织处于功能紊乱、秩序丧失和冲突失控的一种状态，原因是公司因历史或社会原因而导致基础素质落后，这同公司环境因素直接相关；管理者所接受知识的错误或对其误解，这同公司外界的文化环境因素相关；管理者对自身工作习惯的偏好误解与误用等。各种财务风险的形成和恶化是由于资金配置失效、支付压力和支付能力脱节等财务失控或财务管理水平低下及混乱造成的，这是导致公司财务危机的直接原因。因此，公司财务危机预警主要研究那些对公司发展可能造成重大危害的财务状况和内外部环境变化所导致的财务状况变化，通过有效的预警方式和预警系统的监控，及时进行预测和预警，并采取具有针对性的改进措施和应对方案，将那些可能因出现财务危机对公司的伤害降到最低点。财务危机预警不仅要研究公司财务管理水平低下、财务失控、现金流量失控等财务风险，还要充分关注公司不同时期出现的各种经营风险、管理风险及其表现出来的各种特征等内部因素变化对财务危机造成的影响，关注公司外部的各种经济因素、金融环境因素、法律因素等的变动对公司财务危机造成的直接或间接的影响。

由此可见，财务危机预警目标就是对形成财务危机的各种内外部因素进行监测、诊断、预报，并实施相应的预控手段，目的是保证公司经营管理和财务管理系统的功能与秩序处于可靠和可控的状态，防止并矫正管理失误和财务危机的发生、发展。将财务危机预警目标进行分解，可以包含如下几个方面的内容。

（一）进行信息收集并初步分析原因

收集与公司经营相关的产业政策、市场竞争状况、公司本身的各类财务和生产经营状况信息，进行分析比较，判断公司经营状况和财务状况是否异常，研究公司在各种境况中的经营管理失误、失控、冲突等现象，查找造成公司财务危机的宏观与微观的动因，揭示其发展、变化的过程及其作用形式与实质。

（二）对公司财务危机的各种因素进行诊断与评价

（1）对公司环境变动进行监测与评价，以此明确公司面临或可能面临的不利环境变动。监测范畴主要是经济（市场）环境的景气度、政策环境的变化趋势、科技环境的发展状态以及其他环境（文化、自然等）的变化。

（2）对公司内部经营管理波动进行监测与评价，以此明确并预控公司组织的运行状态。监测对象主要是经营管理活动、管理职能体系的运行状态和组织沟通质量，即经营管理系统的功能可靠性和运行秩序可控性。

（3）对公司内部管理失误行为进行监测与评价，以此明确并预控管理行为的过程与结果。监测对象主要是管理者的个人行为和部门（群体）管理行为，同时监测管理失误同管理波动、公司危机之间的因果关系和转化关系。

（4）对公司财务管理活动进行监测与评价，以此明确财务活动与财务风险对公司财务危机的影响与作用。监测对象主要是公司财务运作状况、盈利状况与资产运营状况等，例如负债比率标准、负债利率标准、负债期限结构标准、现金流量状况标准、资产质量标准、公司盈利状况标准、公司信誉和举债能力标准等。

（5）建立公司财务危机预警管理活动的评价指标体系。上述四个目标任务的实施，必须依靠特别的预警评价指标才能进行，否则，预警系统的工作将是经验性的、随机的、不系统的过程。为此，公司财务危机预警要建立对公司危机现象的经济评价指标、对公司管理波动状态的组织评价指标、对公司管理失误行为的经济与心理的评价指标、对公司财务管理活动的财务状况评价指标。这四个评价指标体系，构成公司财务危机预警系统的非财务和财务的评价指标体系。

（三）预知公司财务危机和控制财务危机

通过对公司财务危机预警系统的财务与非财务评价指标的分析，当公司发生潜在的危机因素时，财务危机预警系统能预先发出警告，提醒公司经营者及时做好准备，根据财务危机预警指标体系的分解寻找导致公司财务状况恶化的根源，使公司经营者有的放矢，对症下药，制定有效措施，阻止财务状况的进一步恶化，扭转财务危机。

（四）建立预警机制避免财务危机的发生，转化财务危机

有效的预警系统不仅能及时预知和控制公司财务危机，而且能通过预警过程的详细记录，了解危机发生的缘由、制定解决措施，及时提出改进建议和方案，弥补公司现有经营管理上的缺陷；随时捕捉公司财务管理活动中各种管理漏洞、管理失误、重大风险和隐患，并采取适当措施，保持公司资金运动始终处于安全区域内；充分利用公司现有管理基础，充分发挥企业ERP、IT技术的优势，建立实时监控和预警机制，提高公司的财务管理水平和档次，培育和提高公司财务风险意识，提高公司的适应能力和发展能力。

二、财务危机预警模型的修正

财务危机预警实证研究是随着证券市场的发展而产生和不断深入的，它以现有的财务指标为基础，建立数学模型来预测公司财务危机发生的可能性，为公司内外利益相关者监测公司财务状况提供一种简便有效的分析工具。财务危机预警实证研究采用不同的方法、选取不同的样本得到的预警模型存在显著的差异，预警模型会受到不同国家和地区、不同行业、预警指标的差异、采用数据的完整性和研究区间不同的影响。同一模型的适用范围在很大程度上受到限制，模型的适用范围会由于不同的经济环境、不同的行业和时间区间等因素的变化而受到影响，不同的模型只能在一定条件下有效。如果要做到科学的预警，应采取定性分析与定量分析相结合的方法，而且，随着经济环境的变化，需对模型做一些修正、补充和完善，预警模型才能成为预测上市公司财务危机的有效方法。因此，财务危机预警模型应该随着内外部预警环境的变化，结合预警假设和预警目标的要求，调整预警指标及数据，修正预警模型，提高模型的适应性和预测的及时性与准确度。

（一）审计意见对财务危机预警模型的修正

审计意见是注册会计师对公司财务会计报告在重大方面是否公允反映其财务状况的一种职业判断，作为公司经营状况的指示灯，能够从独特的视角

反映公司的经营状况。基于审计意见的这个独特功能，可以将审计意见作为一个新的预测变量加入预警模型中，起到修正和完善预警模型的作用。

将审计意见纳入财务危机预警模型是基于以下假设的：①财务危机公司进行财务包装或者盈余管理的可能性要远远大于财务正常公司，其得到非标准审计意见的可能性也要远大于财务正常公司。②离出现财务危机的时间越近，财务危机公司被出具非标准审计意见的概率越大。

根据《中国注册会计师独立审计基本准则》，注册会计师应根据审计结果和被审计单位对有关问题的处理情况，形成不同的审计意见，出具四种基本类型审计意见的审计报告，即无保留意见的审计报告、保留意见的审计报告、否定意见的审计报告和拒绝表示意见的审计报告。其中无保留意见审计报告，又分为标准无保留意见和带说明段的无保留意见。审计意见在财务预警中有一定的作用，具备一定的区分能力，能够在一定程度上揭示潜在的风险，在财务危机预警方面具有一定的信息含量。

（二）将现金流量指标纳入预警模型进行模型修正

财务危机预警模型的构成指标主要是取自资产负债表和损益表的数据，以权责发生制为基础，容易受到盈余管理的影响，其与财务状况的相关性大打折扣。现金流量表是上市公司重要会计报表之一，其编制原则和方法具有统一的规定，其主要作用是提供现金流量方面的信息，以实收实付制为基础，能较客观地反映公司真实的财务状况。以现金流量表中的数据为基础构成的现金流量指标也克服了盈余管理的影响，将其纳入模型，能够使模型更客观反映公司的财务状况，更好地起到财务危机预警的作用。

国内外的相关研究证实现金流量信息是预测公司财务危机的有效变量。Beaver（1966）对30个财务比率进行研究，在排除行业因素和公司资产规模因素的前提下，发现现金流量/债务总额、净收益/资产总额（资产收益率）、债务总额/资产总额（资产负债率）对预测财务失败是有效的，其中现金流量/债务总额指标表现最好，该指标在失败前一年、两年、三年、四年、五年用于预测的准确率分别为87%、79%、77%、76%和78%，大大高于随机预测模型。Altman（1968）首次将多元线性判别方法引入到财务危机预测领域，根据行业和资产规模，为33家破产公司选择了33家非破产配对公司，选用22个变量作为预测备选变量，根据误判率最小的原则，最终确定了五个变量作为判别变量，建立了企业破产预警分析的多变量模型，即著名的Z–Score模型。周首华等（1996）对Z分数模型加以改造，加入了现金流量这一预测自变量，建立了财务危机预测的新模式F分数模式。

（三）引入行业差异变量进行财务危机预警模型的修正

在财务危机预警的实证研究中，诸多预警指标、预警模型以及预警指标或模型的判断标准会受到公司规模、所处行业、地域、面临的经济法律环境以及样本选取范围、样本时间和区间等诸多因素的影响，因而在做出公司财务危机判断时存在着一定的局限性。如不同的模型需要不同的前提条件，而事实上很多时候这些条件并不能满足所有的情况，如所有的行业等，这使得很多模型的正确性和预测精度受到影响。又如，在建立公司财务危机预警模型时，多采用财务指标而缺乏对非量化因素的考虑。突出的局限性则体现在建立公司财务危机预警模型的研究中，试图寻求统一的预警模型、运用统一的指标体系和统一的判断标准解决所有公司的问题，缺乏针对不同行业的上市公司灵活选用各自参数和采用不同临界值判断的应变能力。我国对上市公司财务危机预警的研究，无论从理论上还是实践上都还存在着较多缺陷，其中之一就是大多采用通用模型，较少考虑行业差异，从而影响了财务危机预警的准确性和有效性。

行业性差异对财务指标有较大影响，郭鹏飞和杨朝军（2003）采用单因素方差分析法对我国仅发行A股的上市公司2001年的七个财务比率在行业门类层次上的差异性进行了检验，13个行业的财务比率均值统计如表4–5所示，结果表明不同行业的财务比率具有显著差异。

表4-2　上市公司13个行业2001年财务比率均值表

行业名称	净资产收益率	净利润率	应收账款周转率	存货周转率	总资产周转率	流动比率	资产负债率
农林牧渔业	5.40	11.66	11.92	5.85	0.55	2.07	38.41
采掘业	12.88	16.89	6.54	10.16	0.53	1.86	31.41
制造业	3.76	3.09	12.69	3.89	0.56	1.88	41.84
水电煤气生产供应业	8.86	20.24	14.43	22.47	0.31	2.55	34.68
建筑业	2.03	3.55	4.95	6.37	0.43	1.48	53.05
交通运输仓储业	7.96	26.01	31.52	436.71	0.30	2.16	35.66
信息技术业	7.93	7.51	15.15	5.80	0.76	1.78	48.33
批发和零售贸易	3.35	1.99	146.47	12.09	1.03	1.25	48.78
金融保险业	6.51	16.25	7.01	1.09	0.28	2.31	36.51
房地产业	4.75	2.56	115.01	0.65	0.29	1.71	51.51
社会服务业	5.34	18.61	28.86	15.92	0.34	1.73	35.18
传播与文化业	3.34	0.83	32.04	79.14	0.29	2.16	38.07
综合类	5.67	8.67	9.07	3.91	0.44	1.77	49.04
总计	4.60	5.86	28.40	23.30	0.56	1.84	42.78

　　在财务危机预警研究中，各种财务危机预警模型大多是以公司的财务数据和财务指标为依据进行预测分析的，而公司的各种财务指标，从偿债性指标到营利性指标，都呈现出明显的行业性差异。因此，在财务危机预警模型的实证研究中，对行业性差异在预测模型中的影响不可忽视，应该考虑行业因素，建立包括行业因素在内的预警模型或者对现行财务危机预警模型做出修正，提高财务危机预警的准确性和有效性。

（四）考虑环境因素对财务危机预警模型进行修正

　　在财务危机预警的实证研究中，无论是单变量预警模型，还是多变量预警模型，研究者多采用各种财务比率作为预警模型的解释变量，而很少采用环境因素作为预警模型的解释变量。但由于公司内外部环境的变化对公司的整个生产经营和财务活动都会造成重要影响，一方面它为公司的顺利发展提供了机遇和可能，另一方面又对公司的经营和财务活动提出了制约和挑战。例如振兴东北老工业基地的方略、山东半岛蓝色经济区发展规划、各种宏观金融政策的调整和市场竞争的压力、公司经济性质和规模、内部控制制度、高层人员的变动与人员素质等。如果完全不考虑环境因素的影响，将会大大降低对公司财务危机的预测精度和可信度。因此，在财务危机预警模型中，考虑环境因素的影响是非常必要的。根据前面对公司内外部环境因素的分析，利用仁翰·阿吉蒂的管理评分法，结合国内实际情况对环境因素进行分析和定性研究，建立财务危机预警的评分标准，参见表4-3和表4-4，为把环境因素变量引入到公司财务危机预警的实证研究中提供一个思路。

表4-3 上市公司财务危机预警的外部环境因素综合评分表

环境项目	具体环境因素	评分	
		0	1
经济环境	经济增长速度	快	慢
	国家产业政策	扶持	不扶持
	地区经济政策	扶持	不扶持
	行业优惠政策	有	无
	行业竞争	无	有
税收政策	税收优惠	有	无
法律法规	重大法律诉讼	无	有
金融政策	利率水平	低	高
	信贷政策宽松	宽松	严格

表4-4　管理评分法评分项目及其评分值（内部环境因素评分表）

项　目		评分	表现
缺点	管理方面	8	总经理独断专行
		4	总经理又兼任董事长
		2	独断的总经理控制着被动的董事会
		2	董事会成员构成失衡，比如管理人员不足
		2	财务主管能力低下
	财务方面	1	管理混乱，缺乏规章制度
		3	没有财务预算或不按预算进行控制
		3	没有现金流转计划或虽有计划但从未适时调整
		3	没有成本控制系统，对企业的成本一无所知
		15	应变能力差，过时的产品、陈旧的设备、守旧的战略
合计		43	及格　10分
错误		15	欠债过多
		15	企业过度发展
		15	过度依赖大项目
合计		45	及格　15分
症状		4	财务报表上显示不佳的信号
		4	总经理操纵会计账目，以掩盖企业滑坡的事实
		3	非财务反映：管理混乱、工资冻结、士气低落、人员外流
		1	晚期迹象：债权人扬言要诉讼
合计		12	
总计		100	

　　对上市公司所处的外部环境按照0、1的评分标准进行评分是一种尝试，具体环境因素可以根据实际情况进行适当调整，然后对上市公司的外部环境进行评分，这样就可以获得分项得分或者计算出综合得分，由此可以把外部环境因素这种定性指标进行定量化判断。得分越高，说明公司所处的外部环境越恶劣，公司面临的财务风险也就越大。用管理评分法的评分项目对公司的内部环境因素进行评分时，每一项得分要么是零分，要么是满分，不容许给中间分。所给的分数就表明了管理不善的程度，总分是100分，参照表中各项进行打分，分数越高，则公司的处境（内部环境）越差。在理想的公司中，这些分数应当为零；如果评价的分数总计超过25分，就表明公司正面临失败的危险；如果评价的分数总计超过35分，公司就处于严重的危机之中；公司的安全得分一般小于18分。采用管理评分法可以把公司内部环境因素的定性分析判断定量化，由此可以将公司的内部环境因素纳入财务危机预警模型中进行模型修正。

三、财务危机预警模型的检验

　　财务危机预警模型建立后，需要对模型的显著性进行检验，以确认建立的预警模型是否很好地拟合了原始数据，即该预警模型是否有效。利用残差分析，确定回归方程即预警模型是否违反了假设理论。对各自变量进行检验，其假设是总体的回归方程自变量系数或常数项为0，以便在回归方程中保留对因变量y值预测更有效的自变量，以便确定预警模型是否有效。另外要检验回归方程对因变量的预测效果如何。

（一）方差分析

　　建立财务危机预警的回归方程后，采用方差分析方法对回归方程进行检验，检验的假设是总体的回归系数均为0或不都为非0。若是对整个回归方程的显著性检验，使用F统计量进行检验。体现因变量观测值与均值之间的差异的偏差平方和SST是由两个部分组成的，即回归平方和SSR，它们反映了自变量X的重要程度；残差平方和SSE，反映了实验误差以及其他意外因素对实验结果的影响，表示为SST=SSR+SSE。这两部分除以各自的自由度，得到它们的均方，统计量F=回归均方/残差均方，在给定的显著性水平a下判定回归方程有无显著意义，当F值太大时拒绝接受$b=0$的假设。

（二）偏回归系数与常数项的检验

在多元线性回归中，回归方程中的每个自变量对因变量的显著性可能不同，通过分析可以剔除那些次要的、可有可无的变量，重新建立更为简单的回归方程。检验的假设是：财务预警模型中各自变量偏回归系数为0，常数项为0。检验使用t统计量，t检验的公式为：t=偏回归系数/偏回归系数的标准误。

（三）预测效果的检验

运用判别分析建立财务危机预警模型或者对预警模型修正后，人们最关心的是利用建立的线性判别函数进行判别时的准确度如何。常用的效果验证方法如下。

（1）自身验证。即将训练样本依次代入判别函数，来看看错判情况是否严重。但是自身验证的效果好，并不能说明该函数用来判别外部数据的效果也好，实用价值不大。

（2）外部数据验证。即判别函数建立完成后，重新再收集一部分样本数据，用判别函数进行判别，看看错判是否严重。这种验证方法理论上较好，但再收集的样本数据不能被用来建立判别函数，有些浪费，而且很难保证两次收集的样本是同质的。

（3）样本二分法。是外部数据验证的改进，采用随机函数将所用样本分为两部分，一般是按2∶1的比例拆分，样本多的部分用于建立判别函数，剩下的样本用于验证。这种做法可以保证验证用样本和训练用样本的同质性，是最为理想的。但它要求样本量较大，否则建立的判别函数不稳定，白白浪费信息。

（4）交互验证（Cross-Validation）。这是近年来逐渐发展起来的一种非常重要的判别效果验证技术。它在样本二分法的基础上又大大前进了一步，具体来说就是在建立判别函数时依次去掉一例，然后用建立起来的判别函数对该例进行判别，用这种方法可以非常有效地避免强影响点的干扰。

（5）Bootstrap法。该方法在交互验证的基础上又前进了一步，其基本思想为：在原始数据的范围内做有放回的抽样，样本含量仍为n，原始数据中每个观察单位每次被抽到的概率相等，为$1/n$，所得样本称为Bootstrap样本，从该样本可以得到一个判别分析结果；重复抽取这样的样本若干次，这样可以建立起来一系列判别函数，相应的每个系数都有一系列取值。采用Bootstrap方法的原理就可以求出最"稳健"的判别函数，用这种方法可以非常充分地利用样本信息，求得的判别函数又可以有效地避免强影响点的干扰。但是，各个Bootstrap样本中显然都含有相同个体，严格讲这并不符合验证的要求。

第五章

基于多元线性判别分析的
财务危机预警模型研究

DI WU ZHANG

第一节 研究样本设计与研究变量和研究方法的选择

一、研究样本的选择

国外研究多数将企业破产作为企业财务危机的标志，也有研究者认为不仅包括企业破产，还应包括债券到期不能偿付、银行透支严重、不能支付优先股等，来作为企业财务危机的标志。目前国内的财务预警研究中，多数研究都将研究样本界定为因财务状况异常而被特别处理（ST）的上市公司。

（一）本文研究样本选择分析

我国公司股票上市规则（2008年9月第六次修订）中规定①，上市公司出现财务状况异常或者其他异常情况，导致其股票存在被终止上市的风险，或者投资者难以判断公司前景，投资权益可能受到损害的，证券交易所对该公司股票交易实行特别处理。特别处理分为警示存在终止上市风险的特别处理（简称"退市风险警示"）和其他特别处理。根据山东省上市公司的实际情况，结合国内外研究样本的界定方法，本文界定的财务危机研究样本是符合以下几个原因而被特别处理（ST）的A股上市公司。

①最近两年连续亏损（以最近两年年度报告披露的当年经审计净利润为依据）。②因财务会计报告存在重大会计差错或者虚假记载，公司主动改正或者被中国证监会责令改正后，对以前年度财务会计报告进行追溯调整，导致最近两年连续亏损。③因财务会计报告存在重大会计差错或者虚假记载，被中国证监会责令改正但未在规定期限内改正，且公司股票已停牌两个月。④最近一个会计年度的审计结果表明其股东权益为负值。

---

①《上海证券交易所股票上市规则》《深圳证券交易所股票上市规则》，于2008年9月第六次修订。

选择上述几种情况的上市公司作为研究样本的理由，可以从以下几个方面分析。

（1）上市公司被特别处理的特征明显。从1998年开始，沪深证券交易所正式启动了当上市公司出现"异常状况"时，对上市公司进行"特别处理（ST）"的条款。对上市公司特别处理的规定历经多次修订，最新的一次修订是2008年9月的第六次修订，将特别处理分为警示存在终止上市风险的特别处理（简称"退市风险警示"）和其他特别处理。对退市风险警示的处理措施包括在公司股票简称前冠以"*ST"字样和股票报价的日涨跌幅限制为5%，以区别于其他股票；对其他特别处理的处理措施包括在公司股票简称前冠以"ST"字样，股票报价的日涨跌幅限制为5%，以区别于其他股票。因此，从我国实际情况看选择上市公司中被特别处理的公司作为财务危机研究对象比较合理。

（2）从财务预测角度选择由于财务状况异常而被特别处理的公司。在1998年启动的对上市公司进行"特别处理（ST）"的条款中，"异常状况"包括"财务状况异常"和"其他状况异常"两个方面。其中因"其他状况异常"而被特别处理具有很大的不确定性，难以从财务角度进行有效预测，而对"财务状况异常"情况的界定符合我们对公司财务状况不健康的判断。2008年9月沪深证券交易所对特别处理进行补充修订，本书中剔除了具有很大不确定性的情形，比如由于自然灾害或重大事故等导致公司生产经营活动受到严重影响且预计在三个月以内不能恢复正常、主要银行账号被冻结、未在法定期限内披露年度报告或者中期报告且公司股票已停牌两个月等，选取能体现因财务状况异常而被特别处理的情形。所以，从理论上讲，比较理想的财务危机研究样本应是因财务状况异常而被特别处理的上市公司。

（3）A股上市公司具有代表性并且资料比较完整。我国的上市公司主要是在沪深证券交易所上市的A股，投资者众多，社会影响面广，一旦陷入财务危机将对证券市场乃至整个社会产生巨大的影响。A股上市公司执行统一的会计准则，核算标准统一；同时，A股上市公司要求定期公开披露其会计信息，研究资料收集容易并且资料比较完整。

（4）被特别处理的上市公司面临的风险较大，研究价值高。沪深证券交易所在1999年6月就股票暂停上市做出规定：上市公司连续三年发生亏损，其股票应暂停上市，暂停上市的股票实行特别转让，这些规定使得成为ST的公司具有较高的市场风险。2008年9月沪深证券交易所对暂停股票上市和终止股票上市进行补充修订，股票交易被实行退市风险警示后，首个会计年度审计结果表明公司继续亏损；或者在两个月内仍未按要求改正财务会计报告；或者在两个月内仍未披露年度报告或者中期报告；或者在六个月内其股权分布仍不能符合上市条件等，上市公司将被暂停上市。股票被暂停上市后，未能在法定期限内披露暂停上市后首个年度报告；或者在法定期限内披露的暂停上市后首个年度报告显示公司出现亏损；或者在法定期限内披露了暂停上市后首个年度报告，但未能在其后五个交易日内提出恢复上市申请等，上市公司股票将被终止上市。这些暂停和终止股票上市的规定，使得被特别处理的上市公司面临很大的市场风险，因此对其进行准确的预测和判断，对于保持证券市场的良性发展、降低投资风险具有重要的现实意义。

（二）财务危机公司（ST公司）样本组

本书研究的ST样本选用2001~2011年因最近两年连续亏损而被特别处理的山东A股上市公司，共有23家。本书中假设上市公司公布被特别处理的年份为t年，被特别处理的前一年为$t-1$年，被特别处理的前二年为$t-2$年，依次类推，被特别处理的前5年为$t-5$年。以发生ST的前一年（$t-1$）的财务数据为基准，建立财务预警模型。而公司财务危机的出现是一个渐进的过程，不是一蹴而就的，因此需要一个预警过程，进行多期财务危机的预警研究。本书正是基于这种原因，尝试进行多期预测研究，建立中长期的财务危机预警模型，构建财务危机预警系统。这样，样本数据的收集时间延至公司发生ST的前5年，分析ST样本公司在被特别处理前一至五年的财务状况变化情况和财务指标的变动情况。通过分析2001~2011年被特别处理的上市公司，其中有10家上市公司出现两次以上最近两年连续亏损的情况，在这里选择最初因最近两年连续亏损而被特别处理的情形。这样最终被选用的财务危机样本公司共有23家，见样本表5-1。

表5-1 ST样本组与非ST样本组对应表

ST样本组				非ST样本组		
股票代码	股票简称	总股本（万股）	所属行业	股票代码	股票简称	总股本（万股）
000506	*ST中润	77418.15	房地产开发与经营业	600162	香江控股	76781.26
000655	*ST金岭	59534.02	铁矿采选业	600399	抚顺特钢	52000
000720	*ST能山	86346	电力生产业	000543	皖能电力	77300.88
000880	*ST巨力	27610.05	锅炉及原动机制造业	600218	全柴动力	28340
000951	*ST重汽	41942.55	汽车制造业	600686	金龙汽车	44259.71
002072	*ST德棉	17600	纺织业	600493	凤竹纺织	17000
600076	*ST华光	36553.6	通信及相关设备制造业	600105	永鼎股份	38095.46
600180	*ST九发	25099.01	农业	000998	隆平高科	27720
600212	*ST江泉	51169.72	电力供应业	000966	长源电力	55414.2
600223	*ST万杰	100096.8	房地产开发与经营业	600007	中国国贸	100728.3
600336	*ST澳柯玛	34103.6	日用电器制造业	000521	美菱电器	41364.29
600385	*ST金泰	14810.71	医药制造业	600436	片仔癀	14000
600579	*ST黄海	25560	轮胎制造业	000589	黔轮胎A	25432.71
600698	*ST轻骑	97181.74	摩托车制造业	000913	钱江摩托	45353.6
600727	*ST鲁北	35098.66	化学原料及化学制品制造业	600423	柳化股份	26623.17
600735	*ST锦股	15481.29	棉纺织业	600070	浙江富润	14067.58

（续表）

ST样本组				非ST样本组		
股票代码	股票简称	总股本（万股）	所属行业	股票代码	股票简称	总股本（万股）
600760	*ST黑豹	27300	汽车制造业	600081	东风科技	31356
600766	*ST园城	17116.55	房地产开发与经营业	600684	珠江实业	18703.94
600783	鲁信高新	20227.89	非金属矿物制品业	600172	黄河旋风	26800
600784	*ST鲁银	24830.69	综合类–钢铁	600165	宁夏恒力	19395.35
600807	*ST济百	16057.56	房地产开发与经营及零售业	600306	商业城	17813.89
600858	*ST渤海	23508.36	综合类–商品零售	600694	大商股份	29371.87
600898	*ST三联	25252.38	日用百货零售业	000785	武汉中商	25122.17

（三）非ST样本组

根据公司被特别处理前一年的行业分类和总股本规模选择相应的控制样本，构成非ST样本组。多数研究采用行业分类和总资产规模选择相应的控制样本。本书尝试进行多期预测研究，建立中长期的财务危机预警模型，将样本数据的收集时间延至公司发生ST的前5年。考虑到公司总资产规模变动幅度较大，因此改变控制样本的标准，选用在一个时期内保持相对稳定的总股本规模作为选择控制样本的标准，这也是本书的一个研究尝试。按照证监会的行业分类标准和上市公司总股本规模选择相应的研究样本，这样可以在一定程度上减少行业因素和股本规模的大小不同对上市公司产生的影响。

按照行业分类和总股本规模为每一家ST公司选择对应的非ST公司时，遵循《上市公司行业分类指引》中划分的行业分类，要求行业相同或者近似相同，总股本规模控制在10%以内，对于个别公司在寻找配比的非ST公司时，由于没有合适股本规模的非ST公司与之相对应，在此适当放宽了配比标准。

这样，我们最后得到的样本总数是46家，其中ST公司23家，非ST公司23家，见样本表5-1。

二、研究变量的选择

从国内财务预警研究情况看，在变量选择方面缺乏具体的经济理论指导，不同的研究者选择的研究变量各不相同，但通过考察和归纳国内外研究中选择的有显著贡献的预测变量，可以划分为综合反映公司财务状况、经营成果和现金流量情况的五类财务指标，即盈利能力指标、偿债能力指标、营运能力指标、成长能力指标和现金流量指标。

通过前面预警指标选择的分析，结合我国实际使用的绩效评价指标体系，以及研究变量获取的难易程度与成本效益原则，初步选择了25个财务指标作为财务危机预警研究的备选变量，分别反映了公司财务状况、经营成果和现金流量情况的五个方面，即盈利能力、偿债能力、营运能力、成长能力和现金流量情况。具体指标见表5-2。

表5-2 备选研究变量

指标分类	指标名称	单位	注释
盈利能力指标	净资产收益率	%	净资产收益率=[净利润×2/（期初股东权益+期末股东权益）]×100%
	资产报酬率	%	资产报酬率=息税前利润×2/（期初总资产+期末总资产）×100%
	资产净利率	%	资产净利率=净利润/平均资产总额×100%，平均资产总额=（期初资产总额+期末资产总额）/2
	销售净利率	%	销售净利率=净利润/营业收入×100%
	营业利润率	%	营业利润率=营业利润/总主营业务收入×100%
	成本费用利润率	%	成本费用利润率=利润总额/成本费用总额×100%，成本费用总额=营业成本+期间费用，期间费用=营业费用+管理费用+财务费用

（续表）

指标分类	指标名称	单位	注释
偿债能力指标	流动比率	%	流动比率=流动资产/流动负债×100%
	速动比率	%	速冻比率=（流动资产−存货）/流动负债×100%
	有形净值债务率	%	有形净值债务率=负债总额/（股东权益−无形资产−商誉）×100%
偿债能力指标	利息保障倍数		利息保障倍数=息税前利润/利息费用。其中息税前利润（EBIT）=利润总额+财务费用，利息费用=财务费用+资本化利息支出
	现金流动负债比		现金流动负债比=经营现金流量净额/流动负债。
	资产负债率	%	资产负债率=负债合计/资产合计×100%
成长能力指标	每股收益增长率	%	每股收益增长率=（本期每股收益/去年同期每股收益−1）×100%
	营业利润增长率	%	营业利润增长率=（本期营业利润/去年同期营业利润−1）×100%
	利润总额增长率	%	利润总额增长率=（本期利润总额/去年同期利润总额−1）×100%
	净资产增长率	%	净资产增长率=（期末净资产/去年同期净资产−1）×100%
	总资产增长率	%	总资产增长率=（期末总资产/去年同期总资产−1）×100%
营运能力指标	存货周转率	次	存货周转率=主营业务成本/平均存货，平均存货=（期初存货+期末存货）/2
	应收账款周转率	次	应收账款周转率=主营业务收入/平均应收账款
	流动资产周转率	次	流动资产周转率=主营业务收入/平均流动资产
	固定资产周转率	次	固定资产周转率=主营业务收入/平均固定资产
	总资产周转率	次	总资产周转率=主营业务收入/平均资产总额

（续表）

指标分类	指标名称	单位	注释
现金流量指标	销售现金比率		销售现金比率=经营现金流量净额/主营业务收入
	营业收入现金含量	元	营业收入现金含量=销售商品、提供劳务收到的现金/营业收入
	总资产现金回收率	%	总资产现金回收率=经营现金流量净额/平均资产总额×100%

三、研究程序和方法

首先搜集并计算46家样本公司的净资产收益率、资产负债率、每股收益增长率、总资产周转率和总资产现金回收率等25个财务指标，这些指标综合反映了公司的盈利能力、偿债能力、资产运营能力、发展能力和现金流量情况。在此基础上，对样本中的非ST公司和ST公司在被特别处理前一年到前五年共5年期间历年的25个财务指标进行对比分析，探讨对公司陷入财务危机影响显著的变量。筛选和确定对公司陷入财务危机影响最为显著的财务指标为模型的判定指标，应用多元线性判别分析，建立和估计财务危机预警模型，并且进行多期预测研究，建立中长期多变量线性预测模型进行财务危机预警，提高在财务危机预测中的效率和准确率。

第二节　多元线性判定模型的构建

判别分析是根据观察或测量到若干变量值，判断研究对象如何分类的方法。根据已知观测对象的分类和若干表明观测对象特征的变量值，从中筛选出能提供较多信息的变量并建立判别函数，利用推导出的判别函数对观测量判别其所属类别，使错判率最小。判别函数的一般形式是：

$$Y = a_0 + a_1X_1 + a_2X_2 + \cdots\cdots\cdots + a_nX_n \qquad （公式5.1）$$

其中，Y 为判别分数（判别值）；X_1、$X_2 \cdots X_n$ 为反映研究对象特征的变量，a_1、$a_2 \cdots a_n$ 为各变量的系数，也称判别系数。

本书利用SPSS19.0统计软件进行判别分析，在判别分析中要明确判别准则，判别准则是确定待判样品归属于哪一组的方法。常用的判别准则有：

Fisher判别准则。根据线性Fisher函数值进行判别，通常用于两组判别问题，使用此准则要求各组变量的均值有显著差异，而对分布、方差等都没有什么限制。

Bayes判别准则。根据各总体的先验概率（Prior Probabilities），使误判的平均损失最小进行判别，一般用于多组判别问题。使用此准则要求满足各组变量服从多元正态分布、各组协方差矩阵相等、各组变量均值有显著差异三个假设条件。

一、备选变量的比较分析

首先计算23家ST公司和23家非ST公司的25个财务指标在被特别处理前一至五年的平均值和标准差等描述性统计量，财务指标的描述性统计结果见附录1，比较这两组样本的25个财务指标在各年的平均值是否具有显著差异，如图5-1至图5-25所示。

净资产收益率均值比较

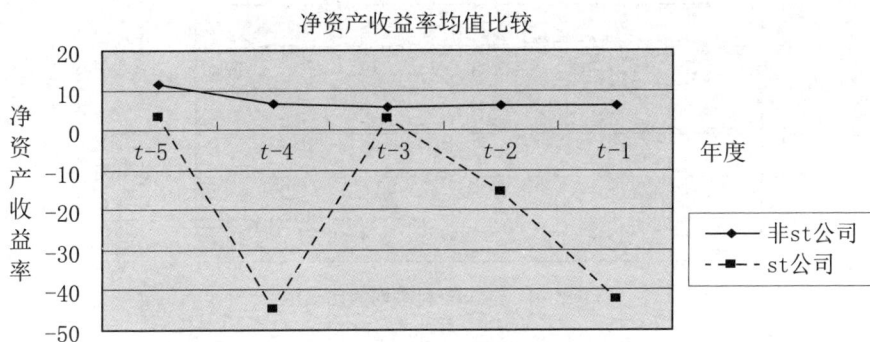

图5-1 净资产收益率均值比较图

资产报酬率均值比较

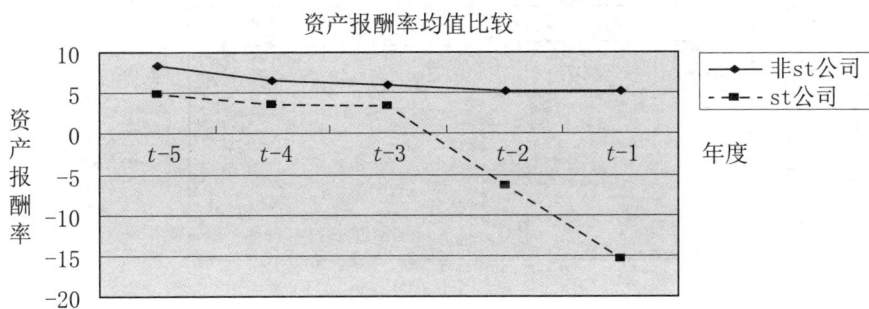

图5-2 资产报酬率均值比较图

资产净利率均值比较

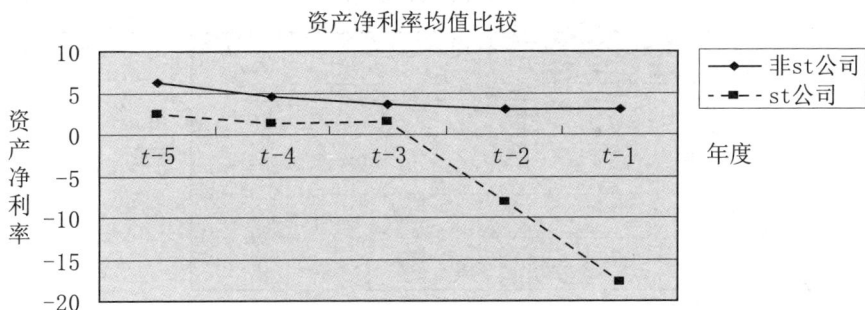

图5-3 资产净利率均值比较图

销售净利率均值比较

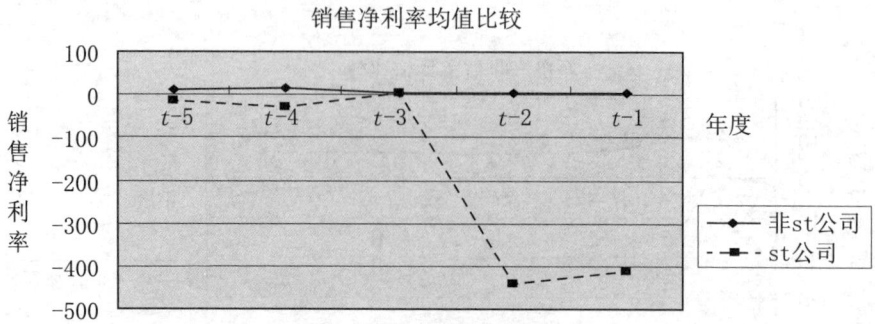

图5-4　销售净利率均值比较图

营业利润率均值比较

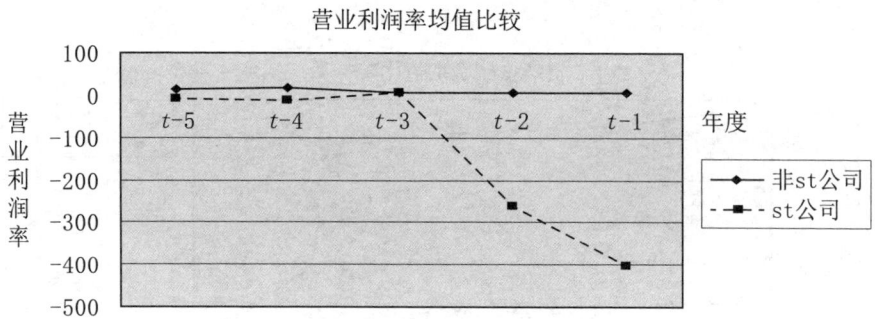

图5-5　营业利润率均值比较图

成本费用利润率均值比较

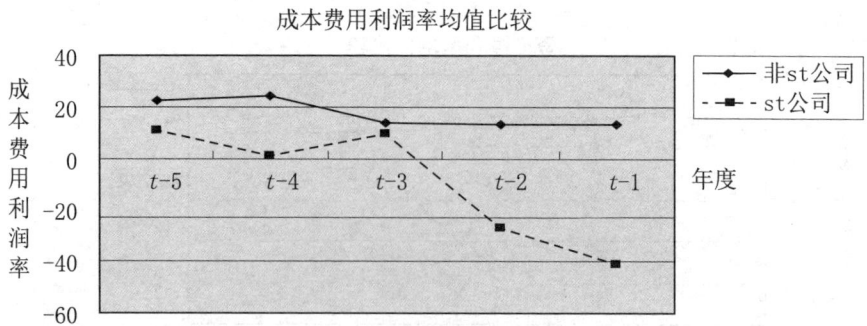

图5-6　成本费用利润率均值比较图

流动比率均值比较

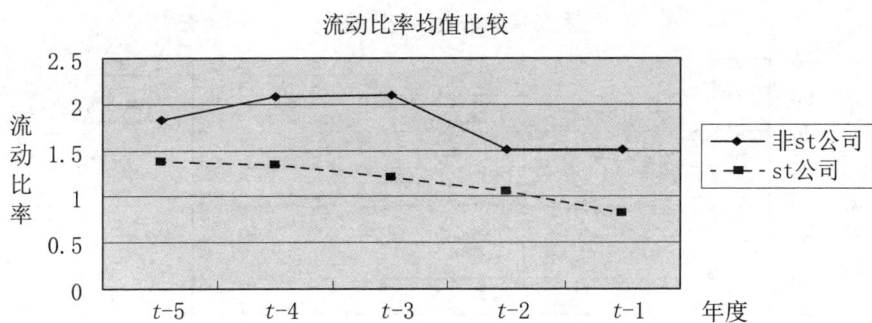

图5-7　流动比率均值比较图

速动比率均值比较

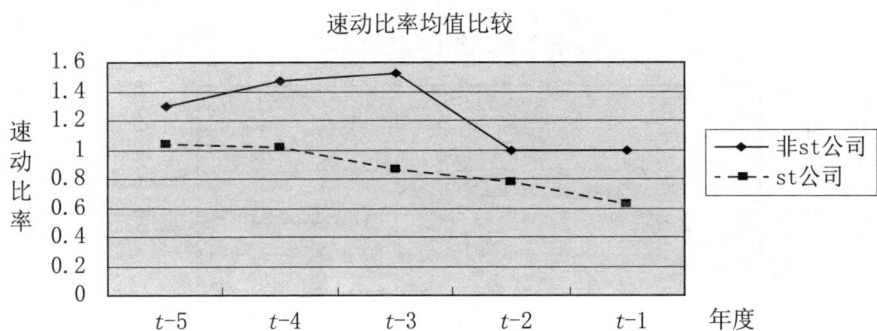

图5-8　速动比率均值比较图

有形净值债务率均值比较

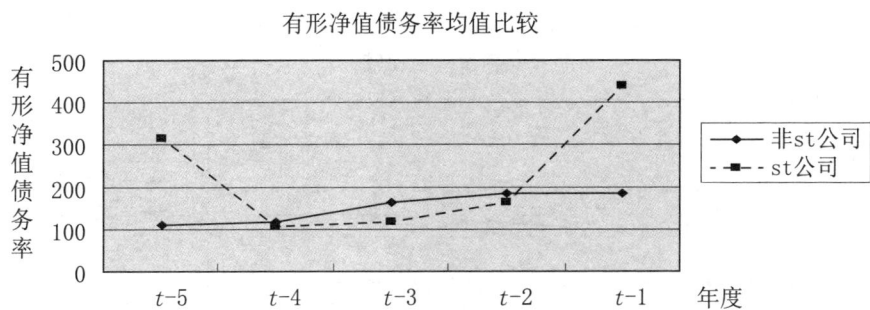

图5-9　有形净值债务率均值比较图

利息保障倍数均值比较

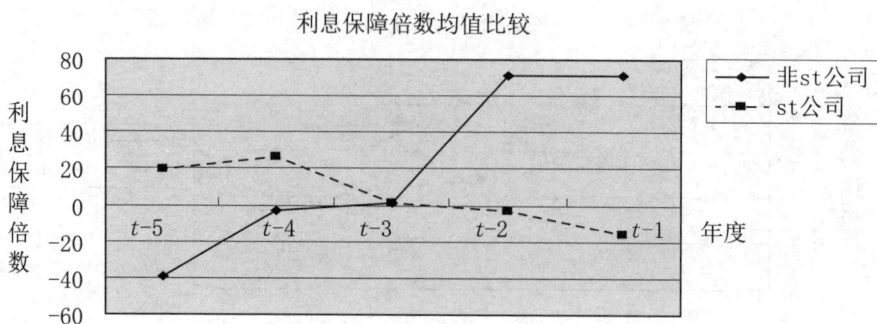

图5-10 利息保障倍数均值比较图

现金流动负债比均值比较

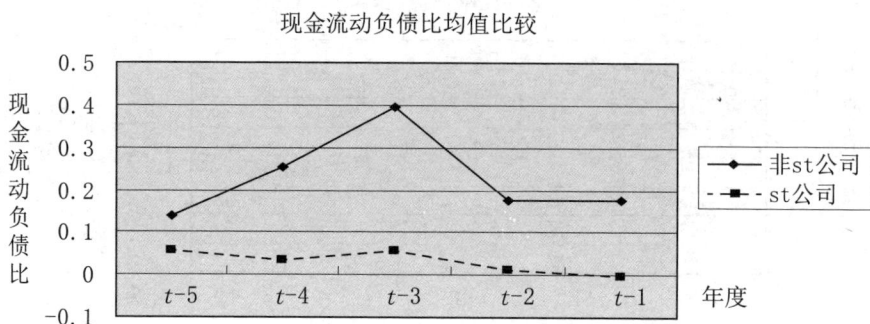

图5-11 现金流动负债比均值比较图

资产负债率均值比较

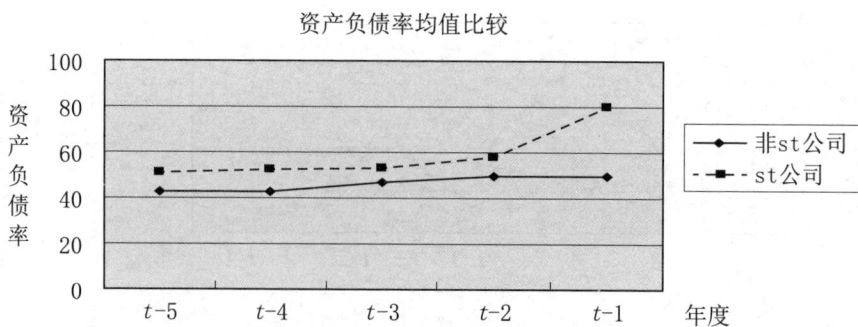

图5-12 资产负债率均值比较图

每股收益增长率均值比较

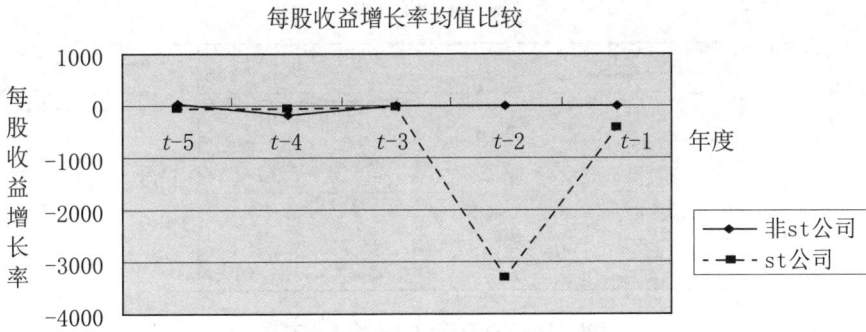

图5-13 每股收益增长率均值比较图

营业利润增长率均值比较

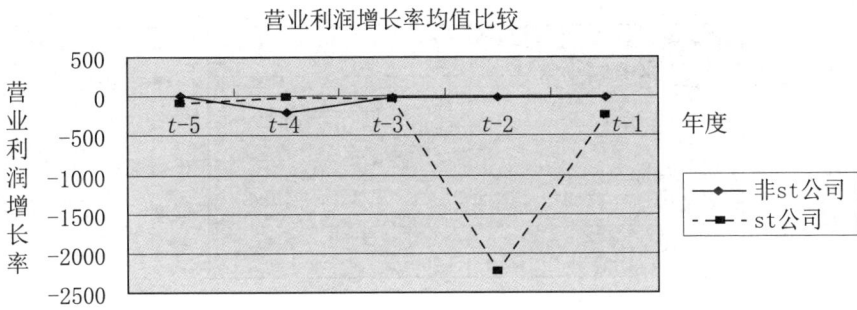

图5-14 营业利润增长率均值比较图

利润总额增长率均值比较

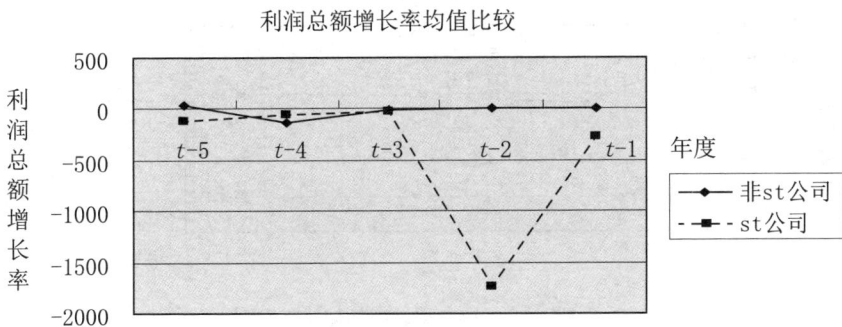

图5-15 利润总额增长率均值比较图

净资产增长率均值比较

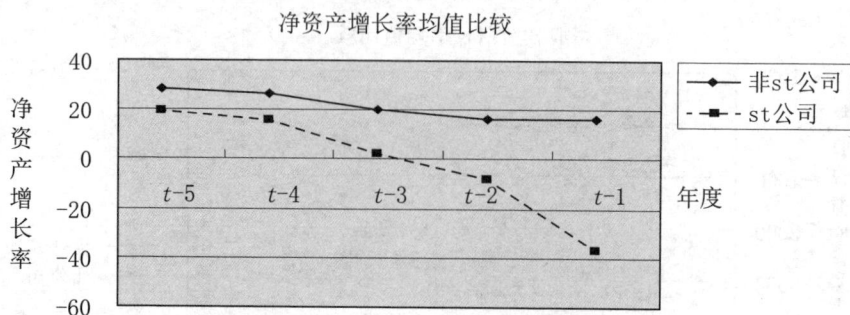

图5-16 净资产增长率均值比较图

总资产增长率均值比较

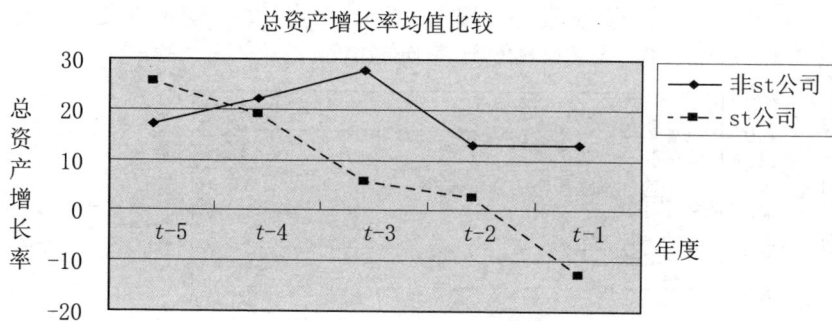

图5-17 总资产增长率均值比较图

存货周转率均值比较

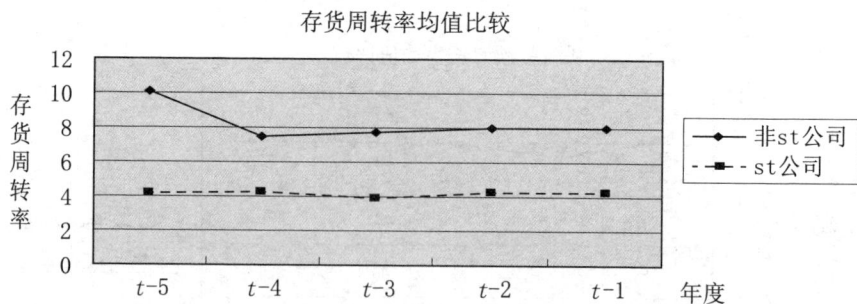

图5-18 存货周转率均值比较图

应收账款周转率均值比较

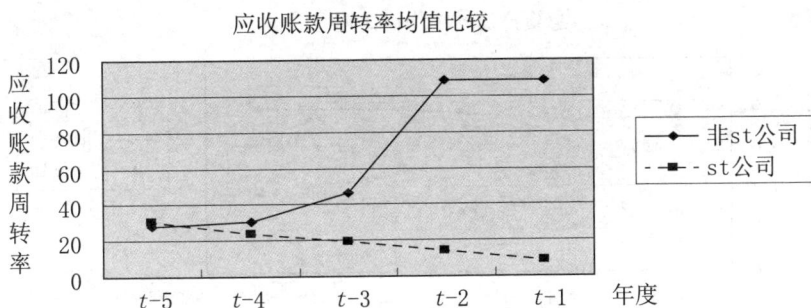

图5-19　应收账款周转率均值比较图

流动资产周转率均值比较

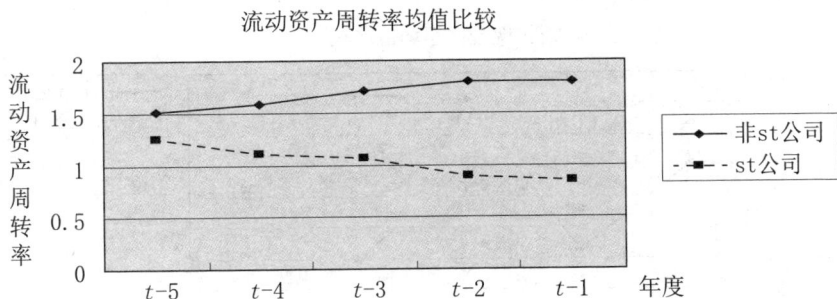

图5-20　流动资产周转率均值比较图

固定资产周转率均值比较

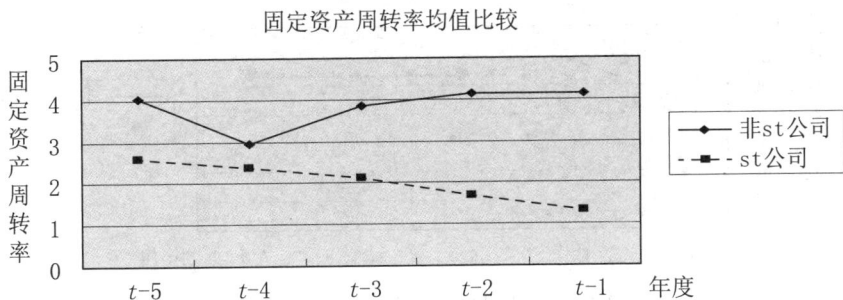

图5-21　固定资产周转率均值比较图

总资产周转率均值比较

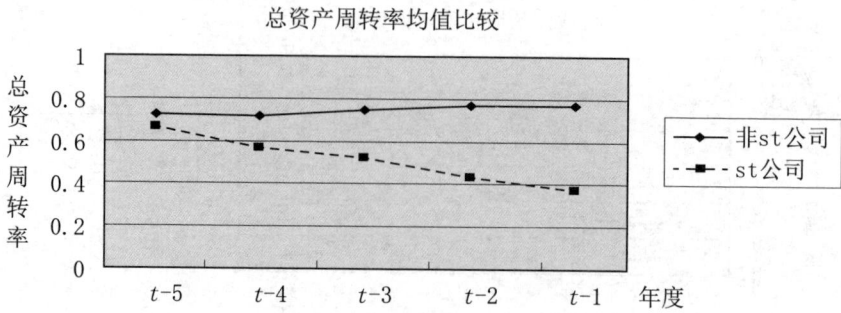

图5-22 总资产周转率均值比较图

销售现金比率均值比较

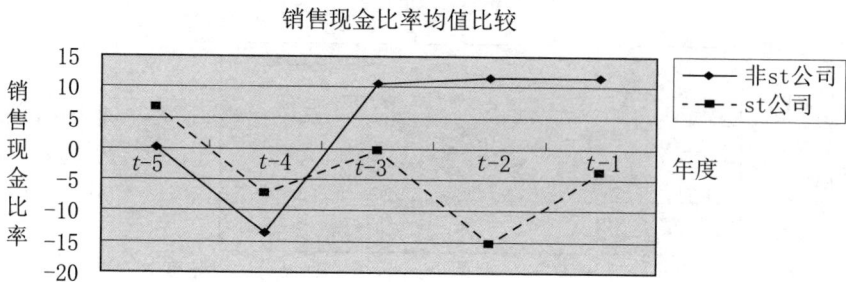

图5-23 销售现金比率均值比较图

营业收入现金含量均值比较

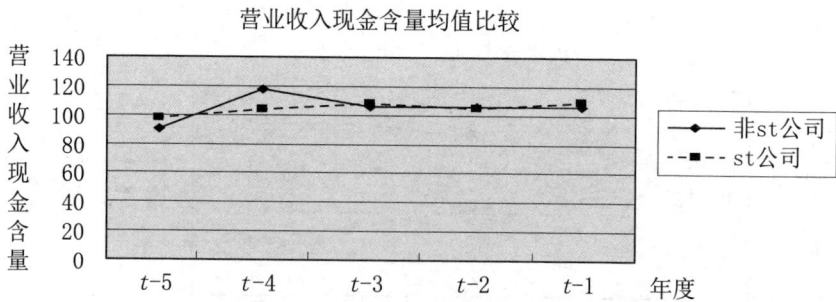

图5-24 营业收入现金含量均值比较图

总资产现金回收率均值比较

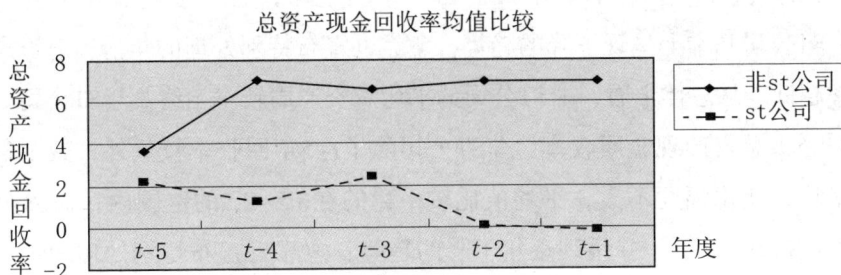

图5-25 总资产现金回收率均值比较图

这种均值比较的折线图分析方法，可以简单而直观地反映ST公司与非ST公司的财务比率的差距，通过逐年发展的趋势对ST公司与非ST公司加以区分。从以上各平均值比较图中可以看出，多数财务指标在两组之间的差异表现比较明显，结合描述性统计结果和显著性 t 检验也可以得到相同的结论。在五类财务指标中，如资产报酬率、资产负债率、净资产增长率、总资产周转率、总资产现金回收率这五个指标的差异表现比较明显。

（1）资产报酬率。非ST公司五年较平均，变化幅度不大，虽然有所下降，但始终保持在5%以上；而ST公司平均资产报酬率低于非ST公司，并且变化幅度较大，愈靠近宣布特别处理的年份，资产报酬率愈低，远远低于同期的非ST公司。在被特别处理的前一年，ST公司的平均资产报酬率在负15%以上。

（2）资产负债率。非ST公司五年较平均，变化幅度不大，总体上略有上升；而ST公司平均资产负债率高于非ST公司，并且变化幅度较大，愈靠近宣布特别处理的年份，负债比率愈高，远远高于同期的非ST公司。在被特别处理的前一年，ST公司的资产负债率上涨幅度较大，平均值达到80%以上。

（3）净资产增长率。非ST公司五年较平均，变化幅度不大，净资产增长率平均值始终保持在15%以上；ST公司基本上呈现下降的趋势，愈靠近宣布特别处理的年份，净资产增长率越低，出现负增长。

（4）总资产周转率。非ST公司五年较平均，总体上呈逐年上升的趋势；ST公司基本上呈现下降的趋势，愈靠近宣布特别处理的年份，总资产周转率越低。从总体上看，非ST公司的平均总资产周转率始终高于ST公司。

（5）总资产现金回收率。非ST公司除了$t-5$年回收率较低外，其余各年较平均，变化幅度不大，平均值比较平稳的在6.5~7.5的范围内；而ST公司基本保持在3以下，并呈现逐年下降的趋势，愈靠近宣布特别处理的年份，下降的幅度越大，平均值已降到1以下。从总体上看，ST公司的总资产现金回收率始终低于非ST公司的总资产现金回收率。

二、样本组统计描述和均值t检验

利用SPSS19.0统计软件首先对非ST公司样本组和ST公司样本组被ST前一年的25个变量值进行描述性统计和均值t检验，检验所选取的25个变量在ST公司组和非ST公司组之间是否存在着显著的差异，检验选取的显著性水平$\alpha=5\%$，从而验证这些变量在构造预测模型中的显著性和代表性。描述统计和检验结果见表5-3。

表5-3 非ST与ST公司样本组被ST前一年的均值显著性检验

财务指标	组别	样本数	均值	标准差	T值	df	Sig.（双侧）
净资产收益率X_1	0	23	6.1294	6.5567	7.043	23.806	0.000
	1	23	−42.3229	32.3343			
资产报酬率X_2	0	23	5.1745	4.3497	5.443	24.673	0.000
	1	23	−15.4160	17.6140			
资产净利率X_3	0	23	3.0209	3.6310	5.075	23.552	0.000
	1	23	−17.7856	19.3236			
销售净利率X_4	0	23	5.4970	7.1039	1.283	22.001	0.213
	1	23	−409.8617	1552.0506			

（续表）

财务指标	组别	样本数	均值	标准差	T值	df	Sig.（双侧）
营业利润率X_5	0	23	7.0945	10.1062	1.279	22.002	0.214
	1	23	−404.6148	1543.6780			
成本费用利润率X_6	0	23	9.8506	17.9314	6.553	32.595	0.000
	1	23	−44.3655	35.3952			
流动比率X_7	0	23	1.5082	1.3437	2.246	31.125	0.032
	1	23	0.8140	0.6262			
速动比率X_8	0	23	0.9925	0.9138	1.696	44	0.097
	1	23	0.6263	0.4871			
有形净值债务率X_9	0	23	183.8361	197.7879	−2.892	33.443	0.007
	1	23	438.6348	373.4329			
利息保障倍数X_{10}	0	23	71.6486	302.0269	1.38	44	0.175
	1	23	−15.8645	35.5464			
现金流动负债比X_{11}	0	23	0.1755	0.1491	4.443	44	0.000
	1	23	−0.0032	0.1224			
资产负债率X_{12}	0	23	49.4825	17.0351	−2.149	44	0.037
	1	23	79.7657	65.4130			
每股收益增长率X_{13}	0	23	−12.9020	143.5158	1.495	22.501	0.149
	1	23	−434.5237	1344.6501			
营业利润增长率X_{14}	0	23	−14.4890	95.1089	2.27	23.817	0.033
	1	23	−240.3822	467.5818			
利润总额增长率X_{15}	0	23	−1.1122	109.4773	2.631	24.204	0.015
	1	23	−275.7966	488.5484			

（续表）

财务 指标	组别	样本数	均值	标准差	T值	df	Sig. （双侧）
净资产增长率X_{16}	0	23	16.5511	33.6108	6.329	44	0.000
	1	23	−37.2271	23.0471			
总资产增长率X_{17}	0	23	13.1757	22.3861	4.503	44	0.000
	1	23	−12.7042	16.0757			
存货周转率X_{18}	0	23	8.0173	9.3496	1.785	44	0.081
	1	23	4.2314	4.0103			
应收账款周转率X_{19}	0	23	108.8031	320.8637	1.492	22.201	0.15
	1	23	8.7462	21.7098			
流动资产周转率X_{20}	0	23	1.8001	0.9948	3.635	44	0.001
	1	23	0.8498	0.7630			
固定资产周转率X_{21}	0	23	4.1318	4.7905	2.601	28.751	0.015
	1	23	1.3373	1.8996			
总资产周转率X_{22}	0	23	0.7695	0.4570	3.088	44	0.003
	1	23	0.3760	0.4059			
销售现金比率X_{23}	0	23	11.6555	11.5188	2.309	28.397	0.028
	1	23	−3.7618	29.8818			
营业收入现金含量X_{24}	0	23	106.0974	18.9573	−0.355	44	0.724
	1	23	109.2678	38.3790			
总资产现金回收率X_{25}	0	23	6.9534	6.5163	3.898	44	0.000
	1	23	−0.1509	5.8263			

注：显著性水平 α =5%；0为非ST公司，1为ST公司

　　根据表5-3的统计结果和显著性检验进行分析，分析结果如下。

　　（1）在盈利能力方面，选取的六个指标中有四个指标在5%的显著性水

平下显著，净资产收益率、资产报酬率、资产净利率、成本费用利润率指标在ST公司和非ST公司之间具有很高的显著性差异。

（2）在偿债能力方面，选取的六个指标中有四个指标在5%的显著性水平下显著，现金流动负债比、资产负债率、流动比率、有形净值债务率指标在ST公司和非ST公司之间具有很高的显著性差异；速动比率次之，在10%的显著性水平下显著。

（3）成长能力分析方面，选取的五个指标中有四个指标在5%的显著性水平下显著，净资产增长率、总资产增长率、利润总额增长率、营业利润增长率标都显示在ST和非ST两样本组之间具有很高的显著性差异。

（4）营运能力分析方面，选取的五个指标中有三个指标在5%的显著性水平下显著，总资产周转率、流动资产周转率、固定资产周转率指标都显示在两样本组之间具有很高的显著性差异；存货周转率次之，在10%的显著性水平下显著。

（5）现金流量方面，选取的三个指标中有两个指标在5%的显著性水平下显著，总资产现金回收率指标、销售现金比率在ST和非ST两样本组之间具有很高的显著性差异。而营业收入现金含量指标在ST和非ST公司之间差异性不显著。

三、判别函数构造与分析结果

费雪（Fisher）判别准则，是按照类间离差平方和为最大类内离差平方和为最小同时兼顾的原则来确定线性判别函数的，根据线性Fisher函数值进行判别，通常用于两组判别问题。使用此准则要求各组变量的均值有显著差异。

（一）线性判别函数构造

根据前面的分析，选择均值有显著差异的财务指标，使用SPSS19中给出的Fisher和Bayes两种判别方法，选取不同的变量采用全部进入模型、逐步进入模型的方法来构造判别函数，使用等先验概率和等误差成本，在获得的多个模型中选择判别率好、使用变量少的模型。经过验证，采用变量逐步进入模型的方法构造的判别函数使用的变量最少、判别准确率最高，获得的非标准化典型判别函数模型如下。

$$Y(t-1) = -0.301 + 4.637X_{11} + 0.002X_{15} + 0.024X_{16} + 0.137X_{21} \quad （公式5.1）$$

获得的Fisher的线性判别式函数模型如下：

$$Y_0 = -2.766 + 11.599X_{11} + 0.002X_{15} + 0.027X_{16} + 0.401X_{21} \quad （公式5.2）$$

$$Y_1 = -1.874 - 2.147X_{11} - 0.002X_{15} - 0.045X_{16} - 0.005X_{21} \quad （公式5.3）$$

表5-4　$t-1$年典型判别式函数系数表（非标准化系数）

变量名称	符号	函数系数
现金流动负债比	X_{11}	4.637
利润总额增长率	X_{15}	0.002
净资产增长率	X_{16}	0.024
固定资产周转率	X_{21}	0.137
（常量）		−0.301

表5-5　各组判别函数值的组心（均值）

分组	判别函数
	1
0（非ST组）	1.482
1（ST组）	−1.482
在组均值处评估的非标准化典型判别式函数	

非ST公司的中心得分点为1.482，ST公司的中心得分点为−1.482，二类判别以0为分界点，在使用非标准化典型判别函数模型判别时，将各样本的

原始数据（未标准化）代入模型，若求出的判别分 $Y>0$，则为非ST公司；若判别分 $Y<0$，则为ST公司。若判别分 Y 越接近函数值的组心，则越容易判别为相应类别的公司。

表5-6 （$t-1$年）Fisher 的线性判别式函数系数表

分类函数系数			
变量名称	符号	group	
		0（非ST组）	1（ST组）
现金流动负债比	X_{11}	11.599	–2.147
利润总额增长率	X_{15}	0.002	–0.002
净资产增长率	X_{16}	0.027	–0.045
固定资产周转率	X_{21}	0.401	–0.005
（常量）		–2.766	–1.874
Fisher 的线性判别式函数			

当使用分类函数模型判别时，将各样本的原始数据代入判别式模型，计算 Y_0、Y_1 的值，比较结果的大小，将数值大的判别为对应的组，此处 Y_0 为非ST公司组，Y_1 为ST公司组。

（二）判别函数的检验

1. 相关性检验

表 5-7 特征值

函数	特征值	方差的 %	累积 %	正则相关性
1	2.296a	100	100	0.835
a. 分析中使用了前 1 个典型判别式函数。				

检验结果表明，模型的自变量与因变量的相关性强。

2. 函数结果显著性的Wilks' Lambda检验

表5-8　Wilks' Lambda

函数检验	Wilks' Lambda	卡方Chi-square	*df*自由度	Sig. 显著性水平
1	0.303	50.096	4	0.000

注：显著性水平α=5%

检验结果表明，判别函数在ST和非ST两组之间的判别显著。

3. 判别模型预测准确性的检验

表5-9　分类结果

		分组	预测组成员		Total 合计
			0（非ST组）	1（ST组）	
Original 初始	计数	0	22	1	23
		1	1	22	23
	%	0	95.7	4.3	100
		1	4.3	95.7	100
Cross-Validated 交叉验证	计数	0	22	1	23
		1	1	22	23
	%	0	95.7	4.3	100
		1	4.3	95.7	100
1. 已对初始分组案例中的95.7%个进行了正确分类 2. 已对交叉验证分组案例中的95.7%个进行了正确分类					

　　理论上最佳的验证方法为随机抽取一部分样本不进入判别函数建立过程，等判别函数式建立好后对它们进行判别，即样本二分法判别。但由于只有46个样本，所以采用交互验证方法来验证模型。交互验证方法是在建立判

别函数时依次去掉一例，然后用建立起来的判别函数对该例进行判别，用这种方法可以非常有效地避免强影响点的干扰，它在样本二分法的基础上又前进了一步，是一种非常重要的判别效果验证技术。

检验结果表明，判别函数使用普通方法对原始样本进行分类的准确率为95.7%，46家样本公司中有一家ST公司被错判为非ST公司，有一家非ST公司被错判为ST公司，总判别误差率为4.3%；判别函数使用交互验证的方法检验准确率为95.7%，46家样本公司中有一家ST公司被错判为非ST公司，有一家非ST公司被错判为ST公司，总判别误差率为4.3%。

第三节 中长期财务预警模型
的构建与分析

一、研究目的

公司发生财务危机往往不是一朝一夕之事，大多都有一个逐步显现、不断恶化的过程，公司的利益相关者如能及早了解公司的财务状况，预测公司的发展情况，将能及时采取相关的措施并防范风险。因此，进行多期的财务危机预测研究就显得较为重要。本书在研究财务危机发生前一年的基础上，将财务危机的预测期提前两到三年的时间跨度进行财务危机预警研究，试图通过这种中长期的财务危机预警模型的研究，建立较为可靠的中长期预测模型来提高财务预警的准确性和及时性，从而使财务危机预警模型具有更高的使用价值。

财务危机的中长期预警问题，已有部分文献进行研究。张后奇等（2002）建立的上市公司动态财务危机预警系统包括1998模型、1999模型和2000模型三个模型，这三个模型的总判别率分别达到了85.2%、82.8%、80.9%。并且对建立的财务危机预警模型进行了预测检验，1998年模型和1999年模型的预测正确率分别达到68.8%和68.6%。张鸣等（2004）建立的财务危机预警模型包括发生财务危机前一年、前二年和前三年的三个模型，可以将预测对象的相关财务指标分别代入三个模型，来判断该公司在未来三年是否会陷入财务危机以及何时陷入财务危机，三个模型的预测精度分别达到了90%、85%、80%。

本书在借鉴前人研究理论和方法的基础上继续进行多期财务危机预警问题的研究，动态地关注上市公司陷入财务危机前不同时期的财务状况和经营情况，寻找不同时期对财务状况具有显著判别能力的财务指标，从而建立相应的预警模型，进行中长期财务预警并提高预警模型的预测准确度和及时性。

二、样本组概况统计描述

在中长期预警中，对非ST公司样本组和ST公司样本组被ST前二至三年的25个变量值进行描述性统计，同时检验所选取的25个变量在ST公司组和非ST公司组之间是否存在着显著差异，检验选取的显著性水平 $\alpha = 5\%$，验证这些变量在构造预测模型中的代表性。描述统计和检验结果见表5-10至表5-12，$t-4$年、$t-5$年财务指标均值的显著性检验见附录1。

表5-10　$t-2$年样本描述统计与均值差异显著性检验

财务指标	组别	样本数	均值	标准差	T值	df	Sig.（双侧）
净资产收益率X_1	0	23	6.1294	6.5567	6.031	29.452	0.000
	1	23	−15.2605	15.6950			
资产报酬率X_2	0	23	5.1745	4.3497	5.736	32.54	0.000
	1	23	−6.3634	8.6112			
资产净利率X_3	0	23	3.0209	3.6310	5.316	28.541	0.000
	1	23	−8.0568	9.3105			
销售净利率X_4	0	23	5.4970	7.1039	1.104	22.001	0.282
	1	23	−440.0875	1936.0529			
营业利润率X_5	0	23	7.0945	10.1062	1.163	22.004	0.257
	1	23	−261.3921	1107.4817			
成本费用利润率X_6	0	23	9.8506	17.9314	3.811	28.19	0.001
	1	23	−30.3615	47.3225			

（续表）

财务指标	组别	样本数	均值	标准差	T值	df	Sig.（双侧）
流动比率X_7	0	23	1.5082	1.3437	1.464	29.346	0.154
	1	23	1.0642	0.5571			
速动比率X_8	0	23	0.9925	0.9138	1.06	44	0.295
	1	23	0.7748	0.3686			
有形净值债务率X_9	0	23	183.8361	197.7879	0.393	44	0.696
	1	23	163.3818	151.9091			
利息保障倍数X_{10}	0	23	71.6486	302.0269	1.188	44	0.241
	1	23	−3.2230	9.5579			
现金流动负债比X_{11}	0	23	0.1755	0.1491	4.239	44	0.000
	1	23	0.0115	0.1105			
资产负债率X_{12}	0	23	49.4825	17.0351	−1.641	44	0.108
	1	23	58.0502	18.3497			
每股收益增长率X_{13}	0	23	−12.9020	143.5158	1.342	22.007	0.193
	1	23	−3299.6632	11748.4418			
营业利润增长率X_{14}	0	23	−14.4890	95.1089	1.515	22.008	0.144
	1	23	−2228.1691	7008.0551			
利润总额增长率X_{15}	0	23	−1.1122	109.4773	1.696	22.022	0.104
	1	23	−1734.4031	4900.6349			
净资产增长率X_{16}	0	23	16.5511	33.6108	2.944	44	0.005
	1	23	−8.2435	22.3951			

（续表）

财务指标	组别	样本数	均值	标准差	T值	df	Sig.（双侧）
总资产增长率X_{17}	0	23	13.1757	22.3861	1.874	44	0.068
	1	23	2.7527	14.4970			
存货周转率X_{18}	0	23	8.0173	9.3496	1.724	44	0.092
	1	23	4.2424	4.7750			
应收账款周转率X_{19}	0	23	108.8031	320.8637	1.405	22.768	0.174
	1	23	14.0104	42.4104			
流动资产周转率X_{20}	0	23	1.8001	0.9948	3.352	44	0.002
	1	23	0.8852	0.8506			
固定资产周转率X_{21}	0	23	4.1318	4.7905	2.231	30.597	0.033
	1	23	1.6873	2.1609			
总资产周转率X_{22}	0	23	0.7695	0.4570	2.565	44	0.014
	1	23	0.4300	0.4405			
销售现金比率X_{23}	0	23	11.6555	11.5188	2.188	23.724	0.039
	1	23	−15.3877	58.1478			
营业收入现金含量X_{24}	0	23	106.0974	18.9573	0.088	44	0.93
	1	23	105.4604	28.8827			
总资产现金回收率X_{25}	0	23	6.9534	6.5163	3.68	44	0.001
	1	23	0.0628	6.1796			

注：显著性水平α=5%；0为非ST公司，1为ST公司

表5-11　$t-3$年样本描述统计与均值差异显著性检验

财务指标	组别	样本数	均值	标准差	T值	df	Sig.（双侧）
净资产收益率X_1	0	23	5.8319	7.3223	1.82	27.917	0.08
	1	23	2.8695	2.7103			
资产报酬率X_2	0	23	5.8909	5.0821	2.295	27.796	0.029
	1	23	3.3006	1.8611			
资产净利率X_3	0	23	3.6779	4.6346	2.187	25.485	0.038
	1	23	1.4814	1.3084			
销售净利率X_4	0	23	3.1155	22.5804	−0.546	44	0.588
	1	23	5.8870	9.1049			
营业利润率X_5	0	23	5.2864	24.0706	−0.298	44	0.767
	1	23	6.9562	12.0312			
成本费用利润率X_6	0	23	10.6539	26.8152	0.669	27.067	0.509
	1	23	6.7026	9.1614			
流动比率X_7	0	23	2.0954	4.0331	1.052	44	0.299
	1	23	1.2025	0.5486			
速动比率X_8	0	23	1.5219	3.1388	0.99	44	0.328
	1	23	0.8683	0.4211			
有形净值债务率X_9	0	23	162.8761	175.2410	1.023	44	0.312
	1	23	116.0359	132.4887			
利息保障倍数X_{10}	0	23	0.9529	22.6351	−0.146	24.543	0.885
	1	23	1.6594	5.4509			
现金流动负债比X_{11}	0	23	0.3949	1.0571	1.519	44	0.136
	1	23	0.0566	0.1546			

（续表）

财务 指标	组别	样本数	均值	标准差	T值	df	Sig. （双侧）
资产负债率X_{12}	0	23	46.9181	17.0160	−1.227	44	0.226
	1	23	53.3562	18.5396			
每股收益增长率X_{13}	0	23	−4.7964	204.4850	0.585	44	0.561
	1	23	−31.9623	88.0398			
营业利润增长率X_{14}	0	23	−14.9743	119.2263	0.637	44	0.527
	1	23	−36.3289	107.7992			
利润总额增长率X_{15}	0	23	−15.3376	119.1747	0.151	44	0.881
	1	23	−19.9598	85.8663			
净资产增长率X_{16}	0	23	20.3796	53.4392	1.603	22.174	0.123
	1	23	2.4833	3.3600			
总资产增长率X_{17}	0	23	27.7413	33.1170	3.057	25.662	0.005
	1	23	5.7624	9.5879			
存货周转率X_{18}	0	23	7.7603	8.9635	1.905	28.352	0.067
	1	23	3.9462	3.4425			
应收账款周转率X_{19}	0	23	46.0291	69.6974	1.374	44	0.176
	1	23	19.5233	60.8316			
流动资产周转率X_{20}	0	23	1.7182	0.9234	2.444	44	0.019
	1	23	1.0696	0.8760			
固定资产周转率X_{21}	0	23	3.8358	4.2111	1.713	44	0.094
	1	23	2.1210	2.3052			
总资产周转率X_{22}	0	23	0.7432	0.3896	1.743	44	0.088
	1	23	0.5255	0.4552			

（续表）

财务指标	组别	样本数	均值	标准差	T 值	df	Sig.（双侧）
销售现金比率 X_{23}	0	23	10.6196	18.3188	1.839	44	0.073
	1	23	−0.2406	21.6036			
营业收入现金含量 X_{24}	0	23	106.1630	18.4275	−0.359	44	0.721
	1	23	108.1961	19.9431			
总资产现金回收率 X_{25}	0	23	6.6077	6.8036	2.151	44	0.037
	1	23	2.3926	6.4809			

注：显著性水平 α=5%；0为非ST公司，1为ST公司

表5-12　变量检验结果汇总表

	$t-4$ 年	$t-3$ 年	$t-2$ 年	$t-1$ 年
具有显著性差异的指标	现金流动负债比	资产报酬率 资产净利率 总资产增长率 流动资产周转率 总资产现金回收率	净资产收益率 资产报酬率 资产净利率 成本费用利润率 现金流动负债比 净资产增长率 流动资产周转率 固定资产周转率 总资产周转率 销售现金比率 总资产现金回收率	净资产收益率 资产报酬率 资产净利率 成本费用利润率 流动比率 有形净值债务率 现金流动负债比 资产负债率 营业利润增长率 利润总额增长率 净资产增长率 总资产增长率 流动资产周转率 固定资产周转率 总资产周转率 销售现金比率 总资产现金回收率
指标个数	1	5	11	17

注：显著性水平 α=5%

在给定显著水平 α =5%的情况下，进行描述性统计并运用 t 检验观察所选取的变量在ST组和非ST组之间是否存在显著性差异，以及存在显著性差异的变量在各年的分布及变化情况。从表5-12中可以看出，存在显著差异的变量随着财务危机发生时间的接近而增多，盈利能力较早出现差异变化，其次是营运能力，最后是现金流量和偿债能力出现问题，这说明上市公司在陷入财务危机之前的财务状况、经营成果和现金流量经历了一个逐步恶化的过程，进行多期财务危机预测具有现实意义。

三、判别函数构造与分析结果

（一）构造财务危机前2~3年的判别函数

从表5-12和 t 检验的汇总结果看，t-5年财务指标在ST组和非ST组之间不存在显著差异，t-4年财务指标在ST组和非ST组之间除了现金流动负债比指标存在显著差异外，其他财务指标不存在显著差异。因此，只对样本公司ST前二至三年的财务指标进行判别分析，构造判别函数。根据前面的分析，选取均值有显著差异的变量，采用变量全部进入模型、逐步进入模型的方法来构造判别函数，使用等先验概率和等误差成本，在获得的多个模型中选择判别率好、使用变量少的模型。获得的非标准化典型判别函数模型如下。

t -2年的判别函数模型为：

$$Y（t-2）=-0.543+0.093X_2+3.528X_{11}+0.017X_{16}+0.441X_{22}-0.019X_{25}$$

（公式5.4）

t -3年的判别函数模型为：

$$Y（t-3）=-1.577+0.107X_2-0.042X_3+0.025X_{17}+0.42X_{20}+0.043X_{25}$$

（公式5.5）

表5-13 典型判别式函数系数表（非标准化系数）

t−2年函数系数			t−3年函数系数		
变量名称	符号	函数 1	变量名称	符号	函数 1
资产报酬率	X_2	0.093	资产报酬率	X_2	0.107
现金流动负债比	X_{11}	3.528	资产净利率	X_3	−0.042
净资产增长率	X_{16}	0.017	总资产增长率	X_{17}	0.025
总资产周转率	X_{22}	0.441	流动资产周转率	X_{20}	0.42
总资产现金回收率	X_{25}	−0.019	总资产现金回收率	X_{25}	0.043
（常量）		−0.543	（常量）		−1.577
非标准化系数			非标准化系数		

表5-14 各组判别函数值的组心（均值）

年度	分组	判别函数 1
t−2年	0（非ST组）	1.039
	1（ST组）	−1.039
t−3年	0（非ST组）	0.592
	1（ST组）	−0.592
在组均值处评估的非标准化典型判别式函数		

t−2年非ST公司的中心得分点为1.039，ST公司的中心得分点为−1.039；t−3年非ST公司的中心得分点为0.592，ST公司的中心得分点为−0.592。二类判别以0为分界点，在使用非标准化典型判别式函数模型判别时，将各样本的原始数据（未标准化的数据）代入模型，若求出的判别分$Y>0$，则为非

ST公司；判别分$Y<0$，则为ST公司。若判别分Y越接近函数值的组心，则越容易判别为相应类别的公司。

表5-15　$t-2$年Fisher的线性判别式函数系数表

分类函数系数			
变量名称	符号	group	
		0（非ST组）	1（ST组）
资产报酬率	X_2	−0.051	−0.244
现金流动负债比	X_{11}	19.764	12.433
净资产增长率	X_{16}	0.03	−0.005
总资产周转率	X_{22}	4.735	3.819
总资产现金回收率	X_{25}	−0.247	−0.208
（常量）		−3.502	−2.374
Fisher 的线性判别式函数			

表5-16　$t-3$年Fisher的线性判别式函数系数表

分类函数系数			
变量名称	符号	group	
		0（非ST组）	1（ST组）
资产报酬率	X_2	1.279	1.152
资产净利率	X_3	−1.127	−1.077
总资产增长率	X_{17}	0.022	−0.008
流动资产周转率	X_{20}	1.987	1.49
总资产现金回收率	X_{25}	−0.009	−0.06
（常量）		−4.367	−2.501
Fisher 的线性判别式函数			

当使用分类函数模型判别时，将各样本的原始数据代入判别式模型，计算出相应的 Y 值，比较结果的大小，将数值大的判别为对应的非ST公司组或ST 公司组，此处 Y_0 为非ST公司组，Y_1 为ST公司组。

（二）判别函数的检验

1. 相关性检验

表 5-17　特征值

年度	函数	特征值	方差的 %	累积 %	正则相关性
$t-2$年	1	1.128[a]	100	100	0.728
$t-3$年	1	0.366[a]	100	100	0.518
a. 分析中使用了前 1 个典型判别式函数。					

检验结果表明，模型的自变量与因变量的相关性较强。距离被特别处理的时间越远，相关性有所递减。

2. 函数结果显著性的Wilks' Lambda检验

表 5-18　Wilks' Lambda（函数的显著性检验）

年度	函数测试	Wilks' Lambda	卡方Chi-square	自由度 df	显著性水平Sig.
$t-2$年	1	0.47	31.349	5	0.000
$t-3$年	1	0.732	12.941	5	0.024

注：显著性水平 $\alpha = 5\%$

检验结果表明，判别函数在ST和非ST两组之间的判别显著。

3. 判别模型预测准确性的检验

表 5-19 t-2年模型预测分类结果

		分组	预测组成员		Total
			0（非ST组）	1（ST组）	
Original 初始	计数	0	20	3	23
		1	2	21	23
	%	0	87.0	13.0	100.0
		1	8.7	91.3	100.0
Cross-Validated 交互验证	计数	0	20	3	23
		1	4	19	23
	%	0	87.0	13.0	100.0
		1	17.4	82.6	100.0
1. 已对初始分组案例中的 89.1% 个进行了正确分类 2. 已对交叉验证分组案例中的 84.8% 个进行了正确分类					

检验结果表明，t-2年判别函数使用普通方法对原始样本进行分类的准确率为89.1%，46家样本公司中有三家非ST公司被错判为ST公司，误判率为13.0%，有两家ST公司被错判为非ST公司，误判率为8.7%，综合误判率为10.9%；判别函数使用交互验证的方法检验准确率为84.8%，46家样本公司中有三家非ST公司被错判为ST公司，有四家ST公司被错判为非ST公司，综合判别误差率为15.2%。

表 5-20 t-3年模型预测分类结果

		分组	预测组成员		Total
			0（非ST组）	1（ST组）	
Original 初始	计数	0	15	8	23
		1	4	19	23
	%	0	65.2	34.8	100.0
		1	17.4	82.6	100.0
Cross-Validated 交互验证	计数	0	13	10	23
		1	5	18	23
	%	0	56.5	43.5	100.0
		1	30.0	70.0	100.0

1. 已对初始分组案例中的 73.9% 个进行了正确分类
2. 已对交叉验证分组案例中的 67.4% 个进行了正确分类

检验结果表明，t-3年判别函数使用普通方法对原始样本进行分类的准确率为73.9%，46家样本公司中有八家非ST公司被错判为ST公司，误判率为34.8%，有四家ST公司被错判为非ST公司，误判率为17.4%，综合误判率为26.1%；判别函数使用交互验证的方法检验准确率为67.4%，46家样本公司中有10家非ST公司被错判为ST公司，有五家ST公司被错判为非ST公司，综合判别误差率为32.6%。

第四节 小结

综合前面的研究，运用判别分析的方法分别建立了发生财务危机前一年、前两年和前三年的预警模型，并采用回判和交互验证的方法进行检验判别函数的正确率，将判别函数和判别能力的检验汇总，如表5–21所示。

表 5–21　判别函数与判别结果汇总表

年度	判别函数模型	回判正确率	交互验证正确率
危机前一年（$t-1$）	$Y（t-1）=-0.301+4.637X_{11}+0.002X_{15}+0.024X_{16}+0.137X_{21}$	95.7%	95.7%
危机前二年（$t-2$）	$Y（t-2）=-0.543+0.093X_2+3.528X_{11}+0.017X_{16}+0.441X_{22}-0.019X_{25}$	89.1%	84.8%
危机前三年（$t-3$）	$Y（t-3）=-1.577+0.107X_2-0.042X_3+0.025X_{17}+0.42X_{20}+0.043X_{25}$	73.9%	67.4%

比较上述三个模型，可以看出财务危机前一年和前两年的判别率较高，随着时间跨度的延长，模型的判别精度呈现降低的趋势；使用的具有显著性差异的变量在各年模型中也有所不同，盈利能力较早出现差异变化，其次是营运能力，最后是现金流量和偿债能力出现问题，这说明公司在发展的过程随着财务指标恶化程度和范围的加大，经历了一个逐步衰落的过程，逐渐走向财务危机的境地。

在这三个模型中所包含的财务指标少，而且都是很容易获得的指标数据，大大减少了信息搜集和数值计算的工作量，从而提高了模型的实际应用价值。在实际应用中可以将预测对象的相关财务指标分别代入三个模型，用

得到的 $Y(t-1)$、$Y(t-2)$ 和 $Y(t-3)$ 值来分别判断该公司在未来三年是否会陷入财务危机以及何时出现财务危机。用 $Y(t-3)$ 模型可以判断公司在正常情况下未来三个会计年度后是否会发生亏损，用 $Y(t-2)$ 模型可以判断公司在未来两个会计年度后是否会发生亏损，用 $Y(t-1)$ 模型可以判断公司在未来一个会计年度后是否会发生亏损或陷入财务危机。

第六章

基于逻辑回归分析的
财务危机预警模型研究

DI LIU ZHANG

第一节 财务变量选择与
研究变量的假设

一、财务变量的选择

从国内外财务预警研究情况和实证研究结果看，尽管在变量选择方面缺乏具体的经济理论指导，不同的研究者选择的研究变量各不相同，但财务危机公司在资产结构、财务状况、经营成果以及现金流量等各种财务比率方面，与正常公司存在明显差异。通过考察和归纳国内外研究中选择的有显著贡献的预测变量，可以划分为综合反映公司财务状况、经营成果和现金流量情况的五类财务指标，即盈利能力指标、偿债能力指标、营运能力指标、成长能力指标和现金流量指标。

通过前面预警指标选择的分析，结合我国实际使用的绩效评价指标体系，以及研究变量获取的难易程度与成本效益原则，初步选择了25个财务指标作为财务危机预警研究的备选变量，分别反映了公司财务状况、经营成果和现金流量情况的五个方面，即盈利能力、偿债能力、营运能力、成长能力和现金流量情况。具体指标见表6-1。

表6-1 备选财务变量

指标分类	指标名称	单位	注释
盈利能力指标	净资产收益率	%	净资产收益率=[净利润×2/（期初股东权益+期末股东权益）]×100%
	资产报酬率	%	资产报酬率=息税前利润×2/（期初总资产+期末总资产）×100%
	资产净利率	%	资产净利率=净利润/平均资产总额×100%，平均资产总额=（期初资产总额+期末资产总额）/2
	销售净利率	%	销售净利率=净利润/营业收入×100%

（续表）

指标分类	指标名称	单位	注释
盈利能力指标	营业利润率	%	营业利润率=营业利润/总主营业务收入*100%
	成本费用利润率	%	成本费用利润率=利润总额/成本费用总额×100%，成本费用总额=营业成本+期间费用，期间费用=营业费用+管理费用+财务费用
偿债能力指标	流动比率	%	流动比率=流动资产/流动负债×100%
	速动比率	%	速冻比率=（流动资产–存货）/流动负债×100%
	有形净值债务率	%	有形净值债务率=负债总额/（股东权益–无形资产–商誉）×100%
	利息保障倍数		利息保障倍数=息税前利润/利息费用。其中息税前利润（EBIT）=利润总额+财务费用，利息费用=财务费用+资本化利息支出
	现金流动负债比		现金流动负债比=经营现金流量净额/流动负债
	资产负债率	%	资产负债率=负债合计/资产合计×100%
成长能力指标	每股收益增长率	%	每股收益增长率=（本期每股收益/去年同期每股收益–1）×100%
	营业利润增长率	%	营业利润增长率=（本期营业利润/去年同期营业利润–1）×100%
	利润总额增长率	%	利润总额增长率=（本期利润总额/去年同期利润总额–1）×100%
	净资产增长率	%	净资产增长率=（期末净资产/去年同期净资产–1）×100%
	总资产增长率	%	总资产增长率=（期末总资产/去年同期总资产–1）×100%
营运能力指标	存货周转率	次	存货周转率=主营业务成本/平均存货，平均存货=（期初存货+期末存货）/2
	应收账款周转率	次	应收账款周转率=主营业务收入/平均应收账款

指标分类	指标名称	单位	注释
营运能力指标	流动资产周转率	次	流动资产周转率=主营业务收入/平均流动资产
	固定资产周转率	次	固定资产周转率=主营业务收入/平均固定资产
	总资产周转率	次	总资产周转率=主营业务收入/平均资产总额
现金流量指标	销售现金比率		销售现金比率=经营现金流量净额/主营业务收入
	营业收入现金含量	元	营业收入现金含量=销售商品、提供劳务收到的现金/营业收入
	总资产现金回收率	%	总资产现金回收率=经营现金流量净额/平均资产总额*100%

二、公司盈利能力指标

关于公司盈利能力指标将通过净资产收益率、资产报酬率、资产净利率、销售净利率、营业利润率、成本费用利润率六个指标来衡量。

（1）净资产收益率。净资产收益率是企业净利润与平均股东权益的百分比，反映了企业所有者权益的投资报酬率，是一个综合性很强的财务指标。净资产收益率指标值越高，表明企业的净资产获利能力越强，发生财务危机的可能性就越小。因此，预计净资产收益率指标在企业财务危机预警模型中的影响方向为负。

（2）资产报酬率。资产报酬率是息税前利润（净利润+利息费用）与平均总资产的百分比，是衡量公司总资产盈利能力的指标，代表了公司对总体资产的管理经营绩效。资产报酬率越高，企业的经营绩效就越好，企业发生财务危机的可能性就越小。因此，预计总资产报酬率指标在企业财务危机预警模型中的影响方向是负的。

（3）资产净利率。资产净利率是公司净利润与平均资产总额的百分比，该指标反映的是公司运用全部资产获得税后净利润的水平，即公司每占用一元的资产平均能获得多少元的税后利润。该指标越高，表明公司投入产出水平越高，资产运营越有效，成本费用的控制水平越高，发生财务危机的可能性就越小。因此，预计资产净利率指标在财务危机预警模型中的影响方向为负。

（4）销售净利率。销售净利率是公司净利润与营业收入的百分比，该指标表明单位销售收入创造的净利润，反映公司主营业务的获利能力，体现了公司产品市场的竞争能力。该指标越高，说明主营业务竞争力强，发展潜力大，获利水平高，不易发生财务危机；如果该指标较低或持续低下，说明公司的产品已逐步丧失其竞争能力和盈利水平，可能导致公司财务状况恶化和出现财务危机。因此，预计销售净利率指标在财务危机预警模型中的影响方向是负的。

（5）营业利润率。营业利润率是企业的营业利润与总营业收入的百分比，是反映一个企业主营业务获利能力的指标。如果企业的营业利润率偏低，就无法产生所需的内部资金，无法吸引外部投资者投资，企业将面临极大的经营和财务风险，营业利润率越高，发生财务危机的概率就越低。因此，可以预计营业利润率指标在财务危机预警模型中的预期影响方向为负。

（6）成本费用利润率。成本费用利润率是利润总额与成本费用总额（营业成本+期间费用）的比率，成本费用利润率表示公司每单位成本费用所产生的利润额，从公司支出方面评价公司的获利能力，有利于促进公司提高经营效益。该指标越高，说明公司投入产出比越高，单位成本费用创造的利润越大；相反，如果该指标较低或持续下降，说明公司的成本处于失控的状态，公司可能由于成本费用的超支和盈利水平的下降而导致财务危机的发生。因此，可以预计成本费用利润率指标在财务危机预警模型中的预期影响方向为负。

根据上述几个指标的分析，可以得出如下假设：

假设1：净资产收益率、资产报酬率、资产净利率、销售净利率、营业利润率、成本费用利润率等盈利能力指标与公司发生财务危机呈负相关关系。

三、公司偿债能力指标

关于公司偿债能力指标将通过流动比率、速动比率、有形净值债务率、利息保障倍数、现金流动负债比、资产负债率六个指标来衡量。

（1）流动比率。流动比率是流动资产除以流动负债的比值，是用以反映公司流动资产偿还到期流动负债能力的指标，能够反映企业的短期偿债能力，是公司用来预警短期偿债能力的重要指标。公司偿还短期债务的能力，取决于短期债务的多少和可变现偿债的流动资产的多少，流动资产越多，短期债务越少，则偿债能力越强，企业发生财务危机的风险越小。因此，预计流动比率在财务危机预警模型中的预期影响方向为负。

（2）速动比率。速动比率是从流动资产中扣除存货部分，再除以流动负债的比值。它是比流动比率更进一步的有关短期偿债能力的比率指标，更能反映流动负债偿还的安全性和稳定性。速动比率较高的公司，预示其应收账款的变现能力较强，相关人员可以据此做出估计，预测企业发生财务危机的风险。因此，预计速动比率在公司财务危机预测模型中的预期影响方向为负。

（3）有形净值债务率。有形净值债务率是企业负债总额与有形净值的百分比，有形净值是所有者权益减去无形资产净值和商誉后的净值。有形净值债务率用于揭示企业的长期偿债能力，衡量企业的风险程度和对债务的偿还能力，表明债权人在企业破产时的被保护程度。该指标越小，表明企业长期偿债能力越强；该指标越大，表明风险越大，公司发生财务危机的可能性就越大。因此，预计有形净值债务率指标在财务危机预警模型中的预期影响方向为正。

（4）利息保障倍数。利息保障倍数是企业息税前利润与利息费用的比率，用以衡量公司短期偿债能力的指标。一般来讲，公司的利息保障倍数越高，表示其短期偿债能力越高，公司的财务风险越小，公司的盈利对于利息的偿付越充分，发生财务危机的概率也越低。因此，预计利息保障倍数在公司财务危机预测模型中的预期影响方向为负。

（5）现金流动负债比。现金流动负债比是经营活动产生的净现金流量与流动负债的比值，是以现金流量来衡量企业偿债能力的大小，与流动比率和速动比率相比更能反映出公司的短期偿债能力。如果现金流动负债比偏低，说明公司依靠现金偿还债务的压力较大；若较高，则说明公司能轻松地依靠现金偿债，偿还流动负债的能力就高。因此，可以预计现金流动负债比在公司财务危机预测模型中的预期影响方向为负。

（6）资产负债率。资产负债率是总负债对总资产的比率，反映企业经营的资产中所占用的负债比例，是用于衡量企业偿债能力的重要指标。一般来说，公司的资产负债率越高，公司发生财务危机的可能性就越大，过高的资产负债率会使公司背上沉重的利息负担，资本结构脆弱，会恶化长期支付能力，埋下财务危机的种子。因此，预计资产负债率指标在企业财务危机预警模型中的预期影响方向为正。

根据上述几个指标的分析，可以得出如下假设：

假设2：流动比率、速动比率、利息保障倍数、现金流动负债比指标与公司发生财务危机呈负相关关系。

假设3：有形净值债务率、资产负债率指标与公司发生财务危机呈正相关关系。

四、公司营运能力指标

关于公司营运能力指标将通过存货周转率、应收账款周转率、流动资产周转率、固定资产周转率、总资产周转率五个指标来衡量。

（1）存货周转率。存货周转率是主营业务成本与平均存货的比值，是反映公司销售能力强弱、存货是否过量和资产流动性的一个指标，也是衡量公司生产经营各环节中存货运营效率的综合性指标。一般来说，存货周转速度越快，存货占用的水平越低，流动性也就越强，存货转换为现金、应收账款的速度也就越快，公司的资产营运状况越佳，则发生财务危机的可能性就越小。因此，预计存货周转率在财务危机预测模型中的预期影响方向为负。

（2）应收账款周转率。应收账款周转率是主营业务收入与平均应收账款额的比值，是反映应收账款周转速度的指标，反映了应收账款变现的速度以及应收账款管理效率的高低。周转率越高，表明公司收账迅速，账龄期限较短，资产流动性大，短期偿债能力强，企业因无法偿还到期债务而发生财务危机的可能性就越小；如果应收账款周转率在一定时期内明显下降和缓慢，公司应收账款余额不断加大，坏账损失明显增长，公司的资金周转紧张等，公司发生财务危机的可能性就越大。因此，预计应收账款周转率指标在财务危机预警模型中的影响方向为负。

（3）流动资产周转率。流动资产周转率是主营业务收入同平均流动资产总额的比率，流动资产周转率是评价企业资产利用率的另一重要指标，是从企业全部资产中流动性最强的流动资产角度对企业资产的利用效率进行分析。一般情况下，该指标越高，表明企业流动资产周转速度越快，利用越好，在较快的周转速度下，流动资产会相对节约，相当于流动资产投入的增加在一定程度上增强了企业的盈利能力；而周转速度慢，则需要补充流动资金参加周转，会形成资金浪费，降低企业盈利能力，发生财务危机的概率就增加。因此，流动资产周转率在财务危机预警模型中系数的预期影响方向为负。

（4）固定资产周转率。固定资产周转率是主营业务收入与固定资产平均余额的比值，是反映固定资产周转速度的指标。固定资产周转的速度越快，表明企业对固定资产的利用率越高，单位固定资产的收益率越高，企业发生财务危机的可能性就越小。因此，预计固定资产周转率在企业财务危机预警模型中的影响方向为负。

（5）总资产周转率。总资产周转率是主营业务收入与平均资产总额的比值，反映资产总额的周转速度。一般情况下，总资产周转率越高，表明资产周转速度快，销售能力强，资产利用效率高，公司资产活动能力强，财务风险小；总资产周转率越低，则表示其经营能力越差，资产的利用效率越低，销售能力越差，发生财务危机的概率也越高。因此，总资产周转率在财务危机预警模型中系数的预期影响方向为负。

根据上述几个指标的分析，可以得出如下假设：

假设4：存货周转率、应收账款周转率、流动资产周转率、固定资产周转率、总资产周转率指标与公司发生财务危机呈负相关关系。

五、公司成长能力指标

关于公司成长能力指标将通过每股收益增长率、营业利润增长率、利润总额增长率、净资产增长率、总资产增长率五个指标来衡量。

（1）每股收益增长率。每股收益增长率是本期每股收益增长额与期初每股收益的比率，该指标反映普通股每股盈余的增长情况，是衡量上市公司成长能力的特有指标，表明上市公司发展能力和发放股利的实力扩张状况。该指标越高，股东对公司越有信心，公司的发展环境越好，发生财务危机的可能性越小。因此，每股收益增长率指标在财务危机预警模型中的影响方向为负。

（2）营业利润增长率。营业利润增长率是本期营业利润增长额与上年同期营业利润总额的比值，该指标用于衡量企业获利能力的成长幅度，反映企业的成长能力。营业利润增长率越高，企业的获利能力就越强，企业发展能力越高，对于负债和所有者权益的保障度也就越高，则企业发生财务危机的可能性就越低。因此，营业利润增长率指标在财务危机预警模型中的影响方向为负。

（3）利润总额增长率。利润总额增长率是本期利润增长额与上年同期利润总额的比值，该指标反映公司利润的增长情况，体现公司长期的盈利能力趋势，是从资产增量和资产扩张方面衡量公司的成长能力。利润总额的增加是公司生存、发展、资本积累的基础，利润总额增长率高，说明公司的获利能力强，发展能力好，企业发生财务危机的可能性就越低。因此，利润总额增长率指标在财务危机预警模型中的影响方向为负。

（4）净资产增长率。净资产增长率是期末所有者权益的增加额与年初所有者权益的比值，是衡量企业发展能力的指标，反映企业的资本保值增值情况。净资产增长率越高，表明企业的成长能力越好，发生财务危机的可能性就越低。因此，预计净资产增长率指标在企业财务危机预警模型中的影响方向为负。

（5）总资产增长率。总资产增长率是本期总资产增长额与上年同期总资产的比值，是衡量企业成长能力指标，反映企业管理水平的高低。总资产增长率越高，表明企业的成长能力和对资产的管理能力越高，越不易发生财务危机。因此，总资产增长率指标在模型中的影响方向为负。

根据上述几个指标的分析，可以得出如下假设：

假设5：每股收益增长率、营业利润增长率、利润总额增长率、净资产增长率、总资产增长率指标与公司发生财务危机呈负相关关系。

六、公司现金流量指标

关于公司现金流量指标将通过销售现金比率、营业收入现金含量、总资产现金回收率三个指标来衡量。

（1）销售现金比率。销售现金比率是指经营活动现金流量净额和主营业务收入的比值。销售现金比率计算公式是：销售现金比率=经营现金流量净额/主营业务收入，该比率反映每元销售收入得到的现金流量净额，反映了企业销售质量的高低，但该指标数值的高低也与企业的赊销政策有关，同时如果企业有虚假收入，也会使该指标过低。销售现金比率越大越好，表明企业的收入质量好，资金利用效果好，企业不易发生财务危机。因此，销售现金比率指标预计在模型中的影响方向为负。

（2）营业收入现金含量。营业收入现金含量是指企业销售商品、提供劳务收到的现金与营业收入的比值，"销售商品、提供劳务收到的现金"是企业销售商品、提供劳务实际收到的现金，包括本期销售商品（包含销售商品产品、材料）与提供劳务收到的现金、收回前期销售与提供劳务的款项、本期预收的账款、本期收回前期已核销的坏账、扣除本期发生的销售退回所支付的现金。该比值反映了企业的收入质量，该比值越高收入质量越高。当比值小于1.17时，说明本期的收入有一部分没有收到现金；当比值大于1.17时，说明本期的收入不仅全部收到了现金，而且还收回了以前期间的应收款项或预收账款增加。如果比值很小，则企业的经营管理肯定存在问题，企业可能存在比较严重的虚盈实亏，发生财务危机的可能性就变大；如果比值大，表明企业的收入质量好，资金利用效果好，企业不易发生财务危机。因此，营业收入现金含量指标预计在模型中的影响方向为负。

（3）总资产现金回收率。总资产现金回收率是指经营现金流量净额与平均资产总额的比值，其计算公式是：总资产现金回收率=经营现金流量净额/平均资产总额×100%。该指标主要考察企业总资产产生现金的能力，该比值越大越好。比值越大说明资产利用效果越好，利用资产创造的现金流入越多，整个企业获取现金能力越强，经营管理水平越高；反之，则经营管理水平低，经营者有待提高管理水平和提高企业的经济效益。将该指标求其倒数，则可以得到一个新的指标，用来分析全部资产用经营活动现金回收需要的时间长短，体现了企业资产回收的含义，回收期越短，说明资产获现能力越强。由此可见，总资产现金回收率越高，表明企业资产的获现能力越强，资金利用效果好，企业不易发生财务危机。因此，总资产现金回收率指标预计在模型中的影响方向为负。

根据上述几个指标的分析，可以得出如下假设：

假设6：销售现金比率、营业收入现金含量、总资产现金回收率指标与公司发生财务危机呈负相关关系。

上述分析了反映公司财务状况、经营成果和现金流量情况的五类财务指标，将这些财务指标研究假设汇总如表6-2。

表6-2 备选财务指标研究假设汇总表

指标分类	指标名称	研究假设	预计符号
盈利能力指标	净资产收益率 X_1	净资产收益率指标与公司发生财务危机呈负相关关系	–
	资产报酬率 X_2	资产报酬率指标与公司发生财务危机呈负相关关系	–
	资产净利率 X_3	资产净利率指标与公司发生财务危机呈负相关关系	–
	销售净利率 X_4	销售净利率指标与公司发生财务危机呈负相关关系	–
	营业利润率 X_5	营业利润率指标与公司发生财务危机呈负相关关系	–
	成本费用利润率 X_6	成本费用利润率指标与公司发生财务危机呈负相关关系	–
偿债能力指标	流动比率 X_7	流动比率指标与公司发生财务危机呈负相关关系	–
	速动比率 X_8	速动比率指标与公司发生财务危机呈负相关关系	–
	有形净值债务率 X_9	有形净值债务率指标与公司发生财务危机呈正相关关系	+
	利息保障倍数 X_{10}	利息保障倍数指标与公司发生财务危机呈负相关关系	–
	现金流动负债比 X_{11}	现金流动负债比指标与公司发生财务危机呈负相关关系	–
	资产负债率 X_{12}	资产负债率指标与公司发生财务危机呈正相关关系	+
成长能力指标	每股收益增长率 X_{13}	每股收益增长率指标与公司发生财务危机呈负相关关系	–
	营业利润增长率 X_{14}	营业利润增长率指标与公司发生财务危机呈负相关关系	–
	利润总额增长率 X_{15}	利润总额增长率指标与公司发生财务危机呈负相关关系	–
	净资产增长率 X_{16}	净资产增长率指标与公司发生财务危机呈负相关关系	–
	总资产增长率 X_{17}	总资产增长率指标与公司发生财务危机呈负相关关系	–
营运能力指标	存货周转率 X_{18}	存货周转率指标与公司发生财务危机呈负相关关系	–
	应收账款周转率 X_{19}	应收账款周转率指标与公司发生财务危机呈负相关关系	–
	流动资产周转率 X_{20}	流动资产周转率指标与公司发生财务危机呈负相关关系	–

（续表）

指标分类	指标名称	研究假设	预计符号
营运能力指标	固定资产周转率 X_{21}	固定资产周转率指标与公司发生财务危机呈负相关关系	–
	总资产周转率 X_{22}	总资产周转率指标与公司发生财务危机呈负相关关系	–
现金流量指标	销售现金比率 X_{23}	销售现金比率指标与公司发生财务危机呈负相关关系	–
	营业收入现金含量 X_{24}	营业收入现金含量指标与公司发生财务危机呈负相关关系	–
	总资产现金回收率 X_{25}	总资产现金回收率指标与公司发生财务危机呈负相关关系	–

第二节 研究样本的选择

研究样本的选择中，一个重要的内容就是研究样本的选样标准。国外研究多数将企业破产作为企业财务危机的标志，也有研究者认为不仅包括企业破产，还应包括债券到期不能偿付、银行透支严重、不能支付优先股等，将这些作为企业财务危机的标志。目前国内的财务预警研究中，多数研究都将研究样本界定为因财务状况异常而被特别处理（ST）的上市公司。

我国公司股票上市规则（2008年9月第六次修订）中规定①，上市公司出现财务状况异常或者其他异常情况，导致其股票存在被终止上市的风险，或者投资者难以判断公司前景，投资权益可能受到损害的，证券交易所对该公司股票交易实行特别处理。特别处理分为警示存在终止上市风险的特别处理（简称"退市风险警示"）和其他特别处理。根据山东省上市公司的实际情况，结合国内外研究样本的界定方法，本书界定的财务危机研究样本是符合以下几个原因而被特别处理（ST）的A股上市公司。

①最近两年连续亏损（以最近两年年度报告披露的当年经审计净利润为依据）。②因财务会计报告存在重大会计差错或者虚假记载，公司主动改正或者被中国证监会责令改正后，对以前年度财务会计报告进行追溯调整，导致最近两年连续亏损。③因财务会计报告存在重大会计差错或者虚假记载，被中国证监会责令改正但未在规定期限内改正，且公司股票已停牌两个月。④最近一个会计年度的审计结果表明其股东权益为负值；

通过分析2001~2011年被特别处理的山东A股上市公司，其中有10家上市公司出现两次以上最近两年连续亏损情况，为避免数据的重复收集和数

---

① 《上海证券交易所股票上市规则》《深圳证券交易所股票上市规则》. 2008年9月第六次修订。

据交叉，在这里选择最初出现因最近两年连续亏损而被特别处理的情形。这样，在2001~2011年间因上述原因被特别处理的上市公司有23家，那么本书研究的财务危机样本选用2001~2011年被特别处理的23家山东A股上市公司。

根据公司被特别处理前一年的行业分类和总股本规模选择相应的控制样本，构成非ST样本组。多数研究采用行业分类和总资产规模选择相应的控制样本，考虑到公司总资产规模变动幅度较大，因此改变控制样本的标准，选用在一个时期内保持相对稳定的总股本规模作为选择控制样本的标准。按照证监会的行业分类标准和上市公司总股本规模选择相应的研究样本，这样可以在一定程度上减少行业因素和股本规模的大小不同对上市公司产生的影响。

按照行业分类和总股本规模为每一家ST公司选择对应的非ST公司时，遵循《上市公司行业分类指引》中划分的行业分类，要求行业相同或者近似相同，总股本规模控制在10%以内。对于个别公司在寻找配比的非ST公司时，由于没有合适股本规模的非ST公司与之相对应，在此适当放宽了配比标准。

这样，我们最后得到的样本公司总数是46家，其中ST公司23家，非ST公司23家，见样本表6-3。

表6-3 ST样本组与非ST样本组对应表

ST样本组				非ST样本组		
股票代码	股票简称	总股本（万股）	所属行业	股票代码	股票简称	总股本（万股）
000506	*ST中润	77418.15	房地产开发与经营业	600162	香江控股	76781.26
000655	*ST金岭	59534.02	铁矿采选业	600399	抚顺特钢	52000
000720	*ST能山	86346	电力生产业	000543	皖能电力	77300.88
000880	*ST巨力	27610.05	锅炉及原动机制造业	600218	全柴动力	28340

（续表）

ST样本组				非ST样本组		
股票代码	股票简称	总股本（万股）	所属行业	股票代码	股票简称	总股本（万股）
000951	*ST 重汽	41942.55	汽车制造业	600686	金龙汽车	44259.71
002072	*ST 德棉	17600	纺织业	600493	凤竹纺织	17000
600076	*ST 华光	36553.6	通信及相关设备制造业	600105	永鼎股份	38095.46
600180	*ST 九发	25099.01	农业	000998	隆平高科	27720
600212	*ST江泉	51169.72	电力供应业	000966	长源电力	55414.2
600223	*ST万杰	100096.8	房地产开发与经营业	600007	中国国贸	100728.3
600336	*ST澳柯玛	34103.6	日用电器制造业	000521	美菱电器	41364.29
600385	*ST金泰	14810.71	医药制造业	600436	片仔癀	14000
600579	*ST 黄海	25560	轮胎制造业	000589	黔轮胎A	25432.71
600698	*ST 轻骑	97181.74	摩托车制造业	000913	钱江摩托	45353.6
600727	*ST 鲁北	35098.66	化学原料及化学制品制造业	600423	柳化股份	26623.17
600735	*ST 锦股	15481.29	棉纺织业	600070	浙江富润	14067.58
600760	*ST黑豹	27300	汽车制造业	600081	东风科技	31356
600766	*ST 园城	17116.55	房地产开发与经营业	600684	珠江实业	18703.94
600783	鲁信高新	20227.89	非金属矿物制品业	600172	黄河旋风	26800
600784	*ST鲁银	24830.69	综合类-钢铁	600165	宁夏恒力	19395.35
600807	*ST济百	16057.56	房地产开发与经营及零售业	600306	商业城	17813.89
600858	*ST 渤海	23508.36	综合类-商品零售	600694	大商股份	29371.87
600898	*ST三联	25252.38	日用百货零售业	000785	武汉中商	25122.17

第三节 统计方法与Logistic回归分析

一、F检验法

F检验法是英国统计学家Fisher提出的，主要通过比较两组数据的方差，以确定他们的精密度是否有显著性差异。F检验法是检验两个正态随机变量的总体方差是否相等的一种假设检验方法。设两个随机变量X、Y的样本分别为X_1，X_2，……，X_n与Y_1，Y_2，……，Y_n，两样本总体独立，其样本方差分别为S_{12}与S_{22}，总体方差未知，现检验X的总体方差DX与Y的总体方差DY是否相等。

假设H_0：$DX=DY$；备择假设H_1：$DX \neq DY$

F检验法的步骤是：先求两组样本数据的方差S^2，两组数据就能得到两个S^2值，把方差大的记为$S^2_{大}$，方差小的记为$S^2_{小}$，按照下式求出统计量F:

$$F = \frac{S^2_{大}}{S^2_{小}}$$

预先给定一个显著性水平α，查F—分布表，得到$F_{\alpha/2}$。把计算的F值与查表得到的F值比较，如果计算的F值小于$F_{\alpha/2}$（即$F<F_{\alpha/2}$），则假设H_0：$DX=DY$成立，表明两组数据的方差没有显著差异；如果计算的F值大于等于$F_{\alpha/2}$（即$F \geq F_{\alpha/2}$），则原假设H_0不成立，应选择备选假设H_1：$DX \neq DY$，表明两组数据方差存在显著差异。

二、利用逐步回归法挑选模型变量

逐步回归分析法是一种变量选取规则，据此来确定选择变量的子集，以提供较好的建模基础。其应用也存在一定的假设前提，即每一组变量集服从等协方差的多元正态分布。在逐步回归分析中，根据不同的变量选择方法，通常分为向前逐步回归分析法（Forward Stepwise）和向后逐步回归分析法（Backward Stepwise）。

（1）向前逐步回归法。使用向前逐步回归选择变量时，开始模型中没有变量，在接下来的每一步中按照Wilks的λ相似比值准则，把符合给定选择条件的、对模型判别贡献最大的变量先进入模型，当未被选入的变量中不再有变量达到选择条件时，就终止向前选入变量的进程。

（2）向后逐步回归法。使用向后逐步回归法选择变量时，开始时所有变量都在模型中，在接下来的每一步中按照Wilks的λ相似比值准则，把不符合给定选择条件的、对模型判别贡献最小的变量剔除出模型，当所有余下的变量都达到留在模型中所给定的选择条件时，就终止向后剔除变量的过程。

在财务危机预警研究中，一般来说大部分财务指标都会对分类有贡献，不同财务指标所起的作用也有所不同。所以，在使用逐步回归分析法选择变量时，要选择适中的显著性水平，在模型中选入合适的财务指标变量，提高模型的预测准确率。过高的显著性水平会导致进入模型的变量个数减少，会导致建立的模型的判别能力下降；过低的显著性水平会使进入模型的变量太多，增加财务指标数据的搜集数量从而提高模型的使用成本。在变量选择中使用的显著性水平一般默认为5%，CostanZa and Afifi（1979）的研究表明，10%~25%之间的显著性水平，要比采用更大或更小的显著性水平更好。

三、Logistic回归分析

Logistic回归分析方法是用于处理分类因变量的统计分析方法，根据因变量取值类别不同，又可以分为二元回归分析（Binary Logistic回归分析）和多元回归分析（Multinomial Logistic 回归分析），Binary Logistic 回归模型中因变量只能取两个值1和0（虚拟因变量），而Multinomial Logistic 回归模型中因变量可以取多个值。

因变量只取两个值，表示一种决策、一种结果的两种可能性。例如，上市公司是否发生财务危机，可以选择一种标准如是否被特别处理（ST），根据这个标准我们可以判断一个上市公司要么发生财务危机，被特别处理，要么没有被特别处理。在这里我们把上市公司被特别处理视为发生了财务危机定义为$Y=1$，上市公司没有被特别处理视为没有发生财务危机，定义为$Y=0$，即：

$$Y = \begin{cases} 1 & \text{ST公司（财务危机公司）} \\ 0 & \text{非ST公司（正常公司）} \end{cases}$$

通常以p为事件发生的概率，取值范围为0-1，$1-p$为该事件不发生的概率，将比数$p/(1-p)$取自然对数得$\ln(p/(1-p))$，即对P作logit转换，记为logit$P$，则logit$P$的取值范围在$-\infty$到$+\infty$之间，以logit$P$为因变量，建立线性回归方程：

$$\text{Logit}P = \beta_0 + \beta_1 X_1 + \beta_2 X_2 + \cdots + \beta_n X_n$$

可得：

$$P = e^z / 1 + e^z \text{（其中：} Z = \beta_0 + \beta_1 X_1 + \beta_2 X_2 + \cdots + \beta_n X_n \text{）}$$

（公式6-1）

或者

$$P = 1/1 + e^{(-z)} \text{（其中：} Z = \beta 0_0 + \beta_1 X_1 + \beta_2 X_2 + \cdots + \beta_n X_n \text{）}$$

（公式6-2）

该模型即为logistic回归模型。其中：P为上市公司发生危机的概率，概率低于0.5就认为公司财务正常，大于0.5认为公司财务危机；X_1，X_2，X_n为反映研究对象特征的变量，即为反映上市公司财务状况的变量或其他相关因素；β_0是常数项，β_1，$\beta_2\cdots$，β_n为各变量的系数，也称偏回归系数。

Logistic回归分析方法的优点是不需要严格假设条件，即不需要自变量多元正态分布和两组样本等协方差的假设条件，预测精度较高，具有广泛的适用性；缺点是计算过程较复杂，且有很多近似处理。用该方法建立的模型通过寻求观察对象的条件概率，从而据以判断观察对象的财务状况和经营风险。本书利用SPSS19.0统计软件进行二元逻辑回归分析（Binary Logistic），分析和计算每个样本的概率和logistic回归模型的估计系数，建立财务危机预警模型。

第四节 预警模型的构建

本书中假设上市公司公布被特别处理的年份为 t 年，被特别处理的前一年为 $t-1$ 年，被特别处理的前二年为 $t-2$ 年，依次类推，被特别处理的前5年为 $t-5$ 年。以发生ST的前一年（ $t-1$ ）的财务数据为基准，建立财务预警模型。

一、样本组统计描述

对2001年到2011年被特别处理的山东A股上市公司，按照行业与股本规模相同或相近的原则选择相应的非ST样本公司，搜集并计算23家ST样本公司在被特别处理前一至五年和对应的非ST样本公司的净资产收益率、资产负债率、每股收益增长率、总资产周转率和总资产现金回收率等25个财务指标，这些指标综合反映了公司的盈利能力、偿债能力、资产运营能力、发展能力和现金流量情况。在此基础上，利用SPSS19.0统计软件对非ST公司样本组和ST公司样本组被特别处理前一至五年的25个变量值进行描述性统计和显著性检验，对样本中的非ST公司和ST公司在被特别处理前 $t-1$ 年到 $t-5$ 年的25个财务指标进行对比分析，检验25个变量在ST公司组和非ST公司组之间是否存在着显著的差异，检验选取的显著性水平 $\alpha=5\%$ ，探讨对公司陷入财务危机影响显著的变量，筛选和确定对公司陷入财务危机影响最为显著的财务指标为模型的判定指标，进而验证这些变量在构造预测模型中的代表性。ST公司样本组用"1"表示，非ST公司样本组用"0"表示。非ST公司与ST公司被特别处理前一年（ $t-1$ 年）的均值显著性检验见表6-4， $t-2$ 年、 $t-3$ 年、 $t-4$ 年、 $t-5$ 年描述统计和检验结果数据见附录1，被特别处理前1~5年具有显著差异的变量见表6-5。

表6-4 非ST与ST公司样本组被ST前一年的均值显著性检验

财务指标	组别	样本数	均值	标准差	T值	df	Sig.（双侧）
净资产收益率X_1	0	23	6.1294	6.5567	7.043	23.806	0.000
	1	23	−42.3229	32.3343			
资产报酬率X_2	0	23	5.1745	4.3497	5.443	24.673	0.000
	1	23	−15.4160	17.6140			
资产净利率X_3	0	23	3.0209	3.6310	5.075	23.552	0.000
	1	23	−17.7856	19.3236			
销售净利率X_4	0	23	5.4970	7.1039	1.283	22.001	0.213
	1	23	−409.8617	1552.0506			
营业利润率X_5	0	23	7.0945	10.1062	1.279	22.002	0.214
	1	23	−404.6148	1543.6780			
成本费用利润率X_6	0	23	9.8506	17.9314	6.553	32.595	0.000
	1	23	−44.3655	35.3952			
流动比率X_7	0	23	1.5082	1.3437	2.246	31.125	0.032
	1	23	0.8140	0.6262			
速动比率X_8	0	23	0.9925	0.9138	1.696	44	0.097
	1	23	0.6263	0.4871			
有形净值债务率X_9	0	23	183.8361	197.7879	−2.892	33.443	0.007
	1	23	438.6348	373.4329			
利息保障倍数X_{10}	0	23	71.6486	302.0269	1.38	44	0.175
	1	23	−15.8645	35.5464			
现金流动负债比X_{11}	0	23	0.1755	0.1491	4.443	44	0.000
	1	23	−0.0032	0.1224			

（续表）

财务 指标	组别	样本数	均值	标准差	T值	df	Sig. （双侧）
资产负债率X_{12}	0	23	49.4825	17.0351	-2.149	44	0.037
	1	23	79.7657	65.4130			
每股收益增长率X_{13}	0	23	-12.9020	143.5158	1.495	22.501	0.149
	1	23	-434.5237	1344.6501			
营业利润增长率X_{14}	0	23	-14.4890	95.1089	2.27	23.817	0.033
	1	23	-240.3822	467.5818			
利润总额增长率X_{15}	0	23	-1.1122	109.4773	2.631	24.204	0.015
	1	23	-275.7966	488.5484			
净资产增长率X_{16}	0	23	16.5511	33.6108	6.329	44	0.000
	1	23	-37.2271	23.0471			
总资产增长率X_{17}	0	23	13.1757	22.3861	4.503	44	0.000
	1	23	-12.7042	16.0757			
存货周转率X_{18}	0	23	8.0173	9.3496	1.785	44	0.081
	1	23	4.2314	4.0103			
应收账款周转率X_{19}	0	23	108.8031	320.8637	1.492	22.201	0.15
	1	23	8.7462	21.7098			
流动资产周转率X_{20}	0	23	1.8001	0.9948	3.635	44	0.001
	1	23	0.8498	0.7630			
固定资产周转率X_{21}	0	23	4.1318	4.7905	2.601	28.751	0.015
	1	23	1.3373	1.8996			
总资产周转率X_{22}	0	23	0.7695	0.4570	3.088	44	0.003
	1	23	0.3760	0.4059			

（续表）

财务 指标	组别	样本数	均值	标准差	T 值	df	Sig. （双侧）
销售现金比率X_{23}	0	23	11.6555	11.5188	2.309	28.397	0.028
	1	23	−3.7618	29.8818			
营业收入现金含量X_{24}	0	23	106.0974	18.9573	−0.355	44	0.724
	1	23	109.2678	38.3790			
总资产现金回收率X_{25}	0	23	6.9534	6.5163	3.898	44	0.000
	1	23	−0.1509	5.8263			

注：显著性水平 α =5%；0为非ST公司，1为ST公司

表6-5　被特别处理前1~5年具有显著差异的变量

年度	$t-5$年	$t-4$年	$t-3$年	$t-2$年	$t-1$年
财务指标名称	资产净利率* 流动比率*	资产净利率* 成本费用利润率* 现金流动负债比 资产负债率* 流动资产周转率* 总资产现金回收率*	净资产收益率* 资产报酬率* 资产净利率 总资产增长率 存货周转率* 流动资产周转率 固定资产周转率* 总资产周转率* 销售现金比率* 总资产现金回收率	净资产收益率* 资产报酬率 资产净利率 成本费用利润率 现金流动负债比 净资产增长率 总资产增长率* 存货周转率* 流动资产周转率 固定资产周转率 总资产周转率 销售现金比率 总资产现金回收率	净资产收益率X_1 资产报酬率X_2 资产净利率X_3 成本费用利润率X_6 流动比率X_7 速动比率*X_8 有形净值债务率X_9 现金流动负债比X_{11} 资产负债率X_{12} 营业利润增长率X_{14} 利润总额增长率X_{15} 净资产增长率X_{16} 总资产增长率X_{17} 存货周转率*X_{18} 流动资产周转率X_{20} 固定资产周转率X_{21} 总资产周转率X_{22} 销售现金比率X_{23} 总资产现金回收率X_{25}
变量个数	2	6	10	13	19

注：显著性水平a=5%，其中标注*表示在显著性水平a=10%下显著

根据表6-4和6-5的统计结果和显著性检验结果进行分析，结果有如下几个方面。

（1）在选取的25个指标中，资产报酬率、资产净利率、流动资产周转率、总资产现金回收率这些指标在$t-1$年、$t-2$年、$t-3$年都通过了5%的t显著性检验，说明这些指标在ST公司和非ST公司之间具有很高的显著性差异。

（2）有些指标如净资产收益率、成本费用利润率、现金流动负债比、净资产增长率、固定资产周转率、总资产周转率、销售现金比率等在$t-1$年、$t-2$年通过了5%的t显著性检验，在ST公司和非ST公司之间具有显著性差异。

（3）从$t-5$年、$t-4$年、$t-3$年、$t-2$年、$t-1$年均值具有显著差异的财务指标看，财务指标数量呈现逐年增加的趋势，随着上市公司财务状况的恶化，ST公司和非ST公司之间在财务指标方面会出现较大的差异，这也表明公司发生财务危机是一个渐进的过程。在进行多期财务危机预测时，不同时期的财务危机预警模型中所使用的变量应有所不同。

二、预测方法的选择和判别阈值的确定

本文选用Logistic回归分析方法中的二元回归分析（Binary Logistic回归分析）来建立预测模型，主要是因为Logistic方法的特点和因变量为0-1变量的特性，因变量只取两个值，表示一种决策、一种结果的两种可能性。例如，上市公司是否发生财务危机，可以选择一种标准如是否被特别处理（ST），根据这个标准我们可以判断一个上市公司要么发生财务危机，被特别处理表示为1，要么没有被特别处理，表示为0。在确定初始变量时选定了25个财务指标，不同的变量在样本归属中所起的作用不同，有些指标作用较大而有些指标作用较小，甚至不起作用，在指标变量过多时可能会造成判别信息的交叉和判别失误的增加。为此，在建立Logistic回归模型以前，有必要对指标变量进行进一步筛选。本书根据需要选择了三种变量的选取方法，并根据结果择优选用。变量选择方法如表6-6。

表6-6　财务指标变量的选取方法及特点

变量选取方法	特点与选择标准
变量全部进入法	在给定的显著性水平（如5%）下，具有显著性差异的变量全部进入模型，即所有具有显著差异的变量都在模型中。
向前逐步选择法	开始模型中没有变量，选择判别能力最大的变量进入模型，变量进入模型的标准是P值小于5%，剔出模型的标准是P值大于10%。
向后逐步选择法	所有的变量都在模型中，逐步剔除判别能力最小的变量，变量进入模型的标准是P值小于5%，剔出模型的标准是P值大于10%。

　　我们建立财务预警模型的主要目的就是使用模型进行预测和预警，那么面临的一个首要问题就是预测标准的确定，即模型判别阈值的确定。判别阈值的确定主要取决于两个方面：一是对预测先验概率的估计，二是对预测误差成本的估计。在多元线性判别模型中，建立模型时一般选择两组样本的数量相同，样本个体按某种标准实现配比，所以假定样本的先验概率为50%。使用Logistic回归方法建立模型时，是假定构造样本的概率与测试样本的概率相同，一旦二者的概率不相等，就会大大影响预测的精度，所以大多数的研究都假定样本的先验概率为50%。误差成本就是由于预测错误而带来的损失，预测错误可以分为两种情形：第一种情形是将危机公司判别为正常公司，这种错误的后果是决策失误带来的投资损失；第二种情形是将正常公司判别为危机公司，这种错误的后果是投资者谨慎投资而造成的投资收益的降低。显然，这两种预测错误的误差成本是不相同的，但是，大多数研究认为误差成本是一样的，即认为出现这两种预测错误的概率是一样的，并且由于对这两类误差成本的相关研究较少和无法获得可靠的误差成本资料，所以本书也认为这两类误差成本是相同的。那么在后面的建立模型中，ST样本组和非ST样本组使用相等的样本数量，使用等先验概率和等误差成本的判别方

法，将模型判定的阈值定为0.5，预测值大于0.5的公司被判别为ST公司，小于0.5的公司被判别为非ST公司。

在预测过程中由于预测差异的存在，对于预测值在0.5附近的公司，例如预测值为0.51和0.49，根据判别标准的规定，预测值为0.51的公司被判别为ST公司，预测值为0.49的公司被判别为非ST公司。但实际情况是，我们很难说明预测值为0.51的上市公司和预测值为0.49的上市公司之间会存在本质的区别。为了能对这种类型的上市公司做进一步分析和监控，可以将预测区间[0, 1]根据需要做进一步的划分，本书将预警区间划分为三个子区间，各区间划分见表6-7。

表6-7　预警区间划分与含义

预警区间	含义
[0，0.4]	预测值落入该区间，公司经营正常
[0.4，0.6]	预测值落入该区间，视为灰色地带，需要进一步认真分析该公司的财务状况后，做出判断
[0.6，1]	预测值落入该区间，公司面临经营失败，出现财务危机

三、$t-1$年判别模型建立与模型检验

根据前面的分析，在5%的显著性水平下，选择$t-1$年在ST样本组和非ST样本组之间的t均值具有显著差异的17个财务指标变量，使用SPSS19中的二元逻辑回归分析（Binary Logistic回归分析）方法，17个变量采用全部进入模型法、向前逐步进入模型和向后逐步进入模型的方法来构造判别函数，使用等先验概率和等误差成本，我们可以得到以下三个$t-1$年的预测模型。

（一）全变量预测模型

1. 模型建立

采用17个变量全部进入模型的方法来构造判别函数，获得的二元

Logistic回归模型如下：

$$P_1 = e^z / 1 + e^z \qquad （公式6-3）$$

（其中：$Z = 29.373 - 1.251X_1 - 14.884X_2 + 15.85X_3 + 0.44X_6 - 9.808X_7 - 0.024X_9$
$- 213.611X_{11} + 0.868X_{12} + 0.238X_{14} - 0.223X_{15} + 0.254X_{16} - 0.701X_{17}$
$- 9.057X_{20} - 6.039X_{21} + 1.555X_{22} - 0.495X_{23} + 3.186X_{25}$）

模型的判断阈值为0.5。当预测概率大于0.5时，可以推断其未来会发生财务危机；反之推断不会发生财务危机。回归方程中变量的系数见表6-8。

表6-8　全变量预测模型系数表

方程中的变量							
		B	S.E,	Wals	df	Sig.	Exp（B）
步骤1	净资产收益率X_1	−1.251	1134.232	0	1	0.999	0.286
	资产报酬率X_2	−14.884	9949.096	0	1	0.999	0
	资产净利率X_3	15.85	11197.918	0	1	0.999	7651768.9
	成本费用利润率X_6	0.44	1023.382	0	1	1	1.553
	流动比率X_7	−9.808	10763.666	0	1	0.999	0
	有形净值债务率X_9	−0.024	39.914	0	1	1	0.976
	现金流动负债比X_{11}	−213.611	187503.11	0	1	0.999	0
	资产负债率X_{12}	0.868	784.989	0	1	0.999	2.382
	营业利润增长率X_{14}	0.238	205.006	0	1	0.999	1.269
	利润总额增长率X_{15}	−0.223	207.208	0	1	0.999	0.8
	净资产增长率X_{16}	0.254	794.368	0	1	1	1.29
	总资产增长率X_{17}	−0.701	969.531	0	1	0.999	0.496
	流动资产周转率X_{20}	−9.057	25997.642	0	1	1	0
	固定资产周转率X_{21}	−6.039	7620.128	0	1	0.999	0.002

（续表）

		B	S.E,	Wals	df	Sig.	Exp(B)
步骤1	总资产周转率X_{22}	1.555	68860.903	0	1	1	4.734
	销售现金比率X_{23}	−0.495	714.391	0	1	0.999	0.609
	总资产现金回收率X_{25}	3.186	3820.288	0	1	0.999	24.2
	常量	29.373	36241.172	0	1	0.999	5.71E+12

上表中的第二栏B是预测模型的回归系数，其系数的大小代表变量与公司发生财务危机相关性的大小，即变量的系数越大说明该变量对公司是否发生财务危机的影响就越大。其系数的正负号代表着其与公司发生财务危机的关系，将变量估计系数符号与表6-2中的财务变量的预测符号比较来看是否与假设相吻合。

2. 模型系数的综合检验

表6-9　模型系数综合检验

		卡方	df	Sig.
步骤1	步骤	63.77	17	0.000
	块	63.77	17	0.000
	模型	63.77	17	0.000

通过模型系数综合检验是来验证模型除常数项外所有总体回归系数是否为0，在这里$P=0.000$，回归方程有显著意义，也就是回归方程的系数不全为0。

3. 模型概况

表6-10　模型汇总

模型汇总			
步骤	-2 对数似然值	Cox & Snell R 方	Nagelkerke R 方
1	0.000	0.750	1.000

上表中 Cox & Snell R Square 以及 Nagelkerke R Square 的决定系数 R 方分别为 0.750 和 1.00，这表示回归模型对因变量变异贡献的百分比，R 方越大越好，越接近于 1，表明估计的回归方程对样本数据的拟合效果越好，越接近于 0，表明拟合效果越差。由此可见，在这里构建的回归模型对样本数据的拟合效果较好。

4. 模型的预测分类表

表6-11　预测分类表

分类表a				
	已观测	已预测		
		group	百分比校正	
		0	1	
步骤 1	group 0	23	0	100.0
	group 1	0	23	100.0
	总计百分比			100.0
a. 切割值为 0.500				

注：ST 公司样本组用"1"表示，非ST公司样本组用"0"表示

上表是二元 Logistic 回归模型的预测分类，即构建的模型对因变量的分类预测情况，预测判断的阈值是 0.5，概率大于 0.5 时，被判断为 ST 公司，反之小于 0.5 时被判断为非 ST 公司。检验结果表明，23 个观察值为 0（非ST公

司）的记录中，有23个预测为0（非ST公司），0个被预测为1（ST公司），准确率为100.0%；23个观察值为1（ST公司）的记录，有0个被预测为0（非ST公司），23个预测为1（ST公司），准确率100.0%，总预测准确率为100.0%。

从模型的建立和检验情况看，模型的预测准确率达到100%，但模型中个别变量的系数出现异常，通过分析模型中变量的相关系数矩阵表，表明模型中部分自变量间存在共线性，使得回归系数估计值不稳定，出现部分回归参数估计值的标准误差很大。

（二）向前逐步法建立的预测模型

1. 模型建立

为了比较各种变量选取方法的效果和优化模型，我们采用17个变量向前逐步进入模型的方法来构造判别函数，即初始模型中没有变量，进入模型的变量逐步增加，变量进入模型的标准是P值小于5%，剔出模型的标准是P值大于10%，获得的二元Logistic回归模型如下：

$$P_{12} = e^z / 1 + e^z \qquad （公式6-4）$$

式中，$Z = 54.273 - 9.843X_1 - 203.204X_{11} - 119.46X_{22}$

模型的判断阈值为0.5，当预测概率大于0.5时，可以推断其未来会发生财务危机，反之推断不会发生财务危机。回归方程中的变量及系数见表6-12。

表6-12 向前逐步法建立模型中的变量及系数表

		B	S.E,	Wals	df	Sig.	Exp（B）
	方程中的变量						
步骤3	净资产收益率X_1	-9.843	368.314	0.001	1	0.979	0
	现金流动负债比X_{11}	-203.204	10043.957	0	1	0.984	0
	总资产周转率X_{22}	-119.46	7635.198	0	1	0.988	0
	常量	54.273	2636.23	0	1	0.984	3.72E+23

2. 模型系数的综合检验

表6-13　模型系数综合检验

模型系数的综合检验			卡方	df	Sig.
步骤 1		步骤	46.187	1	0.000
		块	46.187	1	0.000
		模型	46.187	1	0.000
步骤 2		步骤	8.179	1	0.004
		块	54.366	2	0.000
		模型	54.366	2	0.000
步骤 3		步骤	9.403	1	0.002
		块	63.77	3	0.000
		模型	63.77	3	0.000

通过模型系数综合检验是来验证模型除常数项外所有总体回归系数是否为0，在这里模型 $P = 0.000$，回归方程有显著意义，也就是回归方程的系数不全为0。

3. 模型概况

表6-14　模型汇总

模型汇总			
步骤	−2 对数似然值	Cox & Snell R 方	Nagelkerke R 方
1	17.582[a]	0.634	0.845
2	9.404[b]	0.693	0.924
3	0.000[c]	0.750	1.000

上表中步骤3中的 Cox & Snell R Square 以及 Nagelkerke R Square 的决定系

数R方分别为0.750和1.00，表示回归模型对因变量变异贡献的百分比。R方越大越好，越接近于1，表明估计的回归方程对样本数据的拟合效果越好，越接近于0表明拟合效果越差。由此可见，在这里构建的回归模型对样本数据的拟合效果较好。

4. 模型的预测分类表

表6-15　预测分类表

分类表a				
	已观测	已预测		
		group		百分比校正
		0	1	
步骤3	group	0　23	0	100.0
		1　0	23	100.0
	总计百分比			100.0
a. 切割值为 0.500				

注：ST公司样本组用"1"表示，非ST公司样本组用"0"表示

上表是二元Logistic回归模型的预测分类，即构建的模型对因变量的分类预测情况。预测判断的阈值是0.5，概率大于0.5时，被判断为ST公司，反之小于0.5时被判断为非ST公司。检验结果表明，23个观察值为0（非ST公司）的记录中，有23个预测为0（非ST公司），0个被预测为1（ST公司），准确率为100.0%；23个观察值为1（ST公司）的记录，有0个被预测为0（非ST公司），23个预测为1（ST公司），准确率100.0%，总预测准确率为100.0%。

（三）向后逐步法建立的预测模型

1. 模型建立

我们将17个变量采用向后逐步进入模型的方法来构造判别函数，即初始

模型中包含所有变量，留在模型中的变量逐步减少。变量进入模型的标准是P值小于5%，剔出模型的标准是P值大于10%，获得的二元Logistic回归模型如下：

$$P_{13} = e^z / 1 + e^z \qquad （公式6-5）$$

式中，$Z = 70.144 - 16.08X_2 + 11.954X_3 - 14.384X_7 - 237.95X_{11} - 8.645X_{21}$

模型的判断阈值为0.5，当预测概率大于0.5时，可以推断其未来会发生财务危机，反之推断不会发生财务危机。回归方程中的变量及系数见表6-16。

表6-16   向后逐步法建立模型中的变量及系数表

		B	S.E，	Wals	*df*	Sig.	Exp（B）
方程中的变量							
步骤13	资产报酬率X_2	-16.08	2828.264	0	1	0.995	0
	资产净利率X_3	11.954	2881.863	0	1	0.997	155436.99
	流动比率X_7	-14.384	5235.896	0	1	0.998	0
	现金流动负债比X_{11}	-237.95	28491.203	0	1	0.993	0
	固定资产周转率X_{21}	-8.645	1306.372	0	1	0.995	0
	常量	70.144	13275.501	0	1	0.996	2.91E+30

2. 模型系数的综合检验

表6-17   模型系数综合检验

		卡方	*df*	Sig.
模型系数的综合检验				
步骤13	步骤	0	1	1.000
	块	63.77	5	0.000
	模型	63.77	5	0.000

通过模型系数综合检验是来验证模型除常数项外，所有总体回归系数是否为0，在步骤13中模型 $P=0.000$，回归方程有显著意义，也就是回归方程的系数不全为0。

3. 模型概况

表6-18　模型汇总

模型汇总			
步骤13	-2 对数似然值	Cox & Snell R 方	Nagelkerke R 方
	0.000	0.750	1.000

表6-18步骤13中的Cox & Snell R Square以及Nagelkerke R Square的决定系数 R 方分别为0.750和1.00。表示回归模型对因变量变异贡献的百分比，R 方越大越好，越接近于1，表明估计的回归方程对样本数据的拟合效果越好，越接近于0表明拟合效果越差。由此可见，在这里构建的回归模型对样本数据的拟合效果较好。

4. 模型的预测分类表

表6-19　预测分类表

分类表a					
	已观测			已预测	
		group		百分比校正	
		0	1		
步骤 13	group	0	23	0	100.0
		1	0	23	100.0
	总计百分比				100.0
a. 切割值为 0.500					

注：ST公司样本组用"1"表示，非ST公司样本组用"0"表示

上表是二元Logistic回归模型的预测分类，即构建的模型对因变量的分类预测情况，预测判断的阈值是0.5，概率大于0.5时，判断为ST公司，反之小于0.5时被判断为非ST公司。检验结果表明，23个观察值为0（非ST公司）的记录中，有23个预测为0（非ST公司），0个被预测为1（ST公司），准确率为100.0%；23个观察值为1（ST公司）的记录，有0个被预测为0（非ST公司），23个预测为1（ST公司），准确率100.0%，总预测准确率为100.0%。

四、$t-1$年判别模型小结

通过实证分析，对$t-1$年的财务指标数据在5%的显著性水平下进行显著性检验，选择在ST样本组和非ST样本组之间具有显著差异的变量，采用变量全部进入模型法、向前逐步法和向后逐步法构建模型，我们得到了三个预测模型。为了便于对模型进行比较，将模型中变量及3个模型汇总如表6-20和表6-21所示。

表6-20　$t-1$年预测模型比较表

预测模型	变量选择方法	$t-1$年模型	预测准确率
模型1	全部变量法	$P_{11} = e^Z / (1+e^Z)$ 其中：$Z=29.373-1.251X_1-14.884X_2+15.85X_3+0.44X_6-9.808X_7-0.024X_9-213.611X_{11}+0.868X_{12}+0.238X_{14}-0.223X_{15}+0.254X_{16}-0.701X_{17}-9.057X_{20}-6.039X_{21}+1.555X_{22}-0.495X_{23}+3.186X_{25}$	100.0%
模型2	向前逐步法	$P_{12} = e^Z / (1+e^Z)$ 其中：$Z=54.273-9.843X_1-203.204X_{11}-119.46X_{22}$	100.0%
模型3	向后逐步法	$P_{13} = e^Z / (1+e^Z)$ 其中：$Z=70.144-16.08X_2+11.954X_3-14.384X_7-237.95X_{11}-8.645X_{21}$	100.0%

表6-21 $t-1$年预测模型实证结果与研究假设比较表

变量选择方法	模型中选取的变量					
	变量名称	预计符号	实证结果	变量名称	预计符号	实证结果
全部变量法	净资产收益率X_1	–	–	利润总额增长率X_{15}	–	–
	资产报酬率X_2	–	–	净资产增长率X_{16}	–	+
	资产净利率X_3	–	+	总资产增长率X_{17}	–	–
	成本费用利润率X_6	–	+	流动资产周转率X_{20}	–	–
	流动比率X_7	–	–	固定资产周转率X_{21}	–	–
	有形净值债务率X_9	+	–	总资产周转率X_{22}	–	+
	现金流动负债比X_{11}	–	–	销售现金比率X_{23}	–	–
	资产负债率X_{12}	+	+	总资产现金回收率X_{25}	–	+
	营业利润增长率X_{14}	–	+			
向前逐步法	净资产收益率X_1	–	–	总资产周转率X_{22}	–	–
	现金流动负债比X_{11}	–	–			
向后逐步法	资产报酬率X_2	–	–	现金流动负债比X_{11}	–	–
	资产净利率X_3	–	+	固定资产周转率X_{21}	–	–
	流动比率X_7	–	–			

注：预计符号是"+"表示财务指标与发生财务危机呈正相关关系，预计符号是"–"表示财务指标与发生财务危机呈负相关关系

从回归结果看，在三个模型中现金流动负债比X_{11}的系数的绝对值最大，也是三个模型中都有的变量，从偿债能力和现金流量的角度说明现金流动负债比是影响公司是否发生财务危机的重要因素，应该引起上市公司对经

营现金流量和流动负债的重视。从表6-21中可以看出，虽然三个模型中所用的财务指标变量不同，但这些变量对模型的拟合程度都是一样的，三个模型的预测准确率都达到了100%，这说明上市公司越临近财务危机与正常公司之间的差异越明显，用较多的变量与用较少的变量所预测的结果是相同的。考虑模型的预测准确率、使用成本和使用的方便，模型二使用的变量少，使用方便和成本较低，我们认为模型二具有更高的使用价值，但在实际应用中可以根据具体情况选择模型。

在模型二中，最具有解释能力的几个变量是净资产收益率（X_1）、现金流动负债比（X_{11}）、总资产周转率（X_{22}），这三个指标分别从盈利能力、偿债能力、现金流量和资产营运能力方面来解释上市公司是否会陷入财务危机。净资产收益率反映公司所有者权益的投资报酬率，该指标值越高，表明公司的净资产获利能力越强，发生财务危机的可能性就越小，该指标与是否发生财务危机呈负相关关系，预计在模型中的符号为负号，实证研究结果与此相一致。现金流动负债比是经营活动产生的净现金流量与流动负债的比值，是以现金流量衡量公司偿债能力的大小，反映了公司的偿债能力和现金流情况，该指标直观地说明公司依靠现金偿还债务的能力。如果现金流动负债比偏低，说明公司依靠现金偿还债务的压力较大；若较高，则说明公司能轻松地依靠现金偿债，发生偿债风险和财务危机的可能性就越小。总资产周转率是主营业务收入与平均资产总额的比值，一般情况下，总资产周转率越高，表明资产周转速度快，销售能力强，资产利用效率高，财务风险小；总资产周转率越低，资产的利用效率越低，销售能力越差，发生财务危机的概率也越高。因此，该指标与是否发生财务危机呈负相关关系，预计在模型中的符号为负号，实证研究结果与此相一致。

从三个模型的回归结果看，净资产收益率、资产报酬率、流动比率、现金流动负债比、利润总额增长率、总资产增长率、流动资产周转率、固定资产周转率、销售现金比率、总资产周转率与公司是否发生财务危机呈负相关关系，即这些财务指标越高，公司越不容易发生财务危机。资产负债率与公司是否发生财务危机呈正相关关系，即资产负债率财务指标越高，公司越容易发生财务危机。但有些财务指标如资产净利率、成本费用利润率、营业利润增长率、净资产增长率、总资产现金回收率、有形净值债务率等与假设预计的符号不符，主要体现在全变量模型中，这主要是因为在全变量模型中使用了较多的变量，通过分析模型中变量的相关矩阵表（相关矩阵表详见附录4），发现模型中部分自变量间存在共线性，从而形成回归系数估计值不稳定、符号与假设预计的符号不符的情形。这从另一个侧面可以说明，在模型中预测变量的选择上，并非越多越好，过多变量的加入反而会增加模型的噪音，增加了变量间相互存在共线性的可能。

第五节　中长期预警模型的构建

一、研究意义

上述利用财务危机前一年的财务指标数据建立了预警模型，模型的检验结果表明利用上市公司的年度报表数据可以较为准确地预测企业在下一年度是否会陷入财务危机或亏损。然而，一般来说，公司发生财务危机往往不是一朝一夕之事，大多都有一个逐步显现、不断恶化的过程。在公司发生财务危机的早期，呈现出的财务危机特征可能是不明显的，早期的财务危机公司和财务正常的公司之间没有太多的差别，能够显示财务状况异常的财务指标差异也不显著。但随着财务危机从小到大的发展，财务危机公司会逐渐表现出不同的财务特征，公司经营状况、各种财务指标出现异常，财务状况逐渐恶化，与财务正常公司之间在财务指标方面会呈现出显著差异。Altman（1996）考察了企业破产前五年九个财务比率每一年的平均值和每一年较上一年平均值的变动情况，结果发现其中有六个财务指标在破产前两年变动最大，有两个在破产前一年发生大幅度变动，只有一个财务指标在破产前三年发生严重异化。Altman得出的结论是破产预测模型可以在企业破产前两年进行精确预测，而对于更长时间跨度的预测是无能为力的。张鸣（2004）通过实证分析认为在公司被ST的前三年，还看不出公司财务指标的恶化，按照模型的预测效果看，公司财务状况恶化是从第二年开始发生显著变化的。

本书对非ST公司和ST公司被特别处理前一至五年的财务指标数据进行分析，也得出相同的结论，在被特别处理前五年，只有资产净利率和流动比率两个财务指标在10%的显著性水平下，在非ST公司和ST公司之间具有显著差异；在被特别处理前四年，只有现金流动负债比指标在5%的显著性水平下在非ST公司和ST公司之间具有显著差异，有资产净利率、成本费用利润率、资产负债率、流动资产周转率、总资产现金回收率五个财务指标在10%

的水平下显著；在被特别处理前三年，有5个财务指标在5%的水平下显著（其中，只有总资产增长率指标在1%的显著性水平下具有显著差异），有五个财务指标在10%的水平下显著；在被特别处理前两年，有11个财务指标在5%的水平下显著（其中，有8个财务指标在1%的显著性水平下显著），有两个财务指标在10%的水平下显著；在被特别处理前一年，有17个财务指标在5%的水平下显著（其中，有11个财务指标在1%的显著性水平下显著），有两个财务指标在10%的水平下显著。被特别处理前一至五年具有显著差异的具体财务指标见表6-22。

表6-22 被特别处理前1~5年具有显著差异的变量

年度	t-5年	t-4年	t-3年	t-2年	t-1年
财务指标名称	资产净利率* 流动比率*	资产净利率* 成本费用利润率* 现金流动负债比 资产负债率* 流动资产周转率* 总资产现金回收率*	净资产收益率* 资产报酬率 资产净利率 总资产增长率** 存货周转率* 流动资产周转率 固定资产周转率* 总资产周转率* 销售现金比率* 总资产现金回收率	净资产收益率** 资产报酬率 ** 资产净利率 ** 成本费用利润率** 现金流动负债比** 净资产增长率** 总资产增长率** 存货周转率* 流动资产周转率** 固定资产周转率 总资产周转率 销售现金比率 总资产现金回收率**	净资产收益率** 资产报酬率 ** 资产净利率 ** 成本费用利润率** 流动比率 速动比率* 有形净值债务率** 现金流动负债比** 资产负债率 营业利润增长率 利润总额增长率 净资产增长率 ** 总资产增长率 ** 存货周转率* 流动资产周转率** 固定资产周转率 总资产周转率 ** 销售现金比率 总资产现金回收率**
变量个数	2	6	10	13	19

注：显著性水平a=5%，其中标注*表示在显著性水平a=10%下显著，标注**表示在显著性水平a=1%下显著

从表6-22中可以看出，虽然公司在陷入财务危机前三年财务指标并未发生普遍的严重恶化，但具有显著差异的财务指标呈现逐年增加的形态，财务指标显示出逐步恶化的趋势。因此，我们可以寻找到一个甚至几个具有指示能力的显著指标来服务于前三年或更早时间以前的预测，来指示哪些公司有可能在未来的某个时间会陷入财务危机，这样公司的利益相关者就可以及早了解公司的财务状况，预测公司的发展情况，将能及时采取相关的措施并防范风险。

因此，进行多期的财务危机预测研究就显得较为重要。本书在研究财务危机发生前一年的基础上，将财务危机的预测期提前两到三年的时间，进行公司被特别处理前两年、前三年的财务危机预警研究。对于前两年、前三年的预测情况，研究方法较多，可以总结为三种。方法一是可以使用一个预测模型，将公司前两年、前三年或者更长时间以前年度的财务报表数据、财务指标数据带入已经建立的前一年的预测模型中，按照相同的判别标准来判别、预测公司的归属和发展情况；方法二是可以使用相同的预测变量根据不同年度的财务报表数据、财务指标数据建立不同年度的预测模型，这些预测模型的变量相同，只是变量的系数存在差异；方法三是可以使用不同年度的财务指标数据和不同的预测变量建立前一年、前两年、前三年的预测模型，从而得出分别符合前一年、前两年和前三年的预测模型。对于使用一个预测模型和使用相同的预测变量根据不同年度的财务指标数据建立不同年度预测模型的方法，张鸣（2004）通过实证分析认为，利用同一模型进行多期预测不太可行，因为同一模型进行多期预测会受到宏观因素的影响，同时也不具备可操作性；利用一组变量构造多个跨期预测模型的方法也不可取，这些模型不仅预测精度不是很高，而且对于财务危机公司，财务指标的恶化一般有一个过程，可能在前期是某一项指标，而后期表现为另一项指标，在不同时期的模型中使用相同的财务变量，一直关注某一项或几项财务比率指标，不能体现出不同时期能够更好地区分两类公司的财务指标，使得"信号"指标的指示能力得不到体现。对于第三种方法，使用不同年度的财务指标数据和不同的预测变量建立前两年、前三年的预测模型，这样可以寻找不同年度能够更好地区分两类公司的具有指示能力的财务指标，然后建立不同年度的不同的预警模型。本书尝试运用这种方法来研究公司被特别处理前一年、前两年和前三年的中长期财务危机预警模型，建立较为可靠的中长期预测模型来提高财务预警的准确性和及时性，从而使财务危机预警模型具有更高的使用价值。

财务危机的中长期预警问题，已有部分文献进行研究。张后奇等（2002）建立的上市公司动态财务危机预警系统包括1998模型、1999模型和2000模型三个模型，这三个模型的总判别率分别达到了85.2%、82.8%、80.9%。并且对建立的财务危机预警模型进行了预测检验，1998年模型和1999年模型的预测正确率分别达到68.8%和68.6%。张鸣等（2004）建立的财务危机预警模型包括发生财务危机前一年、前二年和前三年的三个模型，可以将预测对象的相关财务指标分别代入三个模型，来判断该公司在未来三年是否会陷入财务危机以及何时陷入财务危机，三个模型的预测精度分别达到了90%、85%、80%。

本书在借鉴前人研究理论和方法的基础上继续进行多期财务危机预警问题的研究，动态地关注上市公司陷入财务危机前不同时期的财务状况和经营情况，寻找不同时期对财务状况具有显著判别能力的财务指标，从而建立相应的预警模型，进行中长期财务预警并提高预警模型的预测准确度和及时性。财务危机前一年（$t-1$年）的财务预警模型在上文中建立了三个，分别是全变量模型、向前逐步进入法模型和向后逐步进入法模型。下面将使用变量全部进入法、向前逐步进入法和向后逐步进入法，分别进行$t-2$年、$t-3$年财务危机预警模型的建立和检验分析。

二、样本组概况统计描述

在中长期预警中，采用的研究样本和研究方法与$t-1$年时相同。首先，对非ST公司样本组和ST公司样本组被ST前一至五年的25个变量进行均值、方差等描述性统计，同时选用T检验和U检验的方法，检验所选取的25个变量在ST样本组和非ST样本组之间是否存在显著差异，并观察存在显著差异的变量个数在各年的分布及变化趋势。两种检验方法使用的显著性水平α选择1%、5%两种情况，检验结果见附录1、附录2。我们发现二者检验的结果存在些许差别，但基本保持一致，将检验结果汇总如表6-23。从表6-23可以看出，在远离财务危机发生时间的$t-5$年、$t-4$年，财务变量存在差异的个数较少，但存在显著差异的变量个数随财务危机发生时间的接近而增多，这说明上市公司在陷入财务危机之前财务状况普遍会经历一个逐步恶化的过程。这些分析结果初步证实在进行中长期的财务危机预测时，不同时间跨度的预测模型中所使用的财务变量应有所不同。考虑到发生财务危机前五年、前四年具有显著差异的变量少，我们选择发生财务危机前三年、前二年进行多期财务危机研究，建立中长期的财务危机预警模型。

表6-23　五年样本组间指标$t(u)$检验结果

显著性水平	检验方法	前五年变量个数（$t-5$）	前四年变量个数（$t-4$）	前三年变量个数（$t-3$）	前二年变量个数（$t-2$）	前一年变量个数（$t-1$）
1%	T检验	0	0	1	8	11
	U检验	1	3	4	17	22
5%	T检验	0	1	5	11	16
	U检验	2	4	11	19	23

三、全变量模型建立

根据前面的分析，选取在5%的显著性水平下均值具有显著差异的变量，我们使用SPSS19中的二元逻辑回归分析（Binary Logistic回归分析）方法，采用变量全部进入模型的方法来构造判别函数，使用等先验概率和等误差成本，因为我们无法获得可靠的错误成本资料，所以在本书的研究中假设两类错误成本是相同的。由此我们获得的变量进入模型的预测函数模型如下：

前两年模型：

$P_{21}=e^z/1+e^z$

其中：$Z=93.985-1.717X_1-27.33X_2+36.487X_3-5.503X_6-890.495X_{11}$

$-1.308X_{16}-60.492X_{20}-18.337X_{21}+161.055X_{22}+2.551X_{23}+9.105X_{25}$

（公式6-6）

前三年模型：

$P_{31}=e^z/1+e^z$

其中：$Z=2.12-0.187X_2+0.153X_3-0.054X_{17}-0.529X_{20}-0.054X_{25}$

（公式6-7）

将模型判别的阈值点设置为0.5，计算出的概率P值大于0.5时，被判断为ST公司；反之小于0.5时，被判断为非ST公司。这两个模型对原样本的拟合程度、模型系数的显著性与模型预测能力的检验汇总如表6-24至表6-26所示。

表6-24 模型系数综合检验

模型系数的综合检验					
			卡方	*df*	Sig.
前两年模型	步骤1	步骤	63.770	11	0.000
		块	63.770	11	0.000
		模型	63.770	11	0.000
前三年模型	步骤1	步骤	15.979	5	0.007
		块	15.979	5	0.007
		模型	15.979	5	0.007

模型系数综合检验是来验证模型除常数项外所有总体回归系数是否显著为0，在前两年模型中模型$P=0.000$，回归方程有显著意义，也就是回归方程的系数不全为0。在前三年模型中模型$P=0.007$，小于给定的显著水平

5%，回归方程有显著意义，也就是回归方程的系数不全为0。

表6-25 模型汇总

模型汇总				
	步骤	-2 对数似然值	Cox & Snell R 方	Nagelkerke R 方
前两年模型	1	0.000	0.750	1.000
前三年模型	1	47.790	0.293	0.391

表6-25前两年模型中的Cox & Snell R Square以及Nagelkerke R Square的决定系数 R 方分别为0.750和1.00，表示回归模型对因变量变异贡献的百分比。R 方越大越好，越接近于1，表明估计的回归方程对样本数据的拟合效果越好；R 方越接近于0表明拟合效果越差。由此可见，在这里构建的前两年模型对样本数据的拟合效果很好，而前三年模型对样本数据的拟合效果相对差一些。

表6-26 预测分类表

分类表a						
			已观测		已预测	
					group	百分比校正
					0	1	
前两年模型	步骤1	group	0	23	0	100.0
			1	0	23	100.0
		总计百分比				100.0
前三年模型	步骤1	group	0	17	6	73.9
			1	5	18	78.3
		总计百分比				76.1
a. 切割值为0.500						

注：ST公司样本组用"1"表示，非ST公司样本组用"0"表示

从表6-26可以看出，前两年模型能很好地对样本进行预测，对ST样本和非ST样本的预测准确率达到100%，综合准确率为100%。前三年模型对非ST样本的预测准确率为73.9%，对ST样本的预测准确率为78.3%，综合准确率为76.1%。

四、变量向前与向后逐步法建立模型

为了寻找更优的变量组合，比较各种变量选取方法的效果和优化模型，提高模型的预测精度，我们采用25个变量向前逐步进入模型的方法与变量向后逐步剔除法来构造判别函数。在变量筛选的过程中，选择不同的显著性水平作为变量进入模型与剔出模型的标准，通过这种比较和分析，试图寻找到能反映企业财务危机状况的信号指标，实现最优的变量组合和优化预警模型。因此，按照上述设想，我们建立了前两年和前三年的预测模型，并将结果汇总如表6-27至表6-36。

（1）变量向前逐步进入法建立预测模型。

表6-27　前二年预测变量选择与模型预测率表

方法	变量进入模型P值	变量剔除模型P值	变量个数	具体变量	预测准确率
向前逐步进入	1%	5%	1	净资产收益率X_1	89.10%
	5%	10%	3	净资产收益率X_1、利息保障倍数X_{10}、现金流动负债比X_{11}	95.70%
	10%	15%	4	净资产收益率X_1、有形净值债务率X_9、利息保障倍数X_{10}、现金流动负债比X_{11}	100%
	15%	20%	4	净资产收益率X_1、有形净值债务率X_9、利息保障倍数X_{10}、现金流动负债比X_{11}	100%

注：10%以后筛选的变量组成的模型在预测准确率上都达到100%，故不再表中表示

表6-28　前三年预测变量选择与模型预测率表

方法	变量进入模型P值	变量剔除模型P值	变量个数	具体变量	预测准确率
向前逐步进入	1%	5%	1	总资产增长率X_{17}	71.70%
	5%	10%	3	X_4、X_{11}、X_{17}	73.90%
	10%	15%	5	X_1、X_4、X_{11}、X_{17}、X_{18}	80.40%
	15%	20%	5	X_1、X_4、X_{11}、X_{17}、X_{18}	80.40%
	20%	25%	7	X_1、X_4、X_9、X_{11}、X_{12}、X_{17}、X_{18}	82.60%
	25%	30%	7	X_1、X_4、X_9、X_{11}、X_{12}、X_{17}、X_{18}	82.60%
	30%	35%	7	X_1、X_4、X_9、X_{11}、X_{12}、X_{17}、X_{18}	82.60%
	35%	40%	8	X_1、X_4、X_7、X_9、X_{16}、X_{17}、X_{18}、X_{19}	87.00%
	40%	45%	8	X_2、X_4、X_7、X_9、X_{12}、X_{17}、X_{18}、X_{24}	84.80%
	45%	50%	9	X_2、X_4、X_7、X_9、X_{12}、X_{16}、X_{17}、X_{18}、X_{24}	84.80%
	50%	55%	17	X_2、X_3、X_4、X_5、X_6、X_7、X_8、X_9、X_{11}、X_{12}、X_{16}、X_{18}、X_{21}、X_{22}、X_{23}、X_{24}、X_{25}	100%

注：50%以后筛选的变量组成的模型在预测准确率上都达到100%，故不在表中表示

　　从表6-27中可以看到，前两年在10%的显著性水平下筛选出较少个数的变量建立的预测模型的预测准确率达到100%，超过了显著性水平1%、5%下预测的准确率，当我们提高显著性水平时，筛选得到的变量和预测的结果与10%时相同。因此，我们可以选择显著性水平在10%时所建立的模型为最优模型。从表6-28中得知，前三年在50%的显著水平下，筛选出的变量较多，但建立的预测模型可以达到100%的预测准确率；在35%的显著性水平下筛选出的变量较少，可以达到87%的预测准确率；从预测准确率角度考虑，我们选择50%显著水平下建立的预测模型作为最优候选模型，该模型所用变量多但预测准确率高，这从另一个方面说明，距离财务危机的时间越远，我们越需要更多的财务指标和财务信息才能做出更准确的预测和判断。

由此我们获得的在变量向前逐步进入法下建立的预测函数模型如下:

前两年模型:

$$P_{22} = e^z / 1 + e^z \qquad （公式6-8）$$

其中,$Z = 58.793 - 10.688X_1 - 0.047X_9 - 10.172X_{10} - 255.277X_{11}$

前三年模型:

$$P_{32} = e^z / 1 + e^z \qquad （公式6-9）$$

其中,$Z = 307.721 + 102.51X_2 - 364.239X_3 + 227.256X_4 + 17.863X_5 - 98.116X_6$

$\qquad - 21.175X_7 - 338.933X_8 - 1.278X_9 + 1370.422X_{11} - 4.913X_{12} + 2.042X_{16}$

$\qquad - 16.516X_{18} + 28.342X_{21} + 152.788X_{22} - 9.737X_{23} + 2.604X_{24} - 12.616X_{25}$

将模型判别的阈值点设置为0.5,计算出的概率P值大于0.5时,被判断为ST公司;反之小于0.5时,被判断为非ST公司。这两个模型对原样本的拟合程度、模型系数的显著性与模型预测能力的检验汇总如表6-29至表6-31所示。

表6-29 模型系数综合检验

模型系数的综合检验			卡方	df	Sig.
前两年模型	步骤4	步骤	4.407	1	0.036
		块	63.77	4	0.000
		模型	63.77	4	0.000
前三年模型	步骤31	步骤	0	1	0.998
		块	63.769	17	0.000
		模型	63.769	17	0.000

模型系数综合检验是来验证模型除常数项外所有总体回归系数是否显著为0,在前两年、前三年模型中模型$P = 0.000$,回归方程有显著意义。

表6-30　模型汇总

模型汇总				
	步骤	–2 对数似然值	Cox & Snell R 方	Nagelkerke R 方
前二年模型	4	0.000	0.750	1.000
前三年模型	31	0.000	0.750	1.000

上表前两年、前三年模型中的Cox & Snell R Square以及Nagelkerke R Square的决定系数R方分别为0.750和1.00，表示回归模型对因变量变异贡献的百分比。R方越大越好，越接近于1，表明估计的回归方程对样本数据的拟合效果越好。由此可见，在这里构建的前两年、前三年模型对样本数据的拟合效果很好。

表6-31　预测分类表

分类表a						
		已观测		已预测		
				group		百分比校正
				0	1	
前两年模型	步骤 4	group	0	23	0	100.0
			1	0	23	100.0
		总计百分比				100.0
前三年模型	步骤31	group	0	23	0	100.0
			1	0	23	100.0
		总计百分比				100.0
a. 切割值为 0.500						

注：ST公司样本组用"1"表示，非ST公司样本组用"0"表示

（2）变量向后逐步剔除法建立预测模型。

表6-32 前二年预测变量选择与模型预测率表

变量进入模型P值	变量剔除模型P值	变量个数	具体变量	预测准确率
1%	5%	14	X_2、X_4、X_5、X_8、X_{10}、X_{11}、X_{14}、X_{17}、X_{19}、X_{20}、X_{21}、X_{22}、X_{23}、X_{24}	100%
5%	10%	14	X_2、X_4、X_5、X_8、X_{10}、X_{11}、X_{14}、X_{17}、X_{19}、X_{20}、X_{21}、X_{22}、X_{23}、X_{24}	100%
10%	15%	14	X_2、X_4、X_5、X_8、X_{10}、X_{11}、X_{14}、X_{17}、X_{19}、X_{20}、X_{21}、X_{22}、X_{23}、X_{24}	100%

注：各组筛选的变量都相同，组成的模型预测准确率达到100%，其他不在表中表示

表6-33 前三年预测变量选择与模型预测率表

变量进入模型P值	变量剔除模型P值	变量个数	具体变量	预测准确率
1%	5%	25	X_1、X_2、X_3、X_4、X_5、X_6、X_7、X_8、X_9、X_{10}、X_{11}、X_{12}、X_{13}、X_{14}、X_{15}、X_{16}、X_{17}、X_{18}、X_{19}、X_{20}、X_{21}、X_{22}、X_{23}、X_{24}、X_{25}	100.00%
5%	10%	25	X_1、X_2、X_3、X_4、X_5、X_6、X_7、X_8、X_9、X_{10}、X_{11}、X_{12}、X_{13}、X_{14}、X_{15}、X_{16}、X_{17}、X_{18}、X_{19}、X_{20}、X_{21}、X_{22}、X_{23}、X_{24}、X_{25}	100.00%
10%	15%	25	X_1、X_2、X_3、X_4、X_5、X_6、X_7、X_8、X_9、X_{10}、X_{11}、X_{12}、X_{13}、X_{14}、X_{15}、X_{16}、X_{17}、X_{18}、X_{19}、X_{20}、X_{21}、X_{22}、X_{23}、X_{24}、X_{25}	100.00%

注：各组筛选的变量都相同，组成的模型预测准确率达到100%，其他不在表中表示

从表6-32中可以看到，前两年在1%、5%、10%的显著性水平下筛选出

的变量名称和个数均相同，变量建立的预测模型的预测准确率达到100%，当我们提高显著性水平时，筛选得到的变量和预测的结果与1%时相同。因此，我们可以选择显著性水平在1%时所建立的模型为最优模型。从表6-33中得知，前三年在1%、5%、10%的显著性水平下筛选出的变量是全部的备选变量，变量建立的预测模型的预测准确率达到100%。因此，我们选择1%显著水平下建立的预测模型作为最优候选模型，与变量向前逐步进入法相类似，模型所用变量多但预测准确率高，这也印证了距离财务危机的时间越远，我们越需要更多的财务指标和财务信息才能做出更准确的预测和判断。

由此我们获得的在变量向后逐步剔除法下建立的预测函数模型如下：

前两年模型：

$$P_{23}=e^z/1+e^z \qquad （公式 6-10）$$

其中，$Z=1.562-5.234X_2+1.589X_4-2.829X_5-23.405X_8+0.258X_{10}$
$-407.552X_{11}+0.008X_{14}-0.863X_{17}+0.143X_{19}-41.155X_{20}$
$-11.517X_{21}+97.924X_{22}+1.586X_{23}+0.666X_{24}$

前三年模型：

$$P_{33}=e^z/1+e^z \qquad （公式 6-11）$$

其中，$Z=18.752+7.225X_1+31.321X_2-125.599X_3+64.957X_4+30.743X_5$
$-41.058X_6-12.52X_7-82.349X_8-0.162X_9-0.177X_{10}+359.201X_{11}$
$-2.053X_{12}-0.544X_{13}-1.798X_{14}+1.735X_{15}+1.718X_{16}-1.305X_{17}$
$+6.453X_{18}-0.767X_{19}-57.067X_{20}+19.102X_{21}+86.905X_{22}-7.804X_{23}$
$+0.492X_{24}+6.327X_{25}$

将模型判别的阈值点设置为0.5，计算出的概率P值大于0.5时，被判断为ST公司；反之小于0.5时，被判断为非ST公司。这两个模型对原样本的拟合程度、模型系数的显著性与模型预测能力的检验汇总如表6-34至表6-36所示。

表6-34　模型系数综合检验

模型系数的综合检验				卡方	df	Sig.
前两年模型	步骤 12	步骤		0	1	1
		块		63.77	14	0
		模型		63.77	14	0
前三年模型	步骤 1	步骤		63.770	25	.000
		块		63.770	25	.000
		模型		63.770	25	.000

模型系数综合检验是来验证模型除常数项外所有总体回归系数是否显著为0，在前两年、前三年模型中模型$P=0.000$，回归方程有显著意义，也就是回归方程的系数不全为0。

表6-35　模型汇总

模型汇总				
	步骤	−2 对数似然值	Cox & Snell R 方	Nagelkerke R 方
前两年模型	12	0.000	0.750	1.000
前三年模型	1	0.000	0.750	1.000

上表前两年、前三年模型中的Cox & Snell R Square以及Nagelkerke R Square的决定系数R方分别为0.750和1.00，表示回归模型对因变量变异贡献的百分比。R方越大越好，越接近于1，表明估计的回归方程对样本数据的拟合效果越好，越接近于0表明拟合效果越差。由此可见，在这里构建的前两年、前三年模型对样本数据的拟合效果很好。

表6-36　预测分类表

分类表a						
		已观测		已预测		
				group		百分比校正
				0	1	
前两年模型	步骤12	group	0	23	0	100.0
			1	0	23	100.0
	总计百分比					100.0
前三年模型	步骤1	group	0	23	0	100.0
			1	0	23	100.0
	总计百分比					100.0
a. 切割值为0.500						

注：ST公司样本组用"1"表示，非ST公司样本组用"0"表示

第六节 小结

在上文中，我们使用逻辑回归分析方法分别建立了发生财务危机前一年、前两年和前三年的预警模型，并采用回判的方法检验模型的预测正确率，将预测模型汇总如表6-37所示。

表 6-37 预测模型与判别结果汇总表

年度	模型	变量选择方法	预测模型	回判正确率
危机前一年（t-1）	模型1	变量进入模型法	$P_{11}=e^Z/(1+e^Z)$ 其中，Z=29.373–1.251X_1–14.884X_2+15.85X_3+0.868X_{12} +0.44X_6–9.808X_7–0.024X_9–213.611X_{11}+0.238X_{14} –0.223X_{15}+0.254X_{16}–0.701X_{17}–9.057X_{20}–6.039X_{21} +1.555X_{22}–0.495X_{23}+3.186X_{25}	100.0%
	模型2	变量向前逐步进入	$P_{12}=e^Z/(1+e^Z)$ 其中，Z=54.273–9.843X_1–203.204X_{11}–119.46X_{22}	100.0%
	模型3	变量向后逐步剔除	$P_{13}=e^Z/(1+e^Z)$ 其中，Z=70.144–16.08X_2+11.954X_3–14.384X_7 –237.95X_{11}–8.645X_{21}	100.0%
危机前两年（t-2）	模型4	变量进入模型法	$P_{21}=e^Z/(1+e^Z)$ 其中，Z=93.985–1.717X_1–27.33X_2+36.487X_3–5.503X_6 –890.495X_{11}–1.308X_{16}–60.492X_{20}–18.337X_{21} +161.055X_{22}+2.551X_{23}+9.105X_{25}	100.0%
	模型5	变量向前逐步进入	$P_{22}=e^Z/(1+e^Z)$ 其中，Z=58.793–10.688X_1–0.047X_9–10.172X_{10} –255.277X_{11}	100.0%

（续表）

年度	模型	变量选择方法	预测模型	回判正确率
危机前两年（t–2）	模型6	变量向后逐步剔除	$P_{23}=e^Z/（1+e^Z）$ 其中，Z=1.562−5.234X_2+1.589X_4−2.829X_5−23.405X_8+0.258X_{10}−407.552X_{11}+0.008X_{14}−0.863X_{17}+0.143X_{19}−41.155X_{20}−11.517X_{21}+97.924X_{22}+1.586X_{23}+0.666X_{24}	100.0%
危机前三年（t–3）	模型7	变量进入模型法	$P_{31}=e^Z/（1+e^Z）$ 其中，Z=2.12−0.187X_2+0.153X_3−0.054X_{17}−0.529X_{20}−0.054X_{25}	76.1%
	模型8	变量向前逐步进入	$P_{32}=e^Z/（1+e^Z）$ 其中，Z=307.721+102.51X_2−364.239X_3+227.256X_4+17.863X_5−98.116X_6−21.175X_7−338.933X_8−1.278X_9+1370.422X_{11}−4.913X_{12}+2.042X_{16}−16.516X_{18}+28.342X_{21}+152.788$X22$−9.737X_{23}+2.604X_{24}−12.616X_{25}	100.0%
	模型9	变量向后逐步剔除	$P_{33}=e^Z/（1+e^Z）$ 其中，Z=18.752+7.225X_1+31.321X_2−125.599X_3+64.957X_4+30.743X_5−41.058X_6−12.52X_7−82.349X_8−0.162X_9−0.177X_{10}+359.201X_{11}−2.053X_{12}−0.544X_{13}−1.798X_{14}+1.735X_{15}+1.718X_{16}−1.305X_{17}+6.453X_{18}−0.767X_{19}−57.067X_{20}+19.102X_{21}+86.905X_{22}−7.804X_{23}+0.492X_{24}+6.327X_{25}	100.0%

在具有显著差异的变量全部进入模型的情况下，前一年、前两年、前三年的预测模型中所包含的变量个数经历了17—11—5的变化。随着预测时间的向前延伸，进入模型的变量个数明显减少，这说明在上市公司的生产经营过程中确实存在着具有较高预测能力的信号指标，在用这些指标所建立的中长期预测模型中，都达到了很高的预测准确率。在前一年、前两年模型中达

到100%的预测准确率，前三年模型达到76.1%的准确率，这在一定程度上体现了随着预测时间跨度的延长，预测准确率呈现下降的趋势。因此，为了提高中长期模型的预测准确率，增加模型的实际应用价值，我们使用其他的变量选择方法和放宽了变量进入模型的显著性水平，建立了在不同变量选择方法下的预测模型，预测准确率都达到了100%；但缺点是随着预测时间跨度的延伸，模型中使用的变量较多。在变量向前逐步进入法下，前一年、前两年、前三年的预测模型中所包含的变量个数经历了3—4—17的变化，在变量向后逐步剔除法下，前一年、前两年、前三年的预测模型中所包含的变量个数经历了5—14—25的变化，这在一定程度上体现了上市公司越接近财务危机，危机公司和正常公司之间的差异越显著，用较少的财务指标和财务信息就可以区分。而随着预测时间跨度的延长和上市公司远离危机，危机公司和正常公司之间的差异变得不显著，为了能正确地预测和区分出两类公司，就应相应地增加财务指标和财务信息来提高模型的预测准确率。

在以上研究中，我们主要关注于模型的预测能力，并没有对模型的多重共线性进行检验，建立模型中使用的变量均为财务指标。在一个公司中，有些财务指标之间可能会存在较强的相关关系，但这种相关关系往往是内在的，是不可避免的，因此，为了保留尽可能多的信息用于预测，在变量筛选时未对变量进行共线性检验。于俊年（2000）也认为如果样本回归方程仅用于预测的目的，那么只要存在于给定样本中的共线现象在预测期保持不变，多重共线性就不会影响预测结果。

我们使用逻辑回归分析法建立了前一年、前两年、前三年的危机预测模型，在实际应用中，这三种模型的使用可以用流程图描述，如图6-1所示。

在应用模型预测时，我们先把公司相关的财务指标带入前一年的模型中，看公司是否会在下一年度进入财务危机。如果判断为财务危机公司，那么公司将面临很大的风险，投资者、债权人和管理层需要引起高度重视，并采取相应的应对措施；如果判断为正常公司，那么公司面临的风险较小。可以将财务指标数据带入前两年模型中，看看公司在未来的两个会计年度是否

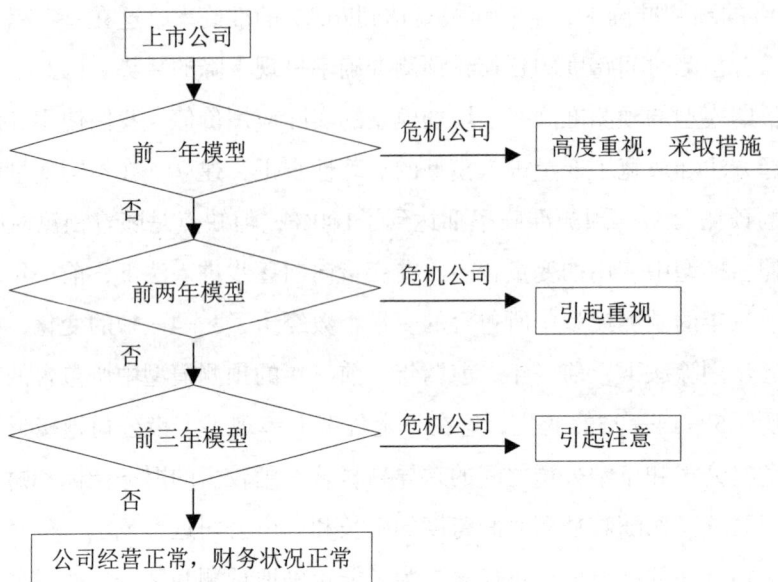

图6-1 模型应用图

会陷入财务危机。如果判断为财务危机公司，投资者、债权人和管理层需要引起重视；如果判断为正常公司，那么公司面临的风险更小。我们可以将财务指标数据带入前三年模型中，看看公司在未来的三个会计年度是否会陷入财务危机。如果判断为财务危机公司，那么需要引起投资者、债权人和管理层的注意；如果判断为正常公司，说明公司生产经营正常，财务状况正常。通过使用模型的多期预测，我们可以判断公司是否会陷入财务危机以及何时会面临财务危机。对于投资者来说，可以据此预测结果并做出合理判断，及时调整投资组合和投资策略，降低投资风险和减少投资损失；对于银行等债权人来说，可以根据预测结果做出是否对公司提供贷款、是否提高公司的信用标准等措施，规避风险和降低可能遭受的损失；对于公司管理层来说，可以根据预测结果，做出企业经营策略、财务策略的调整和补充，防范经营风险、投资风险、财务风险的发生，避免公司陷入财务危机的境地。

第七章

山东省上市公司预警模型的应用及其完善

第一节　山东省上市公司财务
预警模型的应用

　　我们选择山东省A股上市公司进行验证。截止到2011年12月份，山东省有A股上市公司144家，我们以这144家A股上市公司的财务数据来验证预警模型的预测准确率，以及探讨预警模型的应用。因最近三年（2009、2010、2011）被特别处理的上市公司检验样本较少，所以我们将检验样本扩大到所有的山东省A股上市公司。我们根据2008年、2009年、2010年三年的年度财务报告指标代入建立的预警模型计算，以2009年、2010年、2011年上市公司是否发生亏损或是否被特别处理为衡量标准。下面分别从多元线性判别模型、逻辑回归模型和个别案例分析方面探讨模型的应用和预测准确率的验证。

　　根据上文中建立的$t-3$年、$t-2$年、$t-1$年的多元线性判别模型和逻辑回归模型，利用2008年、2009年、2010年的财务指标数据代入预警模型进行计算，模型应用的思路可以分为两种情况：第一种情况是先将2008年的财务指标数据代入$t-3$年模型，根据模型计算结果判断上市公司在3年后即2011年是否亏损；其次将2009年的财务指标数据代入$t-2$年模型，根据模型计算结果判断上市公司在2年后即2011年是否亏损；然后将2010年的财务指标数据代入$t-1$年模型，根据模型计算结果判断上市公司在一年后即2011年是否亏损；最后根据这三个结果来判断上市公司在2011年是否亏损或被特别处理。第二种情况是先将2008年的财务指标数据代入$t-1$年模型，根据模型计算结果判断上市公司在一年后即2009年是否亏损，如果判断为亏损，则应引起高度重视，如果判断为财务正常，则可以进行下一步计算；其次，将2008年的财务指标数据代入$t-2$年模型，根据模型计算结果判断上市公司在2年后即2010年是否亏损，如果判断为亏损，则应引起重视，如果判断为财务正常，则进行下一步计算；然后，将2008年的财务指标数据代入 $t-3$ 年模型，根据模型计算结果判断上市公司在三年后即2011年是否亏损，如果判断为亏损，则应引起注意，如果判断为财务正常，则说明公司经营正常，财务状况正常；最后可以根据这三年的预测情况做出合理的判断，提早做出经营策略、财务策略的调整和补充，防范经营风险、投资风险、财务风险的发生，避免公司陷入财务危机的境地。

我们按照预警模型应用思路的两种情况将财务指标数据代入模型进行计算，将预测的结果汇总如表7-1、表7-2。

表7-1 多元线性判别模型预测精度表

	$T-1$模型$Y(t-1)$ 预测精度	$T-2$模型$Y(t-2)$ 预测精度	$T-3$模型$Y(t-3)$ 预测精度
	使用2008、2009、2010年数据预测1年后是否亏损的准确率	使用2008、2009年数据预测2年后是否亏损的准确率	使用2008年数据预测3年后是否亏损的准确率
2009年	84.72%		
2010年	86.81%	91.67%	
2011年	90.28%	87.50%	76.39%

表7-2 逻辑回归模型预测精度表

	$t-1$年模型			$t-2$年模型			$t-3$年模型		
	使用2008、2009、2010年数据预测一年后是否亏损的准确率			使用2008、2009年数据预测两年后是否亏损的准确率			使用2008年数据预测三年后是否亏损的准确率		
	全变量	变量向前进入	变量向后进入	全变量	变量向前进入	变量向后进入	全变量	变量向前进入	变量向后进入
	模型1	模型2	模型3	模型4	模型5	模型6	模型7	模型8	模型9
2009年	86.11%	84.72%	86.11%						

（续表）

	t−1年模型			t−2年模型			t−3年模型		
2010年	84.72%	88.19%	85.42%	87.50%	88.89%	88.89%			
2011年	86.11%	93.06%	87.50%	86.11%	86.11%	84.72%	73.61%	69.44%	69.44%

　　根据结果，使用上市公司年报财务数据通过 t−1 年模型预测下一个会计年度是否亏损的判断准确率最高可达到93.06%，最低可达到84.72%；使用年报财务数据通过 t−2 年模型预测未来2个会计年度后是否亏损的判断准确率最高可达到91.67%，最低可达到84.72%；使用年报财务数据通过 t−3 年模型预测未来三个会计年度后是否亏损的判断准确率最高可达到76.39%，最低可达到69.44%。

　　在数据计算和预测的过程中明显可以看出，判断公司运行正常的准确率明显高于对ST公司的验证，并且 t−1 年模型、t−2 年模型的预测准确率很高，t−3 年模型的预测准确率有所下降，这和上文模型建立时的验证基本吻合。可以看出财务危机前一年的判别率较高，随着时间跨度的延长，模型的判别精度呈现降低的趋势，这说明公司的财务指标在陷入财务危机前三年或更早时并未发生普遍的恶化，公司在发展的过程随着财务指标恶化程度和范围的加大，经历一个逐步衰落的过程，逐渐走向财务危机的境地。

第二节 财务危机预警机制的完善思路

以山东省A股上市公司为测试样本，对建立的$t-1$年、$t-2$年、$t-3$年的模型进行验证，并通过具体案例描述模型的应用，可以看到以上市公司财务报告为基础的实证研究的多期预警模型，并未达到100%的预测精度。因为财务预警模型是建立在前文所述的假设之上，模型的建立受到样本选取范围和样本选取时间的限制，在样本的选取范围上会受到不同国家和地区、不同行业的影响，在样本的选取时间上会受到数据的完整性和研究区间的影响，因此模型的适用范围和预测精度会由于不同的经济环境、不同的行业和不同的时间区间而受到影响，降低预警模型的预测精度。根据前文的原因特征的分析，笔者建议从以下方面进行预警模型的完善。

一、考虑市场的有效性

根据尤金·法玛的观点，他把有效市场假设和对假设的实证检验分为三个市场假设，按照所包含的信息分为：①弱式有效市场假设。②半强式有效市场假设。③强式有效市场假设。弱式有效市场假设认为当前股票价格完全反映所有证券市场的信息，包括历史价格、收益率、交易量和其他市场产生的信息等。这个假设意味着过去的收益率和其他市场的数据与将来的收益率无关（即收益率是独立的）。半强式有效市场假设认为证券价格对所有公开信息的发布迅速做出调整，即当前的证券价格完全反映所有公开信息。半强式假设包括了弱式假设，因为后者考虑的所有市场信息（比如估价、收益率、交易量）都是公开的。公开信息还包括所有非市场信息，比如损益表和股息报告、市盈率、股票获利率、账面价值—市场价值比、股票分割、经济行为以及政治新闻。强有效市场假设认为股票价格完全反映了所有的公开和内部的信息，即没有任何投资者能独享股票价格所反映的信息。

目前，很多学者认为美国证券市场是半强式有效市场假设，近几年来有一些学者对我国证券市场的有效性进行了一些研究。但时至今日，关于中国证券市场是否具备有效性或属于何种形态的有效性，尚且没有定论，赞同比较多的观点是中国证券市场还处于弱式有效市场假设。如果信息是不可靠的、不客观的、不全面的话，建立的预警模型预测再准确，都有可能得出错误的结论。这对想利用财务预警模型和预警机制来规避风险的企业来说，无疑是"即赔了夫人又折兵"。这种情况是企业管理者、投资者、债权人所不愿看到的，因此要充分了解企业所处资本市场的形态。

二、考虑非量化因素的影响

公司所处的环境是一个多主体、多层次、发展变化的多维结构系统，面对公司外部多变的环境，公司在建立财务危机预警模型和预警系统时，应该以经济环境及其变化为先导，对环境的变化具备一定的适应能力，充分考虑外部、内部的非量化因素，使公司的财务管理活动和危机预警系统能与不断变化的经济环境相适应。在财务危机预警过程中，我们应该考虑的环境因素包括外部环境因素和内部环境因素两个方面，具体内容见表7–3、表7–4。

表7–3 公司财务危机预警的外部环境因素表

序号	外部因素	主要内容
1	经济环境	经济周期、经济增长速度、国家产业政策、地区经济扶持政策、行业优惠政策、消费信心指数等
2	税收政策	税务政策、税收法规的重大调整等
3	法律法规	会计法规、会计准则、公司法等
4	金融政策	利率调整、信贷政策等

表7-4 公司财务危机预警的内部环境因素表

序号	内部因素	主要内容
1	综合特征	公司经济性质、公司规模、所处行业与行业特征等
2	内部管理	内部管理水平、信息化水平、内部控制制度等
3	生产经营	经营战略重大调整、供产销调整、产品市场占有情况等
4	人员情况	高层人员的变动、人员素质、人力资源政策的重大变化等
5	财务情况	财务管理水平、财务监控、审计情况等

三、考虑对财务危机预警模型的修正

不同的模型只能在一定条件下有效，如果要做到科学的预警，应采取定性分析与定量分析相结合的方法，随着经济环境的变化和行业的特殊性，对模型做一些修正、补充和完善，预警模型才能成为预测上市公司财务危机的有效方法。因此，财务危机预警模型应该随着内外部预警环境的变化，适当考虑对外提供担保或有负债等因素，结合预警假设和预警目标的要求，调整预警指标及数据，修正预警模型，提高模型的适应性和预测的及时性与准确度。

在模型的修正分析过程中，要重点考虑以下几个方面：其一是审计意见对财务危机预警模型的影响；其二是将更多的现金流量指标纳入预警模型进行模型修正；其三是基于经济增加值的财务危机预警模型的修正；其四是引入行业差异变量进行财务危机预警模型的修正。

第八章

研究结论及其局限性

第一节　研究结论

本书对山东省上市公司的财务危机预警进行了实证研究，在实证研究的过程中，主要以2001~2010年10年间被特别处理的A股上市公司为研究对象；主要目的是建立基于山东省A股市场的具有实际可操作性的财务危机预警模型，利用上市公司公开披露的财务信息，站在一般投资者、债权人、企业管理者和其他利益相关者的角度进行公司财务危机的预测。而在模型验证过程中选择了山东省所有的A股上市公司，对模型的预测准确率进行了检验。

主要的研究结论有如下几个方面。

（1）上市公司陷入财务危机是一个逐步的过程，并且一旦出现财务危机，上市公司在经营和财务上都有征兆，这也使得建立上市公司的财务危机预警模型和预警系统成为可能。可以进行多期财务危机预警问题的研究，动态地关注上市公司陷入财务危机前不同时期的财务状况和经营情况，寻找不同时期对财务状况具有显著判别能力的财务指标，从而建立相应的预警模型，进行中长期财务预警并提高预警模型的预测准确度和及时性。同时，上市公司财务危机不是一个时点概念，而是一个时期概念，有着开端和终止，从财务危机出现的那一时点起，直至公司破产都属于财务危机过程。

（2）对于出现财务危机的上市公司，运用线性判别分析方法和逻辑回归分析法作为主要建模方法。运用线性判别分析方法，在特别处理前 $t-1$、$t-2$、$t-3$ 年分别建立了三个模型，进行财务危机的预警；建立的 $t-1$、$t-2$、$t-3$ 年的三个模型分别适用于报表日后一年、两年、三年的预测，这三个模型的总判别准确率分别达到了90.28%、87.50%、76.39%。运用逻辑回归分析法和选择不同的变量进入模型的方法，分别建立了特别处理前一年（$t-1$）、前二年（t–2）、前三年（t–3）共9个模型，建立的t–1、t–2、t–3年的预警模型预测准确率分别达到了93.06%、86.11%、73.61%。从上市公司发生财务危机的前三年来看，模型的稳定性和总判别率随着数据年份的后移而逐步降低，在上市公司出现财务危机的前一年与前两年，模型具有很高的判别准确率。

（3）在建立模型过程中，在5%的显著性水平下具有显著差异的财务指标的个数经历了0—1—5—11—17的变化，离财务危机的时间点越近，具有显著差异的财务指标越呈现增加的趋势，所用的指标也有所不同，这说明公司的财务指标在陷入财务危机前三年或更早时并未发生普遍的恶化，公司在发展的过程中随着财务指标恶化程度和范围的加大，经历了一个逐步衰落的过程并逐渐走向财务危机的境地。在研究中发现，现金流动负债比、资产报酬率、总资产现金回收率、总资产增长率、流动资产周转率、资产净利率等指标有着显著的判别作用。

第二节 研究的局限性

本书采用线性判别分析方法建立了三个判别函数模型，分别适用于报表日后一年、两年、三年的财务危机预测，这三个模型的总判别率分别达到了90.28%、87.50%、76.39%；运用逻辑回归分析法和选择不同的变量进入模型的方法，分别建立了特别处理前一年（$t-1$）、前二年（$t-2$）、前三年（$t-3$）共9个模型，同样适用于报表日后一年、两年、三年的财务危机预测，建立的 $t-1$、$t-2$、$t-3$ 年的预警模型预测准确率分别达到了93.06%、86.11%、73.61%，利用建立的多个模型组成了进行多期财务危机预测的预警系统。但在研究中存在一定的局限性，具体表现在以下几个方面。

（1）数据和财务指标的局限。这些财务危机预警模型是根据上市公司公开数据建立的，财务危机预测的前提是上市公司公布的财务数据必须是真实可靠的，对于那些刻意操纵财务数据的上市公司，建立的财务危机预警模型在预测时会出现失误，甚至无法进行预警。在模型中使用的财务指标都是常用的财务指标，利用定性分析的方法选择了25财务指标作为备选变量进行判别和预警，而财务指标又有着其局限性，如财务指标的事后反映，财务指标不能囊括公司经营过程中的非财务因素等，这些都可能会导致财务危机预警模型预测的不稳定性。

（2）没有考虑非财务因素，研究变量选择不够全面。在财务危机预警模型的建立过程中没有考虑规模和行业因素，在选择样本时采用相同股本规模和相同行业的标准；在国内外同类研究中证明有显著预测能力的市值指标没有采用，因为我国上市公司的所有者权益的市场价值无法确定，对公司总资产的公允价值没有较为统一的看法，相关的信息也不在年报中公开披露；影响上市公司陷入财务危机的因素还有政策性因素和经济环境因素等，都对上市公司陷入财务危机有着重要作用，在财务危机预警模型中是否应该加入这些非财务指标，还需要进一步的研究和探讨。

（3）在利用判别准则判别时，使用的是样本等先验概率和等误差成本，这两个假设是否造成模型的预测偏差，没有做进一步的研究。对两类错误成本的比较没有做进一步研究和探讨，但一般来说，将ST公司误判为非ST公司的Ⅰ类错误成本要远高于将非ST公司误判为ST公司的Ⅱ类错误成本。

（4）在建立预警模型时没有使用其他的预警建模方法，如人工神经网络方法、多元概率比回归方法等。建立财务危机预警模型后使用原始样本的回判检验和交互验证法进行检验模型的判别能力，只使用山东省的A股上市公司对模型的应用情况进行检验，还没有利用山东省以外的上市公司样本来检验预警模型的预测能力，这将是今后继续研究的一个方面。

第三节 研究展望

在今后的研究方向上，将在以下几个方面进行研究和探讨。

（1）从多个角度进行财务危机预警的研究，例如分行业研究、进行非上市公司的财务危机预警研究等。

（2）在预测变量的选择上，扩大预测变量的选择范围，使用经过调整的预测变量。例如在财务危机预警模型的建立过程中考虑规模和行业因素，引入非财务指标如审计结论、宏观经济指标等，构建更为全面的备择变量组。

（3）在建立预警模型的方法方面，尝试使用如人工神经网络方法、多元概率比回归方法等建立预警模型，同时结合非统计类的预警研究方法，提高预警模型的判别准确率和预测能力。

（4）建立财务危机预警模型后，除使用原始样本的回判检验和交互验证法进行检验模型的判别能力外，继续探讨使用其他的检验方法，搜集和整理新的上市公司样本来检验预警模型的预测能力，并将模型运用于具体工作中，根据时间的推移不断修正和完善预警模型。

参考文献

[1] 周首华，杨济华，王平.论财务危机的预警分析——F分数模式[J].会计研究，1996，（8）：8-11.

[2] 陈静.上市公司财务恶化预测的实证分析[J].会计研究，1999，（4）：31-38.

[3] 谷祺，刘淑莲.财务危机企业投资行为分析与对策[J].会计研究，1999，（10）：28-31.

[4] 陈晓，陈治鸿.中国上市公司的财务困境预测[J].中国会计与财务研究，2000，（3）：55-92.

[5] 李华中.上市公司经营失败的预警系统研究[J].财经研究，2001，（10）：58-64.

[6] 杨保安，季海，徐晶，温金祥.BP神经网络在企业财务危机预警之应用[J].预测，2001，（2）：49-54.

[7] 杨淑娥.企业财务危机预警的经济动因与循环机理剖析[J].会计之友（下旬刊），2006，（1）：4-6.

[8] 张鸣，程涛.上市公司财务预警实证研究的动态视角[J].财经研究，2005，（1）：62-71.

[9] 张鸣，张艳.财务困境预测的实证研究与评述[J].财经研究，2001，（12）：29-35.

[10] 张玲.财务危机预警分析判别模型及其应用[J].预测，2000，（6）：38-40.

[11] 张玲.财务危机预警分析判别模型[J].数量经济技术经济研究，2000，（3）：49-51.

[12] 吴世农，卢贤义.我国上市公司财务困境的预测模型研究[J].经济研究，2001，（6）：46-55.

[13] 吴世农，黄世忠.企业破产的分析指标和预测模型[J].中国经济问题，

1986，（6）：1-9.

[14] 郭小金. 捕捉财务危机早期信号，建立财务风险预警系统[J]. 经济师，2004，（7）：184-185.

[15] 康新花. 上市公司财务危机的表现及防范措施[J]. 新疆农垦经济，2005，（7）：105-107.

[16] 罗瑶琦. 企业财务危机的成因及综合治理[J]. 山西财经大学学报（高等教育版），2004，（2）：74-76.

[17] 耿贵彬，田璇. 上市公司财务危机预警模型构建[J]. 财会通讯（学术版），2007，（10）：32-34.

[18] 耿贵彬. 上市公司中长期财务危机预警模型的构建[J]. 财会月刊，2007，（26）：41-43.

[19] 耿贵彬. 上市公司财务预警模型的建立和应用探讨[J]. 商场现代化，2007（28）：356-358.

[20] 秦志敏. 我国上市公司财务预警变量选择研究[D]. 东北财经大学，2012.

[21] 刘红霞. 企业财务危机预警方法及系统的构建研究[M]. 北京：中国统计出版社，2005.

[22] 张鸣，张艳，程涛. 企业财务预警研究前沿[M]. 北京：中国财政经济出版社，2004.

[23] 周首华，陆正飞，汤谷良. 现代财务理论前言专题[M]. 大连：东北财经大学出版社，2000.

[24] 彭韶兵，邢精平. 公司财务危机论[M]. 北京：清华大学出版社，2005.

[25] 张友棠. 财务预警系统管理研究[M]. 北京：中国人民大学出版社，2004.

[26] 刘姝威. 刘姝威教你读财报[M]. 北京：机械工业出版社，2009.

[27] Edward I. Altman. Financial Ratios, Discriminant Analysis and the Prediction of Corporate Bankrupt cy [J]. The Journal of Finance, 1968, 23（4）：589-609.

[28] BeaVer, William H. Market Prices, Financial Ratios, and the Prediction of Failure [J]. Journal of Account ing Research, 1968, 6（2）：179-192.

[29] Lau, Amy Hing-Ling. A FiVe-State Financial Distress Prediction Model [J]. Journal of Accounting Research, 1987, 25（1）: 127-138.

[30] Ohlson James A. Financial Ratios and the Probabilistic Prediction of Bankruptcy [J]. Journal of Accounting Research, 1980, 18（1）: 109-131.

附录1

样本指标描述性统计和样本均值 t 检验

附表1-1 $t-5$ 年财务指标描述性统计和均值 t 检验

财务指标	组别	样本数	均值	标准差	T 值	df	Sig.（双侧）
净资产收益率 X_1	0	23	11.2664	10.2617	1.342	44	0.186
	1	23	3.1157	27.2591			
资产报酬率 X_2	0	23	8.4216	6.4299	1.525	44	0.134
	1	23	4.9336	8.8836			
资产净利率 X_3	0	23	6.1677	4.6458	1.767	44	0.084
	1	23	2.4957	8.8171			
销售净利率 X_4	0	23	11.1087	8.9913	1.073	44	0.289
	1	23	−12.6010	105.5515			
营业利润率 X_5	0	23	13.3941	12.7237	1.149	44	0.257
	1	23	−7.9544	88.1930			
成本费用利润率 X_6	0	23	19.4722	23.6356	1.574	44	0.123
	1	23	7.7084	26.9486			
流动比率 X_7	0	23	1.8257	1.0512	1.765	44	0.085
	1	23	1.3774	0.6156			
速动比率 X_8	0	23	1.2963	0.8601	1.19	44	0.241
	1	23	1.0369	0.5951			
有形净值债务率 X_9	0	23	108.2678	85.2345	−1.192	44	0.24
	1	23	316.9005	835.2681			

（续表）

财务 指标	组别	样本数	均值	标准差	T值	df	Sig. （双侧）
利息保障倍数X_{10}	0	23	−39.3937	171.6092	−1.539	44	0.131
	1	23	19.7746	67.5254			
现金流动负债比X_{11}	0	23	0.1397	0.4042	0.903	29.417	0.374
	1	23	0.0573	0.1684			
资产负债率X_{12}	0	23	42.7154	16.3969	−1.607	44	0.115
	1	23	50.7918	17.6659			
每股收益增长率X_{13}	0	23	19.7317	67.5775	1.616	44	0.113
	1	23	−74.0772	270.0710			
营业利润增长率X_{14}	0	23	11.6576	55.3384	1.087	44	0.283
	1	23	−95.4230	469.2020			
利润总额增长率X_{15}	0	23	37.3922	67.1541	1.307	44	0.198
	1	23	−121.6268	579.8237			
净资产增长率X_{16}	0	23	28.3210	61.3231	0.562	44	0.577
	1	23	19.4418	44.5493			
总资产增长率X_{17}	0	23	17.1305	27.6598	−0.815	44	0.419
	1	23	25.5417	41.0306			
存货周转率X_{18}	0	23	10.0495	20.9320	1.336	23.089	0.195
	1	23	4.1464	3.2935			
应收账款周转率X_{19}	0	23	27.9167	42.7306	−0.104	44	0.918
	1	23	30.4868	110.8263			
流动资产周转率X_{20}	0	23	1.5059	0.8863	0.828	44	0.412
	1	23	1.2499	1.1881			

（续表）

财务指标	组别	样本数	均值	标准差	T值	df	Sig.（双侧）
固定资产周转率X_{21}	0	23	4.0285	6.0818	1.059	44	0.295
	1	23	2.5755	2.5141			
总资产周转率X_{22}	0	23	0.7236	0.4187	0.342	44	0.734
	1	23	0.6614	0.7656			
销售现金比率X_{23}	0	23	0.2407	42.4566	−0.652	44	0.518
	1	23	6.5424	18.6792			
营业收入现金含量X_{24}	0	23	90.0578	41.8100	−0.587	44	0.56
	1	23	97.2878	41.7817			
总资产现金回收率X_{25}	0	23	3.6671	10.3505	0.57	44	0.571
	1	23	2.2060	6.6169			

注：显著性水平 α =5%；0为非ST公司，1为ST公司

附表1-2　t-4年财务指标描述性统计和均值t检验

财务指标	组别	样本数	均值	标准差	T值	df	Sig.（双侧）
净资产收益率X_1	0	23	6.4227	9.7503	1.013	44	0.317
	1	23	−44.7922	242.3212			
资产报酬率X_2	0	23	6.4380	5.5045	1.569	44	0.124
	1	23	3.5305	6.9784			
资产净利率X_3	0	23	4.4567	4.9159	1.719	44	0.093
	1	23	1.3517	7.1336			
销售净利率X_4	0	23	14.3663	29.2012	1.288	44	0.205
	1	23	−29.0112	158.8709			

（续表）

财务指标	组别	样本数	均值	标准差	T值	df	Sig.（双侧）
营业利润率X_5	0	23	18.0612	36.3769	1.585	44	0.12
	1	23	−11.1200	80.4665			
成本费用利润率X_6	0	23	21.2955	33.7448	1.967	44	0.055
	1	23	−1.9467	45.5085			
流动比率X_7	0	23	2.0862	2.4002	1.448	24.928	0.16
	1	23	1.3378	0.6205			
速动比率X_8	0	23	1.4722	1.8886	1.112	44	0.272
	1	23	1.0134	0.5928			
有形净值债务率X_9	0	23	118.2048	106.7557	0.338	44	0.737
	1	23	106.4773	127.7546			
利息保障倍数X_{10}	0	23	−3.0844	43.2805	−1.472	44	0.148
	1	23	26.2258	85.1238			
现金流动负债比X_{11}	0	23	0.2534	0.3221	2.312	44	0.026
	1	23	0.0338	0.3221			
资产负债率X_{12}	0	23	42.9758	18.3813	−1.69	44	0.098
	1	23	52.3023	19.0434			
每股收益增长率X_{13}	0	23	−176.2506	584.5830	−0.832	27.457	0.412
	1	23	−68.5968	207.5082			
营业利润增长率X_{14}	0	23	−216.3936	897.4233	−1.02	44	0.313
	1	23	−15.3102	296.2040			
利润总额增长率X_{15}	0	23	−134.4312	551.2618	−0.624	44	0.536
	1	23	−57.0281	224.4681			

（续表）

财务指标	组别	样本数	均值	标准差	T值	df	Sig.（双侧）
净资产增长率X_{16}	0	23	26.4996	78.6223	0.534	44	0.596
	1	23	15.8374	54.7781			
总资产增长率X_{17}	0	23	22.1873	25.3476	0.438	44	0.664
	1	23	18.8564	26.2612			
存货周转率X_{18}	0	23	7.5137	10.6820	1.378	26.266	0.18
	1	23	4.2971	3.3419			
应收账款周转率X_{19}	0	23	30.9952	52.6647	0.358	44	0.722
	1	23	23.8181	80.3294			
流动资产周转率X_{20}	0	23	1.5822	1.0635	1.771	44	0.083
	1	23	1.1064	0.7271			
固定资产周转率X_{21}	0	23	2.9442	2.2652	0.851	44	0.4
	1	23	2.3649	2.3516			
总资产周转率X_{22}	0	23	0.7134	0.4556	1.053	44	0.298
	1	23	0.5706	0.4637			
销售现金比率X_{23}	0	23	−13.5418	128.7397	−0.222	44	0.826
	1	23	−7.2877	41.4625			
营业收入现金含量X_{24}	0	23	118.1122	64.2912	1.016	44	0.315
	1	23	104.1435	14.7309			
总资产现金回收率X_{25}	0	23	7.0260	6.9618	1.812	44	0.077
	1	23	1.2497	13.6138			

注：显著性水平 $\alpha=5\%$；0为非ST公司，1为ST公司

附表1-3 t-3年财务指标描述性统计和均值t检验

财务 指标	组 别	样本数	均值	标准差	T值	df	Sig. （双侧）
净资产收益率X_1	0	23	5.8319	7.3223	1.82	27.917	0.08
	1	23	2.8695	2.7103			
资产报酬率X_2	0	23	5.8909	5.0821	2.295	27.796	0.029
	1	23	3.3006	1.8611			
资产净利率X_3	0	23	3.6779	4.6346	2.187	25.485	0.038
	1	23	1.4814	1.3084			
销售净利率X_4	0	23	3.1155	22.5804	-0.546	44	0.588
	1	23	5.8870	9.1049			
营业利润率X_5	0	23	5.2864	24.0706	-0.298	44	0.767
	1	23	6.9562	12.0312			
成本费用利润率X_6	0	23	10.6539	26.8152	0.669	27.067	0.509
	1	23	6.7026	9.1614			
流动比率X_7	0	23	2.0954	4.0331	1.052	44	0.299
	1	23	1.2025	0.5486			
速动比率X_8	0	23	1.5219	3.1388	0.99	44	0.328
	1	23	0.8683	0.4211			
有形净值债务率X_9	0	23	162.8761	175.2410	1.023	44	0.312
	1	23	116.0359	132.4887			
利息保障倍数X_{10}	0	23	0.9529	22.6351	-0.146	24.543	0.885
	1	23	1.6594	5.4509			
现金流动负债比X_{11}	0	23	0.3949	1.0571	1.519	44	0.136
	1	23	0.0566	0.1546			

（续表）

财务指标	组别	样本数	均值	标准差	T值	df	Sig.（双侧）
资产负债率X_{12}	0	23	46.9181	17.0160	−1.227	44	0.226
	1	23	53.3562	18.5396			
每股收益增长率X_{13}	0	23	−4.7964	204.4850	0.585	44	0.561
	1	23	−31.9623	88.0398			
营业利润增长率X_{14}	0	23	−14.9743	119.2263	0.637	44	0.527
	1	23	−36.3289	107.7992			
利润总额增长率X_{15}	0	23	−15.3376	119.1747	0.151	44	0.881
	1	23	−19.9598	85.8663			
净资产增长率X_{16}	0	23	20.3796	53.4392	1.603	22.174	0.123
	1	23	2.4833	3.3600			
总资产增长率X_{17}	0	23	27.7413	33.1170	3.057	25.662	0.005
	1	23	5.7624	9.5879			
存货周转率X_{18}	0	23	7.7603	8.9635	1.905	28.352	0.067
	1	23	3.9462	3.4425			
应收账款周转率X_{19}	0	23	46.0291	69.6974	1.374	44	0.176
	1	23	19.5233	60.8316			
流动资产周转率X_{20}	0	23	1.7182	0.9234	2.444	44	0.019
	1	23	1.0696	0.8760			
固定资产周转率X_{21}	0	23	3.8358	4.2111	1.713	44	0.094
	1	23	2.1210	2.3052			
总资产周转率X_{22}	0	23	0.7432	0.3896	1.743	44	0.088
	1	23	0.5255	0.4552			

（续表）

财务指标	组别	样本数	均值	标准差	T值	df	Sig.（双侧）
销售现金比率X_{23}	0	23	10.6196	18.3188	1.839	44	0.073
	1	23	−0.2406	21.6036			
营业收入现金含量X_{24}	0	23	106.1630	18.4275	−0.359	44	0.721
	1	23	108.1961	19.9431			
总资产现金回收率X_{25}	0	23	6.6077	6.8036	2.151	44	0.037
	1	23	2.3926	6.4809			

注：显著性水平 α =5%；0为非ST公司，1为ST公司

附表1−4　t−2年财务指标描述性统计和均值t检验

财务指标	组别	样本数	均值	标准差	T值	df	Sig.（双侧）
净资产收益率X_1	0	23	6.1294	6.5567	6.031	29.452	0
	1	23	−15.2605	15.6950			
资产报酬率X_2	0	23	5.1745	4.3497	5.736	32.54	0
	1	23	−6.3634	8.6112			
资产净利率X_3	0	23	3.0209	3.6310	5.316	28.541	0
	1	23	−8.0568	9.3105			
销售净利率X_4	0	23	5.4970	7.1039	1.104	22.001	0.282
	1	23	−440.0875	1936.0529			
营业利润率X_5	0	23	7.0945	10.1062	1.163	22.004	0.257
	1	23	−261.3921	1107.4817			
成本费用利润率X_6	0	23	9.8506	17.9314	3.811	28.19	0.001
	1	23	−30.3615	47.3225			

（续表）

财务指标	组别	样本数	均值	标准差	T值	df	Sig.（双侧）
流动比率 X_7	0	23	1.5082	1.3437	1.464	29.346	0.154
	1	23	1.0642	0.5571			
速动比率 X_8	0	23	0.9925	0.9138	1.06	44	0.295
	1	23	0.7748	0.3686			
有形净值债务率 X_9	0	23	183.8361	197.7879	0.393	44	0.696
	1	23	163.3818	151.9091			
利息保障倍数 X_{10}	0	23	71.6486	302.0269	1.188	44	0.241
	1	23	−3.2230	9.5579			
现金流动负债比 X_{11}	0	23	0.1755	0.1491	4.239	44	0
	1	23	0.0115	0.1105			
资产负债率 X_{12}	0	23	49.4825	17.0351	−1.641	44	0.108
	1	23	58.0502	18.3497			
每股收益增长率 X_{13}	0	23	−12.9020	143.5158	1.342	22.007	0.193
	1	23	−3299.6632	11748.4418			
营业利润增长率 X_{14}	0	23	−14.4890	95.1089	1.515	22.008	0.144
	1	23	−2228.1691	7008.0551			
利润总额增长率 X_{15}	0	23	−1.1122	109.4773	1.696	22.022	0.104
	1	23	−1734.4031	4900.6349			
净资产增长率 X_{16}	0	23	16.5511	33.6108	2.944	44	0.005
	1	23	−8.2435	22.3951			
总资产增长率 X_{17}	0	23	13.1757	22.3861	1.874	44	0.068
	1	23	2.7527	14.4970			

（续表）

财务 指标	组别	样本数	均值	标准差	T值	df	Sig. （双侧）
存货周转率X_{18}	0	23	8.0173	9.3496	1.724	44	0.092
	1	23	4.2424	4.7750			
应收账款周转率X_{19}	0	23	108.8031	320.8637	1.405	22.768	0.174
	1	23	14.0104	42.4104			
流动资产周转率X_{20}	0	23	1.8001	0.9948	3.352	44	0.002
	1	23	0.8852	0.8506			
固定资产周转率X_{21}	0	23	4.1318	4.7905	2.231	30.597	0.033
	1	23	1.6873	2.1609			
总资产周转率X_{22}	0	23	0.7695	0.4570	2.565	44	0.014
	1	23	0.4300	0.4405			
销售现金比率X_{23}	0	23	11.6555	11.5188	2.188	23.724	0.039
	1	23	−15.3877	58.1478			
营业收入现金含量X_{24}	0	23	106.0974	18.9573	0.088	44	0.93
	1	23	105.4604	28.8827			
总资产现金回收率X_{25}	0	23	6.9534	6.5163	3.68	44	0.001
	1	23	0.0628	6.1796			

注：显著性水平 α =5%；0为非ST公司，1为ST公司

附表1-5　t−1年财务指标描述性统计和均值t检验

财务指标	组别	样本数	均值	标准差	T值	df	Sig.（双侧）
净资产收益率X_1	0	23	6.1294	6.5567	7.043	23.806	0
	1	23	−42.3229	32.3343			
资产报酬率X_2	0	23	5.1745	4.3497	5.443	24.673	0
	1	23	−15.4160	17.6140			
资产净利率X_3	0	23	3.0209	3.6310	5.075	23.552	0
	1	23	−17.7856	19.3236			
销售净利率X_4	0	23	5.4970	7.1039	1.283	22.001	0.213
	1	23	−409.8617	1552.0506			
营业利润率X_5	0	23	7.0945	10.1062	1.279	22.002	0.214
	1	23	−404.6148	1543.6780			
成本费用利润率X_6	0	23	9.8506	17.9314	6.553	32.595	0
	1	23	−44.3655	35.3952			
流动比率X_7	0	23	1.5082	1.3437	2.246	31.125	0.032
	1	23	0.8140	0.6262			
速动比率X_8	0	23	0.9925	0.9138	1.696	44	0.097
	1	23	0.6263	0.4871			
有形净值债务率X_9	0	23	183.8361	197.7879	−2.892	33.443	0.007
	1	23	438.6348	373.4329			
利息保障倍数X_{10}	0	23	71.6486	302.0269	1.38	44	0.175
	1	23	−15.8645	35.5464			
现金流动负债比X_{11}	0	23	0.1755	0.1491	4.443	44	0
	1	23	−0.0032	0.1224			

（续表）

财务 指标	组别	样本数	均值	标准差	T值	df	Sig. （双侧）
资产负债率X_{12}	0	23	49.4825	17.0351	−2.149	44	0.037
	1	23	79.7657	65.4130			
每股收益增长率X_{13}	0	23	−12.9020	143.5158	1.495	22.501	0.149
	1	23	−434.5237	1344.6501			
营业利润增长率X_{14}	0	23	−14.4890	95.1089	2.27	23.817	0.033
	1	23	−240.3822	467.5818			
利润总额增长率X_{15}	0	23	−1.1122	109.4773	2.631	24.204	0.015
	1	23	−275.7966	488.5484			
净资产增长率X_{16}	0	23	16.5511	33.6108	6.329	44	0
	1	23	−37.2271	23.0471			
总资产增长率X_{17}	0	23	13.1757	22.3861	4.503	44	0
	1	23	−12.7042	16.0757			
存货周转率X_{18}	0	23	8.0173	9.3496	1.785	44	0.081
	1	23	4.2314	4.0103			
应收账款周转率X_{19}	0	23	108.8031	320.8637	1.492	22.201	0.15
	1	23	8.7462	21.7098			
流动资产周转率X_{20}	0	23	1.8001	0.9948	3.635	44	0.001
	1	23	0.8498	0.7630			
固定资产周转率X_{21}	0	23	4.1318	4.7905	2.601	28.751	0.015
	1	23	1.3373	1.8996			
总资产周转率X_{22}	0	23	0.7695	0.4570	3.088	44	0.003
	1	23	0.3760	0.4059			

（续表）

财务指标	组别	样本数	均值	标准差	T 值	df	Sig.（双侧）
销售现金比率 X_{23}	0	23	11.6555	11.5188	2.309	28.397	0.028
	1	23	−3.7618	29.8818			
营业收入现金含量 X_{24}	0	23	106.0974	18.9573	−0.355	44	0.724
	1	23	109.2678	38.3790			
总资产现金回收率 X_{25}	0	23	6.9534	6.5163	3.898	44	0
	1	23	−0.1509	5.8263			

注：显著性水平 $\alpha=5\%$；0为非ST公司，1为ST公司

附录2 样本财务指标U检验表

附表2-1 t-1年财务指标U检验表（Test Statistics）

	净资产收益率	资产报酬率	资产净利率	销售净利率	营业利润率	成本费用利润率	流动比率	速动比率	有形净值债务率	利息保障倍数	现金流动负债比	资产负债率	每股收益增长率
Mann–Whitney U	7	6	4	7	3	3	139	165	136	0	84.5	107	135
Wilcoxon W	283	282	280	283	279	279	415	441	412	276	360.5	383	411
Z	-5.657	-5.679	-5.723	-5.657	-5.745	-5.745	-2.757	-2.186	-2.823	-5.811	-3.955	-3.46	-2.845
Asymp. Sig. (2-tailed)	0	0	0	0	0	0	0.006	0.029	0.005	0	0	0.001	0.004

续附表2-1 t-1年财务指标U检验表（Test Statistics）

	营业利润增长率	利润总额增长率	净资产增长率	总资产增长率	存货周转率	应收账款周转率	流动资产周转率	固定资产周转率	总资产周转率	销售现金比率	营业收入现金含量	总资产现金回收率
Mann–Whitney U	145	135	17	64	184	105	109	104	109	122	250	94
Wilcoxon W	421	411	293	340	460	381	385	380	385	398	526	370
Z	-2.625	-2.845	-5.437	-4.405	-1.769	-3.504	-3.416	-3.526	-3.416	-3.131	-0.319	-3.746
Asymp. Sig. (2-tailed)	0.009	0.004	0	0	0.077	0	0.001	0	0.001	0.002	0.75	0

附表2-2　t-2年财务指标U检验表（Test Statistics）

	净资产收益率	资产报酬率	资产净利率	销售净利率	营业利润率	成本费用利润率	流动比率	速动比率	有形净值债务率	利息保障倍数	现金流动负债比	资产负债率	每股收益增长率
Mann-Whitney U	10	18	15	22	20	18	224	251	210	25	94	190	31
Wilcoxon W	286	294	291	298	296	294	500	527	486	301	370	466	307
Z	-5.591	-5.415	-5.481	-5.328	-5.371	-5.415	-0.89	-0.297	-1.197	-5.262	-3.746	-1.637	-5.13
Asymp. Sig.（2-tailed）	0	0	0	0	0	0	0.374	0.767	0.231	0	0	0.102	0

续附表2-2　t-2年财务指标U检验表（Test Statistics）

	营业利润增长率	利润总额增长率	净资产增长率	总资产增长率	存货周转率	应收账款周转率	流动资产周转率	固定资产周转率	总资产周转率	销售现金比率	营业收入现金含量	总资产现金回收率
Mann-Whitney U	30	32	75	179	172	115	108	139	128	147	261	106
Wilcoxon W	306	308	351	455	448	391	384	415	404	423	537	382
Z	-5.152	-5.108	-4.163	-1.878	-2.032	-3.284	-3.438	-2.757	-2.999	-2.581	-0.077	-3.482
Asymp. Sig.（2-tailed）	0	0	0	0.06	0.042	0.001	0.001	0.006	0.003	0.01	0.939	0

附表2-3 t-3年财务指标U检验表（Test Statistics）

	净资产收益率	资产报酬率	资产净利率	销售净利率	营业利润率	成本费用利润率	流动比率	速动比率	有形净值债务率	利息保障倍数	现金流动负债比	资产负债率	每股收益增长率
Mann-Whitney U	143	139	151	230	230	226	231	238	249	234	168	217	162
Wilcoxon W	419	415	427	506	506	502	507	514	525	510	444	493	438
Z	-2.669	-2.757	-2.494	-0.758	-0.758	-0.846	-0.736	-0.582	-0.341	-0.67	-2.12	-1.044	-2.252
Asymp. Sig.（2-tailed）	0.008	0.006	0.013	0.448	0.448	0.398	0.462	0.56	0.733	0.503	0.034	0.297	0.024

续附表2-3 t-3年财务指标U检验表（Test Statistics）

	营业利润增长率	利润总额增长率	净资产增长率	总资产增长率	存货周转率	应收账款周转率	流动资产周转率	固定资产周转率	总资产周转率	销售现金比率	营业收入现金含量	总资产现金回收率
Mann-Whitney U	186	174	221	159	183	177	145	166	145	185	255	168
Wilcoxon W	462	450	497	435	459	453	421	442	421	461	531	444
Z	-1.725	-1.988	-0.956	-2.318	-1.79	-1.922	-2.625	-2.164	-2.625	-1.747	-0.209	-2.12
Asymp. Sig.（2-tailed）	0.085	0.047	0.339	0.02	0.073	0.055	0.009	0.03	0.009	0.081	0.835	0.034

附表2-4　t-4年财务指标U检验表（Test Statistics（a））

	净资产收益率	资产报酬率	资产净利率	销售净利率	营业利润率	成本费用利润率	流动比率	速动比率	有形净值债务率	利息保障倍数	现金流动负债比	资产负债率	每股收益增长率
Mann-Whitney U	193	184	166	184	190	194	228	259	224	226	117	196	197
Wilcoxon W	469	460	442	460	466	470	504	535	500	502	393	472	473
Z	-1.571	-1.769	-2.164	-1.769	-1.637	-1.549	-0.802	-0.121	-0.89	-0.846	-3.088	-1.505	-1.483
Asymp. Sig.（2-tailed）	0.116	0.077	0.03	0.077	0.102	0.121	0.423	0.904	0.374	0.398	0.002	0.132	0.138
a Grouping Variable: group													

续附表2-4　t-4年财务指标U检验表（Test Statistics（a））

	营业利润增长率	利润总额增长率	总资产增长率	净资产增长率	存货周转率	应收账款周转率	流动资产周转率	固定资产周转率	总资产周转率	销售现金比率	营业收入现金含量	总资产现金回收率
Mann-Whitney U	248	197	262	224	229	218	194	197	192	120	187	125
Wilcoxon W	524	473	538	500	505	494	470	473	468	396	463	401
Z	-0.362	-1.483	-0.055	-0.89	-0.78	-1.022	-1.549	-1.483	-1.593	-3.02	-1.499	-2.906
Asymp. Sig.（2-tailed）	0.717	0.138	0.956	0.374	0.435	0.307	0.121	0.138	0.111	0.003	0.134	0.004
a Grouping Variable: group												

附表2-5 t−5年财务指标U检验表（Test Statistics（a））

	净资产收益率	资产报酬率	资产净利率	销售净利率	营业利润率	成本费用利润率	流动比率	速动比率	有形净值债务率	利息保障倍数	现金流动负债比	资产负债率	每股收益增长率
Mann−Whitney U	236	236	199	228	214	234	195	214	197	213	184	196	168
Wilcoxon W	512	512	475	504	490	510	471	490	473	489	415	472	444
Z	−0.626	−0.626	−1.439	−0.802	−1.109	−0.67	−1.527	−1.109	−1.483	−1.131	−0.678	−1.505	−2.12
Asymp. Sig. (2−tailed)	0.531	0.531	0.15	0.423	0.267	0.503	0.127	0.267	0.138	0.258	0.498	0.132	0.034

a Grouping Variable: group

续附表2-5 t−5年财务指标U检验表（Test Statistics（a））

	营业利润增长率	利润总额增长率	净资产增长率	总资产增长率	存货周转率	应收账款周转率	流动资产周转率	固定资产周转率	总资产周转率	销售现金比率	营业收入现金含量	总资产现金回收率
Mann−Whitney U	203	142	258	239	241	200	187	208	184	206	198	190
Wilcoxon W	479	418	534	515	517	476	463	484	460	437	429	421
Z	−1.351	−2.691	−0.143	−0.56	−0.516	−1.417	−1.703	−1.241	−1.769	−0.104	−0.313	−0.522
Asymp. Sig. (2−tailed)	0.177	0.007	0.886	0.575	0.606	0.156	0.089	0.215	0.077	0.917	0.754	0.602

a Grouping Variable: group

附录3　样本公司5年财务指标数据

附表3-1　财务危机前一年（t-1年）ST样本公司财务指标数据

股票代码	公司简称	净资产收益率	资产报酬率	资产净利率	销售净利率	营业利润率	成本费用利润率	流动比率	速动比率	有形净值债务率	利息保障倍数	现金流动负债比	资产负债率	每股收益增长率
000506	ST中润	-42.3109	-14.7625	-17.3505	-276.145	-206.527	-90.0919	0.4977	0.4624	520.486	-5.7043	-0.1134	64.1062	-207.947
000655	金岭矿业	-31.586	-7.3767	-7.5081	-103.282	-155.091	-62.1164	0.9215	0.6003	457.8591	-1.7816	0.0024	78.5254	31.75
000720	*ST能山	-30.0445	-3.5061	-6.8395	-16.7945	-16.6267	-14.3448	0.5423	0.4258	578.445	-1.0952	0.0547	81.4809	-146.621
000880	潍柴重机	-55.4987	-18.3267	-19.7133	-23.4266	-21.1749	-20.1719	0.6679	0.5866	294.9627	-13.2163	-0.0913	71.4329	-120
000951	中国重汽	-51.719	-12.8385	-15.4215	-68.7508	-66.9471	-41.3157	0.8479	0.548	332.9705	-4.9435	0.0107	76.741	-173.333
002072	德棉股份	-32.1266	-3.9542	-7.7323	-17.8576	-18.0803	-15.0061	0.5215	0.2903	413.4051	-1.0816	0.0314	79.5155	-120.53
600076	*ST华光	-62.3448	-13.9084	-14.6333	-118.025	-117.82	-71.222	0.757	0.2849	681.0887	-16.2811	0.0644	73.6313	-40.6497
600180	*ST九发	-102.05	-17.6091	-22.4286	-284.114	-283.823	-120.234	0.3105	0.7165	1675.172	-3.6555	-0.0056	85.8808	-193.75
600212	江泉实业	-34.3091	-21.1781	-22.6386	-44.3242	-28.9646	-35.003	0.5075	0.3461	70.6745	-12.2393	0.3559	39.573	-1150
600223	ST鲁置业	-58.7201	-15.3097	-18.6417	-65.4382	-40.0062	-47.1822	0.1515	0.0645	648.9352	-4.5946	-0.008	78.6304	-443.478

（续表）

股票代码	公司简称	净资产收益率	资产报酬率	资产净利率	销售净利率	营业利润率	成本费用利润率	流动比率	流动比率	有形净值债务率	利息保障倍数	现金流动负债比	资产负债率	每股收益增长率
600336	澳柯玛	0.9185	1.8784	0.146	0.4799	-3.1952	-3.955	1.1139	0.8965	249.53	0.5707	-0.2085	64.255	113.3023
600385	ST金泰		-74.1514	-86.7149	-7517.39	-7474.59	-100.777	0.0767	0.0425	-122.081	-5.6126	0.0004	367.7662	-22.2222
600579	ST黄海	-42.4544	-7.5191	-10.0988	-18.0585	-18.0245	-15.4662	0.4689	0.2855	432.424	-2.9147	0.0415	79.0733	-2.88714
600698	ST轻骑	-25.3021	-7.5275	-8.1327	-5.9171	-5.9277	-5.7106	0.6678	0.4379	778.524	-12.4807	-0.0128	72.0968	-16.3265
600727	*ST鲁北	-0.5033	0.9196	-0.3755	-1.1214	-1.2426	-0.7767	1.9134	1.7215	31.9066	0.7853	-0.0023	23.3029	-82.3529
600735	新华锦	-121.059	-59.519	-60.608	-157.413	-156.887	-77.4216	0.7887	0.5695	466.8212	-54.6525	-0.2647	70.7267	-200
600760	东安黑豹	-11.7957	-8.7557	-8.9967	-32.363	-32.3269	-25.4637	3.0027	2.1479	34.2816	-36.3356	-0.0387	25.5224	-42.1053
600766	园城股份	-87.0639	-17.6216	-20.3944	-98.0264	-83.1638	-54.2826	0.8724	0.6957	900.1632	-6.0122	-0.1071	83.5925	-103.707
600783	鲁信高新	0.4311	0.7733	-0.4747	-1.926	-1.3184	-1.0734	1.4314	1.0546	73.6108	0.7271	0.0367	39.1021	104.0074
600784	鲁银投资	-74.5216	-17.3209	-20.3784	-242.305	-240.168	-83.9094	0.7051	0.4455	509.2547	-6.0033	0.063	81.5072	-6469.05
600807	天业股份	-50.4664	-10.9906	-14.762	-216.293	-224.493	-69.6718	0.2933	0.2893	568.132	-2.9142	0.0046	76.348	40.225
600858	银座股份	-27.1045	-13.0668	-14.861	-111.849	-102.458	-57.8774	0.6054	0.5648	202.439	-7.337	-0.0718	49.4123	-39.9293
600898	*ST三联	-33.7959	-12.8975	-10.5092	-6.4844	-7.2888	-7.3329	1.0563	0.9276	289.5955	-168.111	0.186	72.3885	-708.442

（续表）

股票代码	公司简称	营业利润增长率	利润总额增长率	净资产增长率	总资产增长率	存货周转率	应收账款周转率	流动资产周转率	固定资产周转率	总资产周转率	销售现金比率	营业收入现金含量	总资产现金回收率
000506	ST中润	-144.972	-223.735	-34.9222	-16.8606	1.6246	0.5444	0.1869	0.143	0.0628	-105.057	67.83	-6.6009
000655	金岭矿业	-8.1797	0.4783	-37.7158	-6.9029	0.2161	0.4725	0.105	0.2656	0.0727	2.4474	116.43	0.1779
000720	*ST能山	-122.37	-159.445	-25.988	19.7007	8.0282	9.5672	1.4569	0.8592	0.4072	6.4944	83.84	2.6448
000880	潍柴重机	-342.982	-119.882	-43.4434	-18.2034	12.5529	13.2785	1.9913	2.0023	0.8415	-6.4807	117.05	-5.4535
000951	中国重汽	-85.2253	-97.0332	-40.8083	-8.9133	0.7683	1.4533	0.3534	0.7144	0.2243	3.3016	106.2	0.7406
002072	德棉股份	-120.614	-116.965	-27.6802	-2.7198	2.6206	5.2922	1.0551	0.8843	0.433	5.3971	89.04	2.3369
600076	*ST华光	40.2874	39.597	-48.8954	-13.345	5.2119	1.6201	0.6082	1.2927	0.124	27.6992	97.16	3.4343
600180	*ST九发	-188.999	-187.552	-67.5717	-3.5914	1.5344	0.6871	0.1226	0.3238	0.0789	-5.9211	105.92	-0.4674
600212	江泉实业	-587.893	-994.799	-29.2853	-25.5738	4.5728	11.9826	1.541	0.7826	0.5108	23.5308	98.16	12.0184
600223	ST鲁置业	-241.498	-477.151	-45.3838	-7.9773	5.1671	8.678	1.5048	0.4419	0.2849	-2.0058	127.51	-0.5714
600336	澳柯玛	63.2426	47.1731	-5.5227	-30.6322	2.0132	1.7727	0.3847	2.1553	0.3042	-36.0467	127.81	-10.9655
600385	ST金泰	-131.138	-32.7163	-94.5671	-52.7421	0.0198	0.0803	0.0232	0.0441	0.0115	7.377	63.47	0.0851

（续表）

股票代码	公司简称	营业利润增长率	利润总额增长率	净资产增长率	总资产增长率	存货周转率	应收账款周转率	流动资产周转率	固定资产周转率	总资产周转率	销售现金比率	营业收入现金含量	总资产现金回收率
600579	ST黄海	0.2696	0.0338	-19.0476	3.4684	3.2445	5.1483	1.5517	0.9508	0.5592	5.5491	84.04	3.1032
600698	ST轻骑	-13.5582	-18.2008	-22.4606	3.6231	7.8345	10.3259	2.8198	4.601	1.3744	-0.6818	120.24	-0.937
600727	*ST鲁北	7.6062	-689.01	-0.567	-5.8091	5.9815	3.2217	0.9568	0.5518	0.3349	-0.1232	86.21	-0.0413
600735	新华锦	-222.18	-198.465	-75.4122	-49.0509	2.4668	2.8472	0.6927	2.0497	0.385	-28.7653	121.63	-11.0754
600760	东安黑豹	-39.7433	-39.5659	-28.6697	-25.6757	1.0492	1.7297	0.3965	1.1314	0.278	-3.0303	111.73	-0.8424
600766	园城股份	-266.856	-96.1164	-60.9966	-12.85	1.6934	4.2484	0.2993	1.2392	0.208	-36.7728	118.51	-7.6506
600783	鲁信高新	94.1542	95.0002	0.09	-3.4314	1.2825	1.3252	0.4502	0.7277	0.2465	5.7219	78.28	1.4103
600784	鲁银投资	-1116.99	-1143.19	-54.2829	-5.345	0.3097	1.2512	0.143	0.4355	0.0841	57.9797	263.72	4.8762
600807	天业股份	20.1217	40.0862	-40.3802	-10.3779	6.2776	3.1912	0.2875	0.1205	0.0683	4.8467	115.16	0.3308
600858	银座股份	-93.2393	-25.9252	-23.8011	-6.9384	7.4097	5.7414	0.5489	0.2694	0.1329	-19.756	112	-2.6249
600898	*ST三联	-2028.04	-1945.94	-28.9106	-12.0484	15.4431	106.7033	2.0652	8.7724	1.6207	7.7748	101.22	12.6007

附表3-2 财务危机前一年（t-1年）非ST样本公司财务指标数据

股票代码	公司简称	净资产收益率	资产报酬率	资产净利率	销售净利率	营业利润率	成本费用利润率	流动比率	速动比率	有形净值债务率	利息保障倍数	现金流动负债比	资产负债率	每股收益增长率
600162	香江控股	2.5858	2.3215	0.9951	0.9677	1.9079	1.9295	1.2978	0.71	233.0216	6.0843	-0.1132	68.4899	-88.6271
600399	抚顺特钢	0.8373	2.8296	0.254	0.2696	0.1131	0.6483	0.8241	0.5181	218.9134	1.2712	0.2213	68.5496	19
000543	皖能电力	0.3526	1.6646	0.0875	0.3006	-0.0034	1.4318	0.7234	0.6131	169.3535	1.3425	0.1817	54.1113	-76.8293
600218	全柴动力	-6.2558	-4.2447	-4.2939	-5.9742	-5.3459	-5.2471	1.8422	1.5652	50.2952	12.10744	0.2288	32.5862	-575
600686	金龙汽车	26.4939	14.3525	11.7607	6.0014	7.0861	7.6198	1.1692	0.6594	224.3196	34.2428	0.4064	56.0092	100
600493	凤竹纺织	3.4	4.0013	1.7104	2.7096	1.4609	3.5183	0.9249	0.6125	102.553	2.1778	0.245	48.7439	262.3762
600105	永鼎股份	2.6295	2.4304	0.891	1.7775	2.1163	2.3171	1.5018	0.9112	184.3574	1.8977	0.1616	60.5171	-35.0993
000998	隆平高科	5.635	3.1028	2.5957	6.6967	7.9764	7.0821	1.8831	1.0569	119.1018	8.8719	0.1245	46.0143	29.8755
000966	长源电力	2.967	5.0221	0.7273	1.6632	2.7798	2.8644	0.693	0.6466	467.8733	1.3168	0.1951	72.8083	-33.5165
600007	中国国贸	7.5267	6.2807	4.1174	29.5094	44.2862	84.9538	0.1958	0.189	58.9895	37.1386	0.3787	36.0976	-6.4516
000521	美菱电器	1.3817	1.8818	0.5215	0.4543	0.377	0.4576	0.783	0.5456	912.1097	1.3834	0.0095	62.3267	44.5

（续表）

股票代码	公司简称	净资产收益率	资产报酬率	资产净利率	销售净利率	营业利润率	成本费用利润率	流动比率	速动比率	有形净值债务率	利息保障倍数	现金流动负债比	资产负债率	每股收益增长率
600436	片仔癀	14.0199	17.5106	11.7684	16.0442	24.2228	31.464	5.4441	3.8637	19.1052	1456.332	0.5192	14.9908	-5.1864
000589	黔轮胎A	5.6522	5.2223	1.8671	1.7094	2.3388	2.4141	1.0363	0.6959	212.9966	1.9553	0.2763	66.9524	25.9182
000913	钱江摩托	6.6704	6.5433	3.0487	2.1116	3.4484	3.5698	1.2141	0.8276	168.3057	3.8053	0.0046	59.7772	142.8571
600423	柳化股份	12.649	7.4514	5.5121	11.1592	12.1602	14.8286	0.7144	0.53	139.3134	7.0093	0.1108	54.7109	0.7905
600070	浙江富润	6.3675	5.3995	4.0272	6.9133	8.6852	9.5458	1.5398	1.1314	47.0156	16.5738	0.1479	24.9757	-12.5
600081	东风科技	16.7406	9.927	8.0752	10.1224	11.4675	12.6116	1.091	0.8281	114.82	10.9114	0.3143	50.8916	16.6534
600684	珠江实业	2.5353	2.3033	1.5442	9.1706	9.8982	11.5771	3.4231	1.043	38.2606	3.2532	0.1118	26.146	14.2857
600172	黄河旋风	4.9647	5.0951	3.5939	10.2098	11.8947	13.6609	5.047	3.6065	26.9302	5.936	-0.1094	20.9195	-45
600165	宁夏恒力	3.7186	4.4366	2.2006	7.059	6.7113	8.6837	1.0465	0.6321	76.5909	2.3033	0.1245	43.1555	-49
600306	商业城	4.2159	4.3565	2.4448	2.1919	2.943	3.1713	1.2123	0.8908	84.9325	4.7759	0.1515	44.7892	-41.1765
600694	大商股份	8.668	6.0113	4.8221	4.464	5.3995	5.6937	0.4715	0.3254	105.2353	25.3931	0.1642	49.8726	0
000785	武汉中商	7.2196	5.114	1.2099	0.9005	1.2498	1.7666	0.6113	0.4256	453.8356	1.8343	0.1821	74.6617	15.3846

（续表）

股票代码	公司简称	营业利润增长率	利润总额增长率	净资产增长率	总资产增长率	存货周转率	应收账款周转率	流动资产周转率	固定资产周转率	总资产周转率	销售现金比率	营业收入现金含量	总资产现金回收率
600162	香江控股	-66.2979	-66.0353	2.1086	9.7396	2.6546	10.6769	1.29	9.316	1.0283	-6.9667	44.77	-7.1641
600399	抚顺特钢	-87.2822	-4.8031	1.2567	-5.93	4.9915	8.9531	1.7563	2.2767	0.9418	14.236	111.45	13.4073
000543	皖能电力	-100.077	-66.5612	-38.6938	-11.6032	13.5309	7.6513	1.4928	0.8735	0.2912	17.0058	122.52	4.9517
600218	全柴动力	-359.113	-368.018	-6.0566	-3.1567	7.8116	4.3373	1.2193	2.6095	0.7187	10.2082	110.11	7.337
600686	金龙汽车	126.8466	101.0509	15.1122	20.8277	5.3975	132.5524	3.1043	9.7124	1.9597	12.6988	119.32	24.8854
600493	凤竹纺织	44.7611	259.5806	2.502	-0.9336	4.4116	7.0794	1.6642	1.129	0.6312	16.7269	84.06	10.5588
600105	永鼎股份	-40.7725	-49.6125	-0.5413	21.0144	1.6057	2.3063	0.7649	3.3821	0.5012	15.5628	125.62	7.8007
000998	隆平高科	-9.6696	-14.7192	2.9801	12.458	0.8497	8.3577	0.4886	5.1839	0.3876	14.5579	88.85	5.6427
000966	长源电力	-13.5005	-13.8696	127.1275	28.285	33.704	7.9407	2.5718	0.6022	0.4373	13.684	114.76	5.9836
600007	中国国贸	-3.6295	-3.3838	50.1207	5.6756	37.5709	196.718	1.9467	0.3278	0.1395	54.3475	98.67	7.583
000521	美菱电器	76.3357	76.713	2.219	-2.7637	6.5391	15.0831	2.4768	5.6372	1.148	0.4878	83.83	0.56
600436	片仔癀	-4.223	-5.1426	2.0334	5.3332	2.2901	6.967	1.0225	6.0709	0.7335	9.707	100.42	7.1201

（续表）

股票代码	公司简称	营业利润增长率	利润总额增长率	净资产增长率	总资产增长率	存货周转率	应收账款周转率	流动资产周转率	固定资产周转率	总资产周转率	销售现金比率	营业收入现金含量	总资产现金回收率
000589	黔轮胎A	19.0008	21.5217	2.0313	1.9774	5.4499	7.3167	2.0709	2.4947	1.0923	12.9554	134.68	14.1507
000913	钱江摩托	138.2781	159.7811	7.0592	14.9406	5.4381	9.982	2.0349	6.1324	1.4438	0.2041	97.63	0.2946
600423	柳化股份	8.4936	15.6922	48.8393	38.7031	7.4678	23.062	2.5931	1.1351	0.494	6.731	103.76	3.3248
600070	浙江富润	−17.0699	−16.6724	3.1294	10.3326	6.1048	22.5601	1.5419	1.5117	0.5825	5.6035	110.6	3.2642
600081	东风科技	43.6838	41.92	18.2879	14.7031	6.2471	8.1114	1.6501	2.4912	0.7978	18.4063	124.07	14.6838
600684	珠江实业	16.9251	−2.7168	2.5679	−17.1415	0.1893	1550.002	0.1862	22.4313	0.1684	15.7307	92.46	2.6488
600172	黄河旋风	−37.1035	−42.5198	72.1361	37.5394	1.9745	2.4074	0.797	0.7178	0.352	−3.3693	115.01	−1.186
600165	宁夏恒力	−56.0679	−50.8056	3.7923	10.8288	1.7861	2.2894	0.7347	0.9511	0.3117	14.5108	111.44	4.5237
600306	商业城	−12.5198	−15.1649	4.3076	16.6279	6.8839	203.8316	2.1905	3.5366	1.1153	6.4141	116.71	7.1539
600694	大商股份	10.7244	8.6867	51.0642	93.2367	11.4669	133.3611	4.2909	2.0119	1.0802	9.9895	110.29	10.7908
000785	武汉中商	−10.9698	9.4981	7.2905	2.3461	10.0324	130.9256	3.5148	4.497	1.3435	8.6433	119.21	11.6124

附表3-3 财务危机前两年（t−2年）ST样本公司财务指标数据

股票代码	公司简称	净资产收益率	资产报酬率	资产净利率	销售净利率	营业利润率	成本费用利润率	流动比率	速动比率	有形净值债务率	利息保障倍数	现金流动负债比	资产负债率	每股收益增长率
000506	ST中润	−11.1928	−3.328	−5.1231	−22.2948	−22.0352	−18.267	0.6455	0.5441	244.7694	−1.8539	0.0446	54.2706	−1656.7
000655	金岭矿业	−31.5717	−7.1326	−9.9837	−102.22	−93.5751	−53.6624	1.1167	0.7306	261.4696	−2.365	−0.1988	69.3995	−2032.76
000720	*ST能山	−10.1591	−0.2078	−3.2415	−7.3712	−8.1442	−6.8139	0.5734	0.4875	301.5559	−0.0734	0.1712	70.2748	−748.23
000880	潍柴重机	−18.0048	−8.8243	−8.4276	−6.2278	−2.7941	−6.0946	0.75	0.597	158.7581	25.95558	−0.1377	58.4551	−333.333
000951	中国重汽	−13.2411	−3.8371	−5.3119	−15.5454	−17.741	−14.4678	1.1838	0.7476	172.1906	−1.9544	−0.0894	63.1368	−919.672
002072	德棉股份	−11.7107	−1.4188	−3.6234	−7.3438	−7.4296	−6.9237	0.5912	0.3764	264.0708	−0.6436	0.1633	72.4455	−308.276
600076	*ST华光	−56.387	−23.1995	−24.2054	−140.132	−139.73	−76.562	0.4499	0.4129	307.552	−25.4002	−0.0927	64.1771	−4525
600180	*ST九发	−13.7422	−3.9697	−5.4929	−20.0869	−20.1124	−16.8231	1.0537	0.9082	199.17	−2.5215	−0.0573	61.7374	−369.006
600212	江泉实业	−2.8303	−0.2058	−1.7902	−3.843	−3.9497	−3.7201	1.215	0.6779	56.1845	−0.1299	0.0959	35.5674	−269.249
600223	ST鲁置业	−7.8465	−1.3798	−3.2389	−6.5234	−6.7401	−6.154	0.4343	0.3359	221.8855	−0.7422	0.0774	62.4407	−675
600336	澳柯玛	−6.3823	−0.141	−1.8145	−3.8037	−4.8607	−4.7492	1.17759	1.0097	302.4115	−0.064	−0.0998	73.6981	−406.705

（续表）

股票代码	公司简称	净资产收益率	资产报酬率	资产净利率	销售净利率	营业利润率	本费用利润率	流动比率	流动比率	有形净值债务率	利息保障倍数	现金流动负债比	资产负债率	每股收益增长率
600385	ST金泰		-33.258	-39.2656	-9317.75	-5337.33	-213.154	0.5508	0.2656	-403.769	-5.536	-0.0096	108.054	-2800
600579	ST黄海	-32.116	-7.6625	-9.7994	-25.8049	-14.3962	-22.6138	1.3095	0.5402	269.8394	-3.5858	0.2094	64.6475	-1204.35
600698	ST轻骑	1.4981	0.2947	0.7369	0.5369	-0.5924	0.0677	0.886	0.6155	222.5173	1.4566	0.0202	55.7151	80
600727	*ST鲁北	0.0556	1.146	0.04	0.1968	-3.4147	0.1916	1.6079	1.2999	39.48	1.0362	0.0973	27.618	-168
600735	新华锦	-22.4327	-13.4508	-14.2664	-70.6213	-65.2047	-52.8508	1.4996	1.1818	73.827	-16.4915	0.0443	39.3419	-587.5
600760	东安黑豹	-6.7501	-4.9837	-5.2671	-18.0462	-18.0032	-16.3505	2.9271	1.7499	29.5077	-17.5863	0.0493	22.6575	-302.128
600766	园城股份	-31.4766	-8.057	-9.8626	-34.4992	-15.6627	-32.2019	1.1564	0.9656	235.7555	-3.6525	-0.172	66.1961	-381.105
600783	鲁信高新	-10.202	-2.6775	-4.7109	-13.7572	-12.3663	-11.5543	1.7349	1.2476	78.3811	-1.5568	0.0773	37.5504	-223.817
600784	鲁银投资	0.7344	2.7561	0.4498	6.0159	6.5005	6.506	1.0625	0.8006	167.8478	1.2332	0.033	60.8043	-91.1904
600807	天业股份	-50.1703	-17.7685	-20.8449	-223.647	-174.075	-84.6446	0.4073	0.3799	269.7263	-5.7835	-0.0335	64.6203	-56980
600858	银座股份	-15.4084	-9.099	-9.6999	-88.9133	-50.4625	-57.5472	0.8959	0.8566	101.4953	-15.1434	-0.0398	37.9238	-591.563
600898	*ST三联	-1.6542	0.0459	-0.5635	-0.3332	0.0982	0.0759	1.2484	1.089	183.1545	1.27247	0.1123	64.4221	-398.667

（续表）

股票代码	公司简称	营业利润增长率	利润总额增长率	净资产增长率	总资产增长率	存货周转率	应收账款周转率	流动资产周转率	固定资产周转率	总资产周转率	销售现金比率	营业收入现金含量	总资产现金回收率
000506	ST中润	-225.72	-222.782	-3.0435	9.1826	4.0844	2.0731	0.6537	0.4733	0.2298	10.9856	117.79	2.5244
000655	金岭矿业	-1568.4	-1645.75	-27.4717	-16.8015	0.3522	0.6923	0.1413	0.3651	0.0977	-114.048	101.43	-11.1389
000720	*ST能山	-265.493	-260.968	-7.9588	15.2186	8.999	7.6846	1.4428	0.8314	0.4398	23.7072	131.08	10.4254
000880	潍柴重机	-902.08	-2008.25	-16.5178	7.0682	18.5716	24.4958	3.4623	3.3987	1.3532	-5.6929	105.48	-7.7038
000951	中国重汽	-889.774	-691.522	-11.9444	3.9049	1.0759	1.595	0.4811	1.5904	0.3417	-14.7563	109.9	-5.0423
002072	德棉股份	-250.945	-243.137	-12.6215	9.9184	2.8292	5.5345	1.1898	1.1358	0.4934	24.9968	95.2	12.3332
600076	*ST华光	-7016.66	-4271.88	-44.7755	12.1211	5.8759	1.487	0.3881	1.9353	0.1727	-28.4856	90.41	-4.9204
600180	*ST九发	-654.478	-553.53	-13.2783	-0.0251	2.6444	2.1576	0.4268	1.2012	0.2735	-12.9097	118.33	-3.5302
600212	江泉实业	-293.266	-280.788	-1.7454	-5.2268	2.2361	12.5174	1.1697	0.7763	0.4658	7.1292	91.2	3.3211
600223	ST鲁置业	-661.617	-640.62	-7.5503	9.2992	6.8673	11.9233	1.7239	0.8843	0.4965	9.7446	129.57	4.8383
600336	澳柯玛	-476.873	-493.965	-9.9709	7.3536	2.2108	3.0003	0.6047	4.6201	0.477	-15.5251	84.3	-7.4061
600385	ST金泰	-1097.63	-1876.01	72.5302	46.871	0.0083	0.0254	0.0077	0.0174	0.0042	-246.11		-1.026

（续表）

股票代码	公司简称	营业利润增长率	利润总额增长率	净资产增长率	总资产增长率	存货周转率	应收账款周转率	流动资产周转率	固定资产周转率	总资产周转率	销售现金比率	营业收入现金含量	总资产现金回收率
600579	ST黄海	−483.389	−802.607	−28.2038	−8.8882	1.2922	5.4312	0.8587	0.8704	0.3797	15.7139	126.27	5.9673
600698	ST轻骑	−510.668	324.3741	3.3883	11.8112	7.7485	11.9016	2.4843	4.3092	1.3725	0.8658	113.93	1.1882
600727	*ST鲁北	24.6523	−90.3193	−7.4226	−8.5523	3.0755	4.8359	0.5901	0.3442	0.2032	9.7508	100.73	1.9818
600735	新华锦	−583.68	−689.08	−20.1703	−12.9361	1.605	1.4491	0.3282	1.4908	0.202	8.0225	152.54	1.6206
600760	东安黑豹	−779.124	−329.49	−7.1281	−5.5243	1.1002	1.6833	0.4496	1.0426	0.2919	3.717	127.61	1.0849
600766	园城股份	−232.041	−392.994	19.2305	16.7152	1.8016	5.5385	0.4061	1.7366	0.2859	−40.0356	98.46	−11.4453
600783	鲁信高新	−198.728	−202.584	−9.7311	−8.0541	1.691	1.8787	0.5943	1.0662	0.3424	6.8554	107.76	2.3475
600784	鲁银投资	−87.645	−86.7546	0.749	13.9354	0.443	0.8914	0.1307	0.4565	0.0748	27.5955	88.33	2.0634
600807	天业股份	−33722	−23779.6	−40.0168	−19.4709	1.7692	3.8736	0.278	0.2063	0.0932	−19.6538	131.02	−1.8318
600858	银座股份	−286.762	−564.713	−14.3062	−4.9993	5.4489	4.6832	0.4638	0.2243	0.1091	−9.8461	88	−1.0742
600898	*ST三联	−85.6112	−88.3026	−1.6407	−9.6088	15.8452	206.8856	2.0837	9.832	1.6911	4.0611	116.25	6.8678

附表3－4 财务危机前两年（ｔ－2年）非ST样本公司财务指标数据

股票代码	公司简称	净资产收益率	资产报酬率	资产净利率	销售净利率	营业利润率	成本费用利润率	流动比率	速动比率	有形净值债务率	利息保障倍数	现金流动负债比	资产负债率	每股收益增长率
600162	香江控股	12.3135	8.2752	5.1224	4.3658	6.3886	6.786	1.4538	0.8754	208.856	8.988	0.0703	66.2737	134.4762
600399	抚顺特钢	0.7776	3.0077	0.2376	0.2795	1.005	0.7773	0.9251	0.6625	242.7202	1.274	0.03	70.8217	-33.3333
000543	皖能电力	1.657	2.8269	1.4683	4.2839	4.7101	5.1121	0.8083	0.7598	83.5701	2.305	0.1109	40.491	0
600218	全柴动力	1.2837	1.1462	1.0559	1.6649	2.3433	2.3403	1.8673	1.6224	45.8618	-4.15268	0.1765	31.0087	0
600686	金龙汽车	14.5145	8.2686	6.5389	5.1713	5.1724	6.1493	1.1518	0.5706	196.1053	10.3376	0.2101	52.6997	20.8333
600493	凤竹纺织	0.9329	3.7884	0.446	0.688	0.9692	0.9437	0.8	0.5442	111.7987	1.1858	0.1994	50.2141	-86.069
600105	永鼎股份	4.059	3.9006	1.8464	3.1888	3.4409	4.5625	1.6031	0.9137	127.6862	2.8633	0.0162	51.4553	-32.287
000998	隆平高科	4.3713	4.0829	3.1996	6.0484	6.5684	6.36	1.9387	1.084	88.7057	5.0585	-0.0592	40.7709	-4.08922
000966	长源电力	7.3086	4.4993	1.6334	4.4125	4.9621	5.2693	0.4317	0.4032	848.9513	1.6879	0.1497	81.8794	247.3776
600007	中国国贸	9.6766	7.5673	4.8404	31.6999	48.267	100.354	0.6607	0.6526	131.325	25.5411	0.4479	55.0167	19.2308
000521	美菱电器	0.774	1.7906	0.296	0.3511	0.292	0.3527	0.7328	0.489	1293.128	1.1981	0.0417	63.9592	-50

（续表）

股票代码	公司简称	净资产收益率	资产报酬率	资产净利率	销售净利率	营业利润率	成本费用利润率	流动比率	流动比率	有形净值债务率	利息保障倍数	现金流动负债比	资产负债率	股收益增长率
600436	片仔癀	15.6137	20.8981	13.9221	20.7662	31.4669	45.6744	6.4567	4.6661	15.2406	−117.147	0.9098	12.3349	107.047
000589	黔轮胎A	4.728	4.4811	1.5362	1.6106	2.2892	2.3496	0.9884	0.6728	215.2537	1.9105	0.1619	66.976	100.6316
000913	钱江摩托	4.3848	3.9868	1.6443	1.2944	2.3293	2.2793	1.222	0.8327	140.291	3.0929	−0.037	55.9883	0
600423	柳化股份	15.1114	8.1772	6.8426	11.9882	13.6471	15.8612	0.9889	0.7148	148.4346	20.0362	0.3186	58.8158	27.0161
600070	浙江富润	8.5013	7.7168	4.8478	9.747	14.5332	17.0386	2.1952	1.841	50.9742	15.3565	0.5149	27.343	36.1702
600081	东风科技	13.0567	8.473	6.6699	8.897	9.9046	10.6352	0.9092	0.7656	125.4194	7.9693	0.0555	53.9822	−3.4615
600684	珠江实业	2.3307	2.2635	1.3914	8.6165	8.5975	10.9207	2.2655	0.9901	72.5252	3.3309	0.1053	40.2711	112.7273
600172	黄河旋风	11.4676	10.6441	8.0694	15.0571	16.8553	22.7679	1.5505	1.1317	60.1256	16.5661	0.1257	36.8135	−34.4262
600165	宁夏恒力	9.0564	8.0105	5.5281	14.0141	15.0123	18.4611	1.4084	1.0557	64.4859	4.811	0.1037	38.7844	−13.4199
600306	商业城	7.6185	5.4986	4.5926	3.0168	2.6857	3.0019	1.2838	0.9396	69.6481	5.1164	0.1747	38.2573	−45.1613
600694	大商股份	10.5397	7.8129	6.9897	6.0681	7.0416	7.7395	0.7851	0.561	76.7401	−21.9468	0.2332	36.1541	54.16667
000785	武汉中商	6.6304	4.8804	0.6742	0.5481	1.5872	1.8275	0.6066	0.4449	467.1987	1.8199	0.1983	74.8548	116.6667

（续表）

股票代码	公司简称	营业利润增长率	利润总额增长率	净资产增长率	总资产增长率	存货周转率	应收账款周转率	流动资产周转率	固定资产周转率	总资产周转率	销售现金比率	营业收入现金含量	总资产现金回收率
600162	香江控股	110.3856	114.159	14.7784	59.0154	2.8639	11.2385	1.4338	12.8674	1.1733	4.102	40.91	4.813
600399	抚顺特钢	143.564	49.4554	0.7807	10.7724	5.3054	8.1146	1.5817	2.0371	0.8499	2.2271	113.63	1.8929
000543	皖能电力	5.9212	8.5629	119.8441	101.9966	27.2697	6.1256	1.6636	0.8693	0.3427	9.731	107.19	3.3353
600218	全柴动力	−0.9571	−3.2836	0.6343	3.7302	8.4149	3.1605	1.0917	2.7341	0.6342	8.7873	101.34	5.5731
600686	金龙汽车	9.8004	15.9053	8.045	10.071	3.6973	77.9876	2.1094	5.653	1.2645	9.1705	117.11	11.5959
600493	凤竹纺织	−79.4796	−85.3389	−3.6166	−1.7771	4.417	7.7956	1.8136	1.1149	0.6483	13.6547	109.08	8.8526
600105	永鼎股份	−37.9023	−24.5508	1.2135	1.3454	1.67	2.6775	0.8879	3.1727	0.579	1.1348	105.57	0.6571
000998	隆平高科	10.6093	1.1799	1.9944	−7.553	1.1532	13.9573	0.6613	7.7305	0.529	−4.3249	92.41	−2.2879
000966	长源电力	582.5923	666.2196	8.5719	21.8779	24.3407	6.5863	2.2456	0.5815	0.3702	14.86	103.59	5.5008
600007	中国国贸	15.0718	16.5107	1.0337	26.6883	34.7537	178.7253	1.9144	0.2979	0.1527	53.1512	99.84	8.1159
000521	美菱电器	−58.4309	−58.6225	0.7827	3.5008	5.4131	21.0459	1.7332	4.1159	0.8432	3.145	124.38	2.6519
600436	片仔癀	71.3995	70.5582	9.4631	24.1338	1.9164	9.6126	0.9522	4.8194	0.6704	16.4489	112.61	11.0277

（续表）

股票代码	公司简称	营业利润增长率	利润总额增长率	净资产增长率	总资产增长率	存货周转率	应收账款周转率	流动资产周转率	固定资产周转率	总资产周转率	销售现金比率	营业收入现金含量	总资产现金回收率
000589	黔轮胎A	128.6675	75.8974	4.8532	1.4522	4.4298	5.0647	1.7833	2.2463	0.9539	9.1585	120.6	8.7358
000913	钱江摩托	-14.3974	-20.2237	4.5081	7.2378	5.7918	8.3876	1.8741	5.0793	1.2703	-1.6761	104.54	-2.1293
600423	柳化股份	32.7868	28.5339	13.5796	43.4036	8.1013	35.9683	2.9445	2.5707	0.5708	13.2373	106.54	7.5556
600070	浙江富润	86.8055	89.9848	59.0366	28.9976	4.147	19.1726	1.3362	1.1179	0.4974	23.2321	115.37	11.5548
600081	东风科技	6.0239	24.509	0.0513	18.9039	6.6811	7.5581	1.5646	2.5834	0.7497	4.3381	107.4	3.2522
600684	珠江实业	114.7162	116.4955	2.3293	-0.2808	0.2419	2161.057	0.1829	23.8349	0.1615	26.2262	85.01	4.2351
600172	黄河旋风	-35.1108	-30.8241	5.3177	33.229	3.603	2.9602	1.3517	0.9493	0.5359	6.9002	112.96	3.6979
600165	宁夏恒力	-10.8242	-10.904	55.2008	43.7876	2.214	2.5144	0.7662	1.239	0.3945	10.87	115.03	4.2879
600306	商业城	-33.8399	-26.5564	5.7425	1.2045	10.636	186.1985	2.6399	4.7999	1.5223	4.3426	106.13	6.6108
600694	大商股份	42.1923	40.9734	3.776	10.5691	11.2069	76.167	3.169	3.9528	1.1519	7.6857	110.23	8.853
000785	武汉中商	1657.954	796.3949	7.0465	4.7208	9.5236	131.3745	3.4425	3.81	1.23	10.3107	119.5	12.6817

附表3-5 财务危机前三年（t-3年）ST样本公司财务指标数据

股票代码	公司简称	净资产收益率	资产报酬率	资产净利率	销售净利率	营业利润率	成本费用利润率	流动比率	速动比率	有形净值债务率	利息保障倍数	现金流动负债比	资产负债率	每股收益增长率
000506	ST中润	0.7869	2.9584	0.3767	0.9216	11.5374	2.6563	0.6374	0.5604	218.2409	1.4962	0.1723	55.345	-86.5278
000655	金岭矿业	1.4069	2.2493	0.417	2.4279	3.3475	3.6481	1.2721	0.8348	215.479	1.3691	-0.0774	67.1044	-76.5224
000720	*ST能山	1.7687	4.7974	1.0626	2.1078	5.4906	4.2809	0.3854	0.3276	195.5644	1.7267	0.2557	61.9007	27.2727
000880	潍柴重机	6.3589	4.8806	3.7186	2.262	3.4521	3.5579	0.9895	0.6109	67.2593	-6.56124	0.4016	38.3113	-16.6667
000951	中国重汽	1.4892	2.5504	0.6812	1.3988	1.6343	2.1321	1.4271	0.9563	125.5493	1.6629	-0.0634	55.4619	-81.7
002072	德棉股份	5.3914	5.5868	1.875	2.7758	3.8887	4.2553	0.7166	0.4375	189.2576	1.961	0.1297	65.3421	-36
600076	*ST华光	0.9451	1.3695	0.4577	3.7559	-3.0746	5.2176	1.5153	1.4661	107.5041	1.8735	-0.0162	48.1404	300
600180	*ST九发	4.4509	3.8331	2.1222	4.2188	4.0067	4.7395	1.232	0.9531	98.5252	2.4758	0.1536	44.7696	-36.1464
600212	江泉实业	1.0416	2.0749	0.6212	1.4648	2.1237	2.2719	0.9676	0.45	61.9693	1.8231	0.0161	37.8392	-25.5245
600223	ST鲁置业	1.3177	2.3751	0.4688	0.7787	1.0617	1.0811	0.6967	0.5209	148.7415	1.371	0.1757	55.7353	-78.9474
600336	澳柯玛	1.9725	2.9699	0.5924	0.9167	1.0224	0.9959	1.0964	0.7305	235.7147	1.2743	0.001	68.6881	15.6766

（续表）

股票代码	公司简称	净资产收益率	资产报酬率	资产净利率	销售净利率	营业利润率	成本费用利润率	流动比率	流动比率	有形净值债务率	利息保障倍数	现金流动负债比	资产负债率	每股收益增长率
600385	ST金泰		6.1865	1.8237	20.5526	20.7339	16.6055	0.5508	0.2656	-403.769	1.418	-0.0537	108.054	103.7037
600579	ST黄海	2.5425	2.14	0.8723	2.8071	4.4905	4.6026	1.6615	0.5955	196.9248	2.7606	-0.1224	66.0569	-60.5714
600698	ST轻骑	1.4421	0.1843	0.3995	0.2712	-0.1173	-0.0366	0.8682	0.5541	202.9081	0.7753	0.0609	62.5175	-54.5455
600727	*ST鲁北	0.1366	1.4178	0.0962	0.517	-6.2777	0.489	1.6549	1.3777	41.0152	1.0728	0.3748	28.426	-86.6667
600735	新华锦	4.0686	2.2896	2.8037	6.513	6.3808	6.7897	1.8957	1.6269	55.7954	-15.7959	0.1467	33.7625	-57.4468
600760	东安黑豹	3.2007	3.0408	2.4595	8.6436	5.0076	10.8941	2.9447	1.8474	27.1833	17.3531	0.0257	21.3733	-48.0663
600766	园城股份	9.5742	5.7369	3.1495	7.0394	8.72	9.8673	1.0899	0.7861	247.2702	3.4985	-0.0048	65.094	-19.6672
600783	鲁信高新	6.468	5.8243	4.1866	8.9572	9.1687	11.4865	1.7499	1.3061	70.4256	6.2869	-0.1294	36.6389	-69.0161
600784	鲁银投资	8.2708	7.2623	3.6043	39.9107	52.6202	42.8021	1.0076	0.8966	129.7691	2.8941	-0.0719	54.5359	-17.9079
600807	天业股份	0.0692	1.6634	0.0338	0.0962	0.1291	0.2133	1.0945	0.8692	159.3073	1.0524	-0.2104	52.7457	-99.3363
600858	银座股份	2.9568	3.0072	2.1448	17.0005	24.0083	15.0016	0.987	0.9271	71.5657	3.4871	0.0397	31.9642	-135.475
600898	*ST三联	0.3391	1.5162	0.1053	0.0641	0.6389	0.6086	1.2158	1.0701	206.6237	2.8909	0.0981	67.3867	-95.0504

（续表）

股票代码	公司简称	营业利润增长率	利润总额增长率	净资产增长率	总资产增长率	存货周转率	应收账款周转率	流动资产周转率	固定资产周转率	总资产周转率	销售现金比率	营业收入现金含量	总资产现金回收率
000506	ST中润	26.057	-73.1708	2.335	27.1719	6.0652	4.9472	1.2025	0.8882	0.4088	26.1195	115.14	10.6773
000655	金岭矿业	-58.0193	-55.8428	-0.2609	1.6779	0.5626	1.3495	0.2489	0.7001	0.1717	-24.7484	110.43	-4.2501
000720	*ST能山	203.4912	264.9883	1.3627	-0.3419	10.6506	5.7562	1.7902	0.8901	0.5041	30.332	146.12	15.2915
000880	潍柴重机	9.5563	11.1598	6.5678	-2.3489	9.3062	28.4935	3.7681	4.583	1.6439	9.1825	124.18	15.0955
000951	中国重汽	-77.7179	-75.4655	1.6198	7.3241	1.6576	1.9951	0.6368	2.5158	0.487	-7.1129	96.1	-3.464
002072	德棉股份	-2.6854	-2.4851	5.5407	6.2903	3.31	9.516	1.591	1.8211	0.6755	11.0956	115.28	7.4946
600076	*ST华光	-250.976	-47.1938	1.1108	8.453	2.0169	0.7357	0.1708	1.3178	0.1219	-6.3103	106.3	-0.769
600180	*ST九发	-41.101	-38.7381	-0.8104	-2.7779	3.0573	3.7226	0.8683	2.1753	0.503	13.4262	76.81	6.754
600212	江泉实业	-36.553	-32.8196	1.0471	-5.565	1.9257	12.7884	1.1806	0.6877	0.4241	1.3932	116.21	0.5908
600223	ST鲁置业	-80.3277	-80.0953	-3.6201	5.1371	6.7368	14.522	1.6307	1.1066	0.602	13.6904	135.07	8.2422
600336	澳柯玛	20.7415	19.9785	-0.066	7.4085	2.2302	4.893	0.8952	7.0738	0.6462	0.1054	90.87	0.0681
600385	ST金泰	111.1084	105.4523	9.5363	-3.6372	0.078	0.6513	0.1864	0.3624	0.0887	-53.0869	98.24	-4.7106

（续表）

股票代码	公司简称	营业利润增长率	利润总额增长率	净资产增长率	总资产增长率	存货周转率	应收账款周转率	流动资产周转率	固定资产周转率	总资产周转率	销售现金比率	营业收入现金含量	总资产现金回收率
600579	ST黄海	−60.055	−59.7617	2.672	4.9361	0.9388	5.7072	0.6243	0.9962	0.3107	−11.8627	111.37	−3.6862
600698	ST轻骑	−134.918	−109.194	0.2078	4.6293	6.8941	16.264	2.798	3.5404	1.4727	2.6457	126.64	3.8964
600727	*ST鲁北	−281.469	−89.4032	0.1367	−2.9799	4.1395	6.6452	0.5543	0.3226	0.1861	41.0638	132.52	7.6413
600735	新华锦	−46.8028	−50.0977	4.153	13.1095	3.4927	2.8575	0.6827	3.1752	0.4305	12.192	104.08	5.2483
600760	东安黑豹	−75.3561	−50.1	1.5077	−3.0308	1.1724	1.5298	0.4619	0.9106	0.2845	1.9033	123.63	0.5416
600766	园城股份	5.9279	−6.3956	10.6398	28.0287	1.734	8.0076	0.6737	2.447	0.4474	−0.7755	101.93	−0.347
600783	鲁信高新	−44.0037	−49.036	5.105	8.8751	2.3068	2.6166	0.7948	1.8929	0.4674	−9.6489	92.47	−4.5099
600784	鲁银投资	−4.0153	−3.3946	4.9201	18.8336	1.1184	0.6812	0.166	0.4682	0.0903	−43.4356	55.23	−3.9226
600807	天业股份	−99.2818	−98.6818	0.0693	8.8294	4.0002	11.3599	0.9126	0.9598	0.3516	−23.0434	110.4	−8.1012
600858	银座股份	152.5792	134.3802	3.0012	11.3956	3.9391	7.0179	0.7872	0.2533	0.1262	7.5024	89.86	0.9465
600898	*ST三联	−71.7454	−73.1599	0.3396	−8.8826	13.4288	296.9796	1.9765	9.6958	1.6418	3.8389	109.63	6.3028

附表3-6　财务危机前三年（t-3年）非ST样本公司财务指标数据

股票代码	公司简称	净资产收益率	资产报酬率	资产净利率	销售净利率	营业利润率	成本费用利润率	流动比率	速动比率	有形净值债务率	利息保障倍数	现金流动负债比	资产负债率	每股收益增长率
600162	香江控股	5.8854	5.9331	2.6914	2.1209	3.7986	3.8128	1.779	0.9868	127.4614	4.6101	-0.0612	53.9906	40
600399	抚顺特钢	1.0898	2.8996	0.3604	0.602	0.64	0.7982	0.9358	0.6947	211.8068	1.1949	0.2062	67.9289	-62.5
000543	皖能电力	1.9463	3.6932	2.2464	4.6015	5.28	5.1918	0.6806	0.6467	87.3928	3.0774	0.3619	40.5285	700
600218	全柴动力	1.2391	1.2968	1.0532	2.2951	3.3989	3.5025	2.0178	1.8087	41.7294	-5.422	0.2443	28.8903	-65.812
600686	金龙汽车	12.1774	8.971	6.8097	6.2977	6.6787	7.6536	1.1653	0.664	177.5841	7.6175	0.178	50.6995	-4
600493	凤竹纺织	6.5903	6.7438	3.7875	5.4976	5.0284	6.9679	0.8247	0.5139	107.9164	3.1175	-0.1108	49.5165	-23.577
600105	永鼎股份	6.1146	5.066	3.442	4.7547	5.244	5.7061	1.3369	0.7164	129.3479	4.667	-0.0624	51.9656	-7.0833
000998	隆平高科	3.3719	3.8859	3.5516	3.4402	3.5882	3.8342	2.0131	1.0951	106.5299	57.0445	0.157	45.1834	4.263566
000966	长源电力	-4.9204	3.2473	-0.5959	-1.3832	-1.1705	-0.9519	0.6831	0.6194	720.3847	0.8876	0.0337	78.3115	-159.801
600007	中国国贸	8.4832	7.4183	4.7573	29.7205	45.8804	89.7173	0.2824	0.2696	83.7217	28.2501	0.5359	43.5945	0
000521	美菱电器	1.9751	2.1703	0.7457	1.1921	0.9868	1.2062	0.8488	0.6771	551.4265	1.5235	0.1033	63.0008	108.5106

（续表）

股票代码	公司简称	净资产收益率	资产报酬率	资产净利率	销售净利率	营业利润率	成本费用利润率	流动比率	流动比率	有形净值债务率	利息保障倍数	现金流动负债比	资产负债率	每股收益增长率
600436	片仔癀	7.7993	13.1707	7.2627	16.4828	30.3217	44.7939	20.4383	15.8153	3.7286	-37.6211	5.1487	3.5242	-40.873
000589	黔轮胎A	2.5522	3.4569	0.751	0.9568	1.3104	1.7462	0.9073	0.5963	226.8598	1.6085	0.0603	68.0472	-32.6241
000913	钱江摩托	4.462	4.3988	2.2561	1.7934	2.9043	3.2334	1.3987	1.1076	116.325	5.3349	0.124	48.354	-45
600423	柳化股份	13.5312	9.1908	7.6348	10.6679	11.6503	13.6598	1.4724	1.0501	96.9724	15.3331	0.5146	48.4328	37.7778
600070	浙江富润	7.6643	3.9464	3.5586	7.0545	8.9265	9.6654	1.0701	0.6257	101.3929	-8.4559	-0.0935	37.465	-32.8571
600081	东风科技	16.7975	10.957	9.2362	13.3758	14.3105	16.0866	1.1222	0.8575	86.2599	14.3276	0.1344	44.6619	-13.7359
600684	珠江实业	-16.2889	-8.2464	-8.9909	-92.449	-90.4454	-62.4797	2.0557	0.7895	76.6862	-11.6737	-0.0902	41.5502	-600
601172	黄河旋风	18.9906	18.0508	15.4519	30.4927	34.5019	55.2385	2.1621	1.6616	24.9015	-68.0944	0.5712	19.5231	-9.76331
600165	宁夏恒力	11.8052	10.8895	8.2454	17.1655	18.5282	24.3704	1.6055	1.1849	78.0969	9.3969	0.5074	43.529	-15.3846
600306	商业城	10.3484	8.9345	5.2126	3.1345	4.8376	4.9819	1.5593	1.1979	76.7091	8.1742	0.2287	43.3382	26.17013
600694	大商股份	9.266	6.8297	5.6349	4.3129	5.503	6.0773	1.3908	1.1381	66.9576	-14.087	0.3034	32.4654	-29.4118
000785	武汉中商	3.2529	2.5873	-0.5107	-0.4696	-0.1156	0.2276	0.4432	0.2878	445.9579	1.105	0.0884	74.6151	115.3846

（续表）

股票代码	公司简称	营业利润增长率	利润总额增长率	净资产增长率	总资产增长率	存货周转率	应收账款周转率	流动资产周转率	固定资产周转率	总资产周转率	销售现金比率	营业收入现金含量	总资产现金回收率
600162	香江控股	69.4581	68.3442	6.4549	9.3515	3.1578	10.6981	1.5878	9.4502	1.269	-2.351	105.47	-2.9834
600399	抚顺特钢	-73.9111	-67.1448	1.0958	7.6275	4.4878	4.8973	1.1742	1.3475	0.5987	19.709	116.71	11.7999
000543	皖能电力	7.4577	3.7303	2.0217	27.0795	28.5179	5.352	1.7987	0.9366	0.4882	27.1052	126.83	13.2326
600218	全柴动力	-50.9399	-51.6738	0.546	4.1642	6.5506	2.1697	0.7673	2.1924	0.4589	15.6913	108.11	7.2006
600686	金龙汽车	22.2123	13.9715	5.9661	25.8248	3.4816	36.769	1.9537	4.2606	1.0813	9.3016	122.62	10.0578
600493	凤竹纺织	-38.9291	-21.3514	0.5323	32.9437	4.6324	9.2473	1.9932	1.2135	0.6889	-7.9364	85.76	-5.4677
600105	永鼎股份	-17.202	-17.1249	2.6784	42.499	1.7672	4.2102	1.0852	3.9647	0.7239	-4.9818	94.48	-3.6064
000998	隆平高科	14.6449	13.9222	1.3821	58.2369	2.182	30.8945	1.29	15.6877	1.0324	7.5741	101.25	7.8194
000966	长源电力	-128.426	-123.4	-8.8154	89.2904	26.6588	6.6409	2.5249	0.7974	0.4308	2.8209	103.63	1.2152
600007	中国国贸	4.457	0.9449	3.5683	2.3555	32.8602	192.7195	3.3185	0.2584	0.1601	54.1337	99.47	8.6651
000521	美菱电器	107.7163	108.6748	1.9045	4.9982	5.2023	5.8204	1.0903	2.9725	0.6256	10.27	125.11	6.4246
600436	片仔癀	-13.8196	-13.676	-2.6755	-6.0866	0.8381	7.0346	0.5848	3.2269	0.4406	38.8183	112.67	17.1043

（续表）

股票代码	公司简称	营业利润增长率	利润总额增长率	净资产增长率	总资产增长率	存货周转率	应收账款周转率	流动资产周转率	固定资产周转率	总资产周转率	销售现金比率	营业收入现金含量	总资产现金回收率
000589	黔轮胎A	-42.5087	-30.8579	12.2312	14.9189	3.8117	4.1444	1.4759	2.0396	0.7849	4.8974	95.23	3.8442
000913	钱江摩托	-44.0926	-44.9844	-1.5154	4.0907	6.0473	7.8638	1.8961	4.5341	1.258	4.8555	98.35	6.1082
600423	柳化股份	27.5956	31.4784	14.45	40.36	8.9435	110.6085	3.4388	2.8337	0.7157	10.6322	105.86	7.6093
600070	浙江富润	-39.5128	-39.4955	-2.6775	3.3206	3.5464	22.276	1.3748	1.4141	0.5044	-5.0751	114.8	-2.56
600081	东风科技	48.9072	42.062	84.8331	83.7276	5.1342	4.8524	1.3753	2.502	0.6905	10.2394	118.02	7.0704
600684	珠江实业	-490.485	-499.256	-15.06	-12.1276	0.1902	210.5127	0.1158	15.6919	0.0973	-36.0342	37.34	-3.5044
600172	黄河旋风	110.3172	82.3532	20.983	23.976	3.1387	2.5498	0.9501	1.1868	0.5067	22.0539	107.58	11.1756
600165	宁夏恒力	31.8519	36.128	4.9714	22.492	2.6731	2.0438	0.8503	1.2999	0.4803	39.5007	124.5	18.9741
600306	商业城	49.3523	44.845	231.9401	115.6666	6.3508	200.6842	2.7593	4.1973	1.663	8.3042	115.21	13.8097
600694	大商股份	4.278	5.0349	100.6084	49.1165	11.5635	51.5396	2.8806	4.345	1.3065	9.0268	108.15	11.7938
000785	武汉中商	97.1689	104.7108	3.3066	-5.7765	6.7498	125.1404	3.2339	1.8707	1.0876	5.6951	114.6	6.1938

附表3-7 财务危机前四年（t-4年）ST样本公司财务指标数据

股票代码	公司简称	净资产收益率	资产报酬率	资产净利率	销售净利率	营业利润率	成本费用利润率	流动比率	速动比率	有形净值债务率	利息保障倍数	现金流动负债比	资产负债率	每股收益增长率
000506	ST中润	6.0767	6.5387	2.7711	5.0325	7.744	8.3904	0.5906	0.4789	191.3392	2.7576	-0.0277	54.8006	-32.7731
000655	金岭矿业	3.9389	3.5131	1.2279	5.8816	9.3322	10.3547	1.4995	1.0569	207.5495	2.2513	-0.0333	66.4488	-36.714
000720	*ST能山	1.4024	3.1579	0.4119	0.8241	1.8822	1.1709	0.6036	0.5279	202.002	1.2206	0.0525	63.0582	-40.5405
000880	潍柴重机	8.6881	6.725	4.6368	3.0151	3.52	3.577	1.1614	0.7339	82.2131	4.7412	0.4251	42.5983	-55
000951	中国重汽	8.6449	7.8765	3.5031	6.9544	8.9463	11.4785	1.7978	1.3527	113.6674	2.9745	0.0108	52.9618	-21.4737
002072	德棉股份	7.4619	6.6309	2.4632	2.7743	3.8336	4.185	0.7434	0.4259	187.2625	2.1469	-0.048	65.1886	-7.6923
600076	*ST华光	0.336	2.1409	-0.166	-0.8362	-3.244	2.2822	2.9093	2.802	96.917	1.2704	-0.447	45.5924	-95.3704
600180	*ST九发	7.1877	5.2397	3.638	5.4388	5.3762	6.1836	1.5347	1.1287	103.0658	3.9687	0.026	45.9573	-11.1774
600212	江泉实业	1.4158	2.1003	0.9459	2.4271	4.0473	4.1605	0.94	0.4221	73.4303	3.8134	0.035	41.9023	-18.2857
600223	ST鲁置业	5.7925	5.2532	3.376	5.467	6.2513	6.6394	1.0066	0.8042	128.1122	3.7068	0.2031	52.414	-0.3148
600336	澳柯玛	1.7143	2.4234	0.5756	1.0812	1.1382	1.1127	1.1369	0.7549	212.497	1.3219	0.0034	66.3592	-39.6414

（续表）

股票代码	公司简称	净资产收益率	资产报酬率	资产净利率	销售净利率	营业利润率	成本费用利润率	流动比率	流动比率	有形净值债务率	利息保障倍数	现金流动负债比	资产负债率	每股收益增长率
600385	ST金泰	−1156.16	−24.0781	−28.4008	−754.469	−373.583	−201.345	0.52	0.248	−401.013	−5.5701	−0.0845	110.6969	43.75
600579	ST黄海	6.7548	5.1264	2.6984	5.9643	9.4257	10.1138	1.6784	0.8258	190.6041	5.2007	−0.1096	65.3084	−44.2675
600698	ST轻骑	2.8376	0.431	0.628	0.803	0.4231	0.5047	0.8383	0.5178	189.6234	10.1877	1.2385	60.7333	−45
600727	*ST鲁北	0.9408	2.0202	0.6625	2.5786	2.5182	3.6518	1.9261	1.7554	45.6865	1.8237	0.1462	30.6536	−62.5
600735	新华锦	7.9784	6.4426	5.5515	9.0264	9.9122	12.2734	2.1975	1.894	39.7485	43.2874	−0.3806	26.6735	−25.9843
600760	东安黑豹	6.4134	6.026	4.8826	13.0126	15.875	19.1985	2.4235	1.7283	33.1359	54.9492	−0.0953	24.8888	−45.1515
600766	园城股份	9.2856	6.2952	3.5176	5.2997	5.991	7.599	1.1383	0.8182	174.0448	4.0108	0.1781	56.8459	−29.1786
600783	鲁信高新	18.314	12.8226	10.0869	20.1406	18.5448	27.9745	1.8197	1.3522	65.4557	11.0109	0.0558	36.0338	64.0667
600784	鲁银投资	9.842	8.634	5.2505	33.7749	40.2503	35.2303	1.254	1.1377	108.5551	3.5738	0.0107	51.5423	−18.4626
600807	天业股份	11.2156	7.4502	6.1044	13.6815	15.8116	18.5072	0.9235	0.7332	121.7507	16.9595	0.0278	48.801	−13.7405
600858	银座股份	−7.4735	−5.7017	−5.6879	−56.2567	−51.705	−39.9955	0.9315	0.8002	45.6723	411.5606	−0.0816	23.1088	−1008.8
600898	*ST三联	7.1747	4.1326	2.4113	1.1264	1.9479	1.9794	1.1949	1.009	237.6578	16.02597	−0.3284	70.3842	−33.4756

（续表）

股票代码	公司简称	营业利润增长率	利润总额增长率	净资产增长率	总资产增长率	存货周转率	应收账款周转率	流动资产周转率	固定资产周转率	总资产周转率	销售现金比率	营业收入现金含量	总资产现金回收率
000506	ST中润	0.2994	−34.5845	6.2707	0.6828	6.1166	8.9185	1.6975	1.4649	0.5506	−2.7671	111.35	−1.5237
000655	金岭矿业	−2.3778	−9.3241	41.7188	27.3941	0.7261	1.6018	0.3126	0.9095	0.2088	−8.2031	104.34	−1.7125
000720	*ST能山	−49.4053	−69.3536	0.0545	6.8871	9.6859	4.9747	1.5447	0.8806	0.4998	5.9763	98.38	2.9872
000880	潍柴重机	−28.2277	−29.2139	22.173	12.186	7.6696	15.2166	3.0616	4.3841	1.5379	12.4528	127.81	19.1505
000951	中国重汽	22.4796	42.3999	140.6032	55.4582	1.525	2.0455	0.6909	1.9925	0.5037	1.1278	96.46	0.5681
002072	德棉股份	4.753	6.4148	88.0472	62.5005	3.5304	15.1112	1.8726	2.651	0.8878	−4.0483	110.36	−3.5942
600076	*ST华光	−131.201	−85.6138	50.9023	19.5439	2.3661	1.1409	0.2602	1.9321	0.1985	−61.9557	101.75	−12.299
600180	*ST九发	−16.4248	−8.7335	7.3404	14.061	4.4533	6.6148	1.1442	3.9	0.6689	1.6407	97.78	1.0975
600212	江泉实业	−7.4308	0.9953	1.4937	33.3866	1.4413	11.2946	0.9312	0.7042	0.3897	3.853	96.67	1.5016
600223	ST鲁置业	12.3341	10.8912	−9.0297	37.6274	7.4056	15.4654	1.6179	1.0797	0.6175	15.9724	124.08	9.8635
600336	澳柯玛	−44.6562	−43.2188	1.249	14.5544	1.8655	3.6942	0.7548	5.1752	0.5324	0.4269	103.15	0.2273
600385	ST金泰	65.3911	42.1259	−170.579	−23.8147	0.1232	0.3198	0.0788	0.1411	0.0376	−171.963	122.38	−6.4733

（续表）

股票代码	公司简称	营业利润增长率	利润总额增长率	净资产增长率	总资产增长率	存货周转率	应收账款周转率	流动资产周转率	固定资产周转率	总资产周转率	销售现金比率	营业收入现金含量	资产现金回收率
600579	ST黄海	-16.1347	-17.7179	7.1662	47.327	1.4351	8.395	0.867	1.9013	0.4524	-8.7246	110.07	-3.9473
600698	ST轻骑	809.6627	-43.8986	1.8462	-51.4112	5.8779	11.6994	1.1675	2.7125	0.7821	62.9014	123.29	49.1932
600727	*ST鲁北	46.8876	-55.2983	0.9452	4.1264	9.9419	6.9434	0.8173	0.4813	0.2569	9.9205	73.11	2.5487
600735	新华锦	36.2726	-21.2914	55.1956	36.4586	4.6438	4.1077	1.1714	3.2968	0.615	-18.9827	110.05	-11.675
600760	东安黑豹	-2.433	-3.1178	6.6258	9.6641	1.8588	2.2862	0.6439	1.0988	0.3752	-6.6136	83.74	-2.4816
600766	园城股份	17.6023	5.958	9.6558	-1.9942	3.1352	11.2196	1.1609	2.8165	0.6637	14.6523	106.78	9.7253
600783	鲁信高新	49.9671	82.3975	80.9612	42.1205	1.9575	2.8247	0.8341	2.6788	0.5008	4.2844	97.11	2.1457
600784	鲁银投资	0.1242	-1.4588	10.3514	36.7102	3.0075	0.8363	0.2587	0.8071	0.1555	3.7444	111.86	0.5821
600807	天业股份	22.2164	18.5917	11.8819	14.8046	3.3596	16.1386	1.1963	1.9479	0.4462	2.6247	78.69	1.1711
600858	银座股份	-1115.59	-1072.24	-8.056	-7.1616	3.6036	5.4177	0.717	0.2107	0.1011	-11.2424	85.5	-1.1367
600898	*ST三联	-26.2419	-26.3513	7.4416	42.5863	13.1049	391.55	2.6452	11.2271	2.1408	-12.6937	120.59	-27.175

附表3-8　财务危机前四年（t-4年）非ST样本公司财务指标数据

股票代码	公司简称	净资产收益率	资产报酬率	资产净利率	销售净利率	营业利润率	成本费用利润率	流动比率	速动比率	有形净值债务率	利息保障倍数	现金流动负债比	资产负债率	每股收益增长率
600162	香江控股	4.2341	4.4102	1.9957	2.468	3.886	3.904	1.5153	0.912	121.2051	3.2396	0.1753	52.5472	36.3636
600399	抚顺特钢	2.9555	3.59	1.1659	2.4274	3.8161	3.9101	0.8206	0.6467	191.9982	2.0023	0.138	65.7532	-57.8947
000543	皖能电力	-0.418	3.5059	1.815	3.2616	4.8056	5.2775	2.3937	2.2356	44.9799	4.2421	1.0499	25.9363	-106.667
600218	全柴动力	4.188	3.9149	3.0845	7.1667	8.5977	9.4347	2.2957	2.0541	37.2608	23.7935	0.2061	26.7347	-42.9268
600686	金龙汽车	11.3506	8.8712	7.0483	8.9433	8.5736	10.6444	1.2854	0.687	121.2161	8.4303	0.4042	42.46	-44.4444
600493	风竹纺织	8.7504	8.2034	6.2173	8.8296	10.1281	11.5777	0.731	0.38	55.0866	9.3107	0.3699	33.2689	0.4243
600105	永鼎股份	7.7218	6.3408	5.1974	7.1598	8.1948	9.2466	1.9102	0.7914	57.7408	58.1514	0.3708	35.6513	-21.5686
000998	隆平高科	3.2914	4.1867	4.5185	5.2184	4.9732	5.3983	4.4472	1.8259	26.3546	-17.6636	-0.3113	17.7858	22.8571
000966	长源电力	7.9765	5.4655	2.6836	7.3484	8.6267	9.2119	0.4049	0.377	312.3678	2.332	0.0365	70.3911	31.2071
600007	中国国贸	8.8565	7.6373	5.1558	32.6643	48.3132	102.383	0.3215	0.3098	86.823	-148.246	0.5308	44.255	18.1818
000521	美菱电器	-20.7487	-7.02	-8.7051	-14.2899	-13.2984	-12.6221	1.0959	0.945	236.9828	-4.1658	0.0725	61.885	-2497.96

（续表）

股票代码	公司简称	净资产收益率	资产报酬率	资产净利率	销售净利率	营业利润率	成本费用利润率	流动比率	流动比率	有形净值债务率	利息保障倍数	现金流动负债比	资产负债率	每股收益增长率
600436	片仔癀	16.1763	19.4547	13.1564	28.2115	41.6518	70.1829	11.6951	9.0134	7.6296	-98.7064	0.7923	6.9584	-14.5763
000589	黔轮胎A	4.143	4.414	1.4847	1.9067	2.6286	2.9636	1.0072	0.7107	222.7341	1.9618	0.1506	67.075	50
000913	钱江摩托	7.558	8.3627	4.9671	3.3276	5.0918	5.8497	1.445	1.037	103.2061	10.3644	0.1971	45.1404	66.6667
600423	柳化股份	10.9424	7.996	7.0782	10.917	12.85	14.8341	1.6325	1.1135	59.9244	-27.3877	0.5037	36.7587	-9.6159
600070	浙江富润	11.1524	5.6982	6.8457	11.9829	14.3936	16.5558	2.0084	1.5322	58.1299	-2.41815	0.52	32.8283	2.9412
600081	东风科技	17.8237	12.1048	9.743	18.0043	19.0167	25.0518	1.3439	1.1149	87.1977	12.364	0.0124	43.6736	-5.8125
600684	珠江实业	3.0198	2.1442	1.7035	139.7872	173.6329	127.0697	2.1681	0.8734	71.1101	56.6697	-0.1916	39.8686	-47.619
600172	黄河旋风	18.1511	15.8372	11.8486	22.8677	22.2591	34.6621	5.167	4.5183	20.9709	8.446	0.6017	17.0691	-15.5
600165	宁夏恒力	11.0944	9.1095	7.5968	17.9704	19.6434	26.0779	2.0473	1.6333	53.0867	28.8684	-0.2107	34.6679	-22
600306	商业城	14.7801	8.6375	4.9335	2.2322	3.3149	3.4544	0.6598	0.106	171.7081	6.7793		63.1958	17
600694	大商股份	14.0297	8.9817	8.6758	7.3409	8.6002	9.5961	1.0405	0.7337	114.6359	-7.00384	0.1844	47.316	-12.8205
000785	武汉中商	-19.307	-3.7722	-5.705	-5.3221	-4.2925	-4.8675	0.5462	0.3092	456.3616	-2.3053	0.2257	77.2221	-1400

（续表）

股票代码	公司简称	营业利润增长率	利润总额增长率	净资产增长率	总资产增长率	存货周转率	应收账款周转率	流动资产周转率	固定资产周转率	总资产周转率	销售现金比率	营业收入现金含量	总资产现金回收率
600162	香江控股	78.6791	73.5833	4.3268	11.7209	2.4571	6.0842	1.0567	5.5163	0.8086	11.5544	116.86	9.3435
600399	抚顺特钢	-44.3831	-44.8672	2.9998	40.6496	3.3951	3.3905	0.9738	1.0124	0.4803	20.5815	94.31	9.8853
000543	皖能电力	-51.1952	-43.0206	-3.5826	-5.1929	21.7845	4.8349	1.6563	1.1639	0.5565	25.6041	120.39	14.2484
600218	全柴动力	-38.288	-36.3314	34.9585	32.61	3.8479	1.9665	0.7506	2.0296	0.4304	14.5963	105.33	6.282
600686	金龙汽车	-15.9581	-23.043	10.1715	2.0105	2.764	14.6407	1.5733	2.5874	0.7881	20.4663	118.98	16.1296
600493	凤竹纺织	-1.6682	0.842	2.6223	17.0433	5.1713	10.9957	2.7535	1.2888	0.7041	18.689	111.89	13.1598
600105	永鼎股份	-17.2613	-7.1751	37.8713	15.0738	1.4477	4.2615	1.0214	4.2348	0.7259	19.4869	144.01	14.146
000998	隆平高科	35.4611	51.2223	1.6093	6.6393	1.6743	24.324	1.0857	10.9672	0.8659	-6.4436	97.47	-5.5794
000966	长源电力	6.0566	7.6847	2.8849	48.8794	43.8438	6.4083	2.576	0.6674	0.3652	4.0466	114.55	1.4778
600007	中国国贸	4.6943	17.9095	5.4542	15.5244	32.3906	186.0414	1.8337	0.2296	0.1578	57.6593	100.37	9.101
000521	美菱电器	-4219.24	-2540.11	-18.781	-2.3845	5.036	3.3494	0.9704	2.7875	0.6092	6.8119	117.46	4.1497
600436	片仔癀	0.5577	2.0715	164.9932	82.5954	0.6602	5.7401	0.5883	3.0385	0.4663	15.0696	101.52	7.0277

（续表）

股票代码	公司简称	营业利润增长率	利润总额增长率	净资产增长率	总资产增长率	存货周转率	应收账款周转率	流动资产周转率	固定资产周转率	总资产周转率	销售现金比率	营业收入现金含量	总资产现金回收率
000589	黔轮胎A	29.277	42.6046	6.5785	13.82	3.6995	4.4069	1.5012	2.0033	0.7787	10.6654	118.79	8.305
000913	钱江摩托	60.007	69.2958	-9.2473	32.4749	7.5678	10.6672	2.2982	5.7462	1.4927	6.7802	77.14	10.1207
600423	柳化股份	59.0024	56.3288	7.7264	12.9671	7.2452	79.2571	1.852	3.1054	0.6484	12.0429	123.92	7.8082
600070	浙江富润	64.8296	33.7823	4.8056	21.9648	4.0008	27.859	1.1717	2.3982	0.5713	22.0644	123.83	12.6052
600081	东风科技	35.2275	41.8139	17.0514	20.5351	3.4509	2.7383	0.9931	2.3362	0.5411	1.0908	94.91	0.5903
600684	珠江实业	-49.2051	-53.417	1.6452	-0.0042	0.0046	14.2777	0.0148	2.7346	0.0122	-600.699	385.66	-7.3204
600172	黄河旋风	19.4601	20.0808	347.3721	80.3736	2.5702	1.9056	0.7384	1.9781	0.5181	21.0596	117.6	10.9118
600165	宁夏恒力	26.9943	5.9545	11.6403	23.6832	2.4655	1.5159	0.6886	1.1384	0.4227	-15.8559	93.17	-6.703
600306	商业城	19.3025	17.0653	-9.4906	-24.2903	5.4408	168.3628	4.9942	3.9668	2.2101			
600694	大商股份	1.2661	2.3255	3.4888	49.1485	6.6365	24.8638	2.334	4.3729	1.1818	8.7941	116.33	10.3933
000785	武汉中商	-980.668	-786.52	-17.6073	14.4666	5.261	104.999	2.9644	2.4123	1.0719	14.4749	122.09	15.5163

附表3-9　财务危机前五年（$t-5$年）ST样本公司财务指标数据

股票代码	公司简称	净资产收益率	资产报酬率	资产净利率	销售净利率	营业利润率	成本费用利润率	流动比率	速动比率	有形净值债务率	利息保障倍数	现金流动负债比	资产负债率	每股收益增长率
000506	ST中润	9.1891	7.0707	4.1084	8.0655	8.7391	12.0371	0.6133	0.4717	211.8029	4.4064	0.0719	51.8193	3.980583
000655	金岭矿业	6.5919	3.8879	2.011	8.1694	9.6237	11.3218	1.3151	0.9164	243.9685	2.9197	0.2971	69.5061	3.7895
000720	*ST能山	2.379	4.1147	1.3859	2.5759	4.7897	5.0576	0.7423	0.6361	179.3996	2.6815	0.0855	60.2141	−71.5385
000880	潍柴重机	13.6568	9.9178	7.6485	4.043	4.7855	5.0119	1.0541	0.6747	101.4019	10.7849	0.0297	48.3534	−49.3671
000951	中国重汽	12.8272	9.4918	3.9408	5.9468	9.0437	10.0223	1.2185	0.7975	229.0994	2.7046	0.0214	69.0772	−20.8333
002072	德棉股份	10.1912	7.9742	3.1064	2.5846	3.7792	4.044	0.9848	0.5124	232.4231	2.4015	0.0678	69.9179	4
600076	*ST华光	7.5583	6.2954	3.5304	12.7008	9.8738	16.9969	2.4845	2.3802	146.7938	3.0226	0.0695	56.2696	−18.5827
600180	*ST九发	8.5066	5.6045	4.889	8.9393	9.3462	10.3316	1.4971	1.2351	90.5714	11.1416	0.0614	42.1931	−8.6364
600212	江泉实业	1.6729	2.7812	1.33	3.4631	6.7822	6.7349	2.2973	0.9975	29.2624	7.4037	−0.179	22.3327	−53.9474
600223	ST鲁置业	6.2192	5.1334	3.8766	9.214	10.7112	12.1111	0.8954	0.735	74.4638	8.5838	0.1563	39.2727	−26.6923
600336	澳柯玛	2.8754	3.1435	1.0463	2.0115	2.2644	2.2003	1.1604	0.7882	174.8795	1.552	0.0914	61.9034	−24.1692

（续表）

股票代码	公司简称	净资产收益率	资产报酬率	资产净利率	销售净利率	营业利润率	成本费用利润率	流动比率	流动比率	有形净值债务率	利息保障倍数	现金流动负债比	资产负债率	每股收益增长率
600385	ST金泰	-120.325	-32.9656	-36.1388	-495.207	-410.043	-105.974	0.6058	0.3444	4115.55	-10.3886	0.0031	81.1256	-1300
600579	ST黄海	12.2515	9.889	5.2371	7.7386	11.9281	13.5141	1.3508	0.7881	111.1776	5.2043	0.2571	52.3076	25.6
600698	ST轻骑	6.3567	0.7506	0.7386	1.7051	-0.0711	1.0676	1.2386	1.0986	535.2565	2.5608	0.0577	81.2074	100.5714
600727	*ST鲁北	2.7035	3.1732	1.8888	11.9553	2.8167	13.4698	2.4424	2.3119	41.1775	2.8562	0.5206	28.4682	-19.598
600735	新华锦	11.5439	10.062	7.062	9.737	7.7728	15.9351	1.3113	0.9538	62.5945	33.276	0.0213	35.2084	-12.1107
600760	东安黑豹	13.5437	11.9793	10.4447	21.6046	25.3651	34.131	2.4801	1.9057	27.8341	-41.9974	-0.2419	21.7585	-71.0526
600766	园城股份	14.1483	8.4203	4.8845	8.0598	8.8951	12.6592	0.896	0.5873	205.1882	5.6879	-0.1662	57.7297	-34.8837
600783	鲁信高新	14.5107	9.6638	7.0317	13.21	14.9273	17.944	1.4915	0.9821	120.3275	6.6035		51.3157	-21.4437
600784	鲁银投资	11.6613	10.6485	7.4121	41.4859	47.3124	47.9817	2.4264	2.2539	58.7439	5.0098	0.1739	36.6142	-42.7222
600807	天业股份	11.1839	7.1242	5.9786	15.0191	17.2497	21.4263	0.8665	0.594	98.5321	77.1026	-0.2122	47.7133	19.0909
600858	银座股份	0.6686	0.459	0.3153	5.6177	8.7585	6.8172	1.0497	0.9291	43.8322	-4.59798		23.2063	-89.2241
600898	*ST三联	11.7469	8.8535	5.6735	1.5364	2.3976	2.4512	1.2589	0.9539	154.4319	315.8958	0.1304	60.6968	3.9949

（续表）

股票代码	公司简称	营业利润增长率	利润总额增长率	净资产增长率	总资产增长率	存货周转率	应收账款周转率	流动资产周转率	固定资产周转率	总资产周转率	销售现金比率	营业收入现金含量	总资产现金回收率
000506	ST中润	44.8454	17.9643	10.0473	-7.3305	6.3407	6.7372	1.459	1.2204	0.5094	7.0328	106.73	3.5823
000655	金岭矿业	43.7055	19.027	1.5898	9.2176	0.9325	1.6089	0.3744	1.3031	0.2462	61.5772	111.3	15.1582
000720	*ST能山	-46.8338	-45.7239	0.1136	55.1698	10.5472	5.2849	1.564	1.0118	0.538	8.1746	108.08	4.3983
000880	潍柴重机	9.103	0.6233	9.5419	30.884	8.1948	13.2287	3.7373	5.2711	1.8918	0.8608	120.15	1.6285
000951	中国重汽	-20.2132	-20.479	25.1545	23.3439	1.435	2.9982	1.0101	1.9908	0.6627	1.9236	19.26	1.2748
002072	德棉股份	10.6387	10.7672	10.7877	13.9339	4.1961	19.1255	2.3408	3.771	1.2019	3.1411	108.94	3.7753
600076	*ST华光	-47.5579	-13.4905	5.6117	53.6091	3.1731	1.288	0.3707	2.0649	0.278	9.7101	127.57	2.6991
600180	*ST九发	-8.399	-13.1858	2.8719	24.6912	4.3171	5.9529	0.9947	3.3641	0.5469	4.6428	102.71	2.5392
600212	江泉实业	-34.3137	-36.9418	-0.2878	0.8952	1.511	8.8344	0.7131	0.8418	0.3841	-10.4532	113.43	-4.0147
600223	ST鲁置业	-17.6272	-17.4282	-9.6084	14.6567	5.5773	16.1088	1.3656	0.6914	0.4207	14.4542	95.78	6.0814
600336	澳柯玛	-24.0464	-34.7401	0.9741	0.5547	2.0872	3.0869	0.685	5.3868	0.5201	10.596	115.64	5.5113
600385	ST金泰	-2237.14	-2775.81	-75.1203	-28.1837	0.3462	0.4663	0.1351	0.3125	0.073	2.9056	188.52	0.212

（续表）

股票代码	公司简称	营业利润增长率	利润总额增长率	净资产增长率	总资产增长率	存货周转率	应收账款周转率	流动资产周转率	固定资产周转率	总资产周转率	销售现金比率	营业收入现金含量	总资产现金回收率
600579	ST黄海	62.2705	60.5983	152.2773	79.2298	2.1196	7.1414	1.2582	1.8908	0.6768	19.6037	123.02	13.2669
600698	ST轻骑	99.9428	100.67	89.3706	-19.9963	6.0216	13.0746	0.5636	2.1884	0.4332	7.1441	108.14	3.0948
600727	*ST鲁北	-73.6892	-29.3844	2.7405	-2.0009	5.1223	3.7855	0.4971	0.3252	0.158	39.9269	111.43	6.3079
600735	新华锦	-4.06	3.8208	12.251	-0.2625	3.9707	5.1136	1.6212	3.5133	0.7253	0.9845	91.51	0.714
600760	东安黑豹	-30.5366	-30.3801	53.6801	48.2053	2.8902	3.7349	0.8708	1.5556	0.4834	-13.0004	93.16	-6.285
600766	园城股份	8.7078	17.3172	103.7392	161.3736	2.6556	12.6972	1.1396	2.4355	0.606	-23.0646	89.97	-13.9779
600783	鲁信高新	23.4936	21.2513	15.8676	12.7203	1.7719	2.398	0.8955	2.939	0.5323			
600784	鲁银投资	6.4542	5.5509	12.3833	13.0465	3.128	0.8766	0.2782	1.4317	0.1787	27.6369	114.46	4.9377
600807	天业股份	96.5907	26.3727	11.8464	23.4591	2.504	27.141	1.1631	3.6895	0.3981	-26.088	70.93	-10.3848
600858	银座股份	-77.9846	-85.4553	0.6709	-1.8589	2.1605	2.5599	0.3615	0.1185	0.0561			
600898	*ST三联	21.9247	21.6434	10.6579	82.1003	14.3644	537.9539	5.35	11.9198	3.6926	2.7675	116.89	10.2194

附表3-10　财务危机前五年（t-5年）非ST样本公司财务指标数据

股票代码	公司简称	净资产收益率	资产报酬率	资产净利率	销售净利率	营业利润率	成本费用利润率	流动比率	速动比率	有形净值债务率	利息保障倍数	现金流动负债比	资产负债率	每股收益增长率
600162	香江控股	3.3434	3.3572	1.5401	3.4444	4.2315	4.2943	1.5738	1.0562	106.3973	2.2876	0.0532	49.0798	−35.2941
600399	抚顺特钢	7.3748	5.4712	3.5285	6.84	8.115	8.7577	0.9545	0.6518	113.8346	4.1118	0.1722	53.2349	−29.6296
000543	皖能电力	4.7193	6.7913	5.1592	9.8559	13.0464	13.4888	2.7846	2.5964	46.415	9.5541	0.776	26.6574	−47.5891
600218	全柴动力	8.3396	6.6578	5.6647	12.5273	15.1004	16.8583	1.7789	1.3457	40.7613	−242.507	−0.0834	28.9417	−57.8189
600686	金龙汽车	18.3422	13.56	10.8505	14.6709	12.7287	18.1017	1.6464	1.0325	129.3284	7.1676	0.0144	41.189	222.8571
600493	凤竹纺织	8.9428	8.849	7.323	10.2948	12.0733	13.7549	1.1832	0.7146	33.6647	35.268	0.3653	23.0601	14.1243
600105	永鼎股份	11.5311	9.5386	7.1001	6.3649	8.0061	8.1237	1.5876	0.6532	91.4007	7.9525	0.0075	46.9217	23.3871
000998	隆平高科	2.7272	2.7469	3.3725	7.7382	7.7948	7.6294	4.6223	2.5627	25.5855	−7.06547	−0.8058	18.2603	118.75
000966	长源电力	6.2897	6.2858	3.0283	7.4541	9.5375	10.2012	0.5412	0.5279	183.7597	2.5101	0.1732	59.6414	45.8
600007	中国国贸	7.9887	6.9488	4.6569	26.8473	45.7778	84.7105	1.4896	1.4658	78.4893	−43.4082	1.1572	41.1197	0
000521	美菱电器	0.7859	1.8459	0.3558	0.6426	0.3542	0.6479	1.2024	0.9832	162.3476	1.2388	0.0542	54.9838	102.3059

（续表）

股票代码	公司简称	净资产收益率	资产报酬率	资产净利率	销售净利率	营业利润率	成本费用利润率	流动比率	流动比率	形净值债务率	利息保障倍数	现金流动负债比	资产负债率	每股收益增长率
600436	片仔癀	39.0847	30.3613	19.7225	27.6183	41.7557	72.0973	1.6881	0.9942	110.6312	52.6343	0.7049	52.4832	13.4615
000589	黔轮胎A	2.9179	3.8878	1.1429	1.7696	2.6144	2.6754	1.1994	0.7687	209.8744	1.7131	0.056	64.9154	131.7568
000913	钱江摩托	4.3223	5.2163	3.1139	1.9142	3.3643	3.5692	2.1096	1.7173	46.8355	70.3422	0.4169	30.7823	-25
600423	柳化股份	11.2885	7.3877	6.5719	9.0861	10.3897	11.8535	4.3038	3.7234	51.9077	-69.7343	0.4686	33.6821	-2.8537
600070	浙江富润	12.4944	5.6813	7.8477	11.9183	9.86	13.1091	2.5564	1.9447	32.3955	-2.62242	-0.0856	21.2712	36
600081	东风科技	15.5176	10.3257	8.5469	17.2613	19.6792	25.0103	1.208	0.9166	80.1	35.0538	0.2823	41.3615	-42.8571
600684	珠江实业	5.8832	4.4091	3.3445	33.299	40.5373	71.662	2.0123	0.9191	73.4493	-779.342	-0.45	40.533	-4.5455
600172	黄河旋风	40.0774	21.0635	13.7928	17.4961	17.7167	25.9308	1.0855	0.7815	211.8916	4.9642		66.5635	37.93103
600165	宁夏恒力	15.7888	12.1977	10.1397	18.4035	13.7177	21.437	2.9124	2.3754	34.151	5.9268	-0.2067	25.4571	0
600306	商业城	14.7546	7.3963	4.0113	2.3349	3.4024	3.615	0.6631	0.1335	224.8216	5.2481		69.2139	-42.7793
600694	大商股份	15.1225	11.271	10.6686	7.3793	8.6791	9.5573	2.1973	1.6205	32.6955	-8.8818		24.2421	-4.1769
000785	武汉中商	1.4898	2.4476	0.3739	0.3394	-0.4181	0.7752	0.6896	0.3295	369.4214	1.5342	0.1432	68.8587	0

（续表）

股票代码	公司简称	营业利润增长率	利润总额增长率	净资产增长率	总资产增长率	存货周转率	应收账款周转率	流动资产周转率	固定资产周转率	总资产周转率	销售现金比率	营业收入现金含量	总资产现金回收率
600162	香江控股	-15.3077	44.3271	3.4002	0.8975	1.7153	3.3275	0.5818	3.1	0.4471	5.8109	81.19	2.5982
600399	抚顺特钢	-3.57	22.1023	6.5814	11.7989	3.4158	3.3306	1.0377	1.1236	0.5159	17.7172	119.05	9.1397
000543	皖能电力	-28.0117	-35.2284	-2.7715	0.952	27.7533	4.8033	1.6375	1.061	0.5235	17.8062	113.05	9.3209
600218	全柴动力	-41.427	-47.9866	2.2538	-4.7615	3.9423	1.698	0.7527	2.0983	0.4522	-5.2089	120.18	-2.3554
600686	金龙汽车	13.6594	271.3243	17.8629	11.0142	2.8521	16.4292	1.5706	2.2017	0.7396	0.6292	121.1	0.4654
600493	凤竹纺织	22.7497	28.3938	2.653	20.057	6.0508	13.4533	2.2718	1.4014	0.7113	12.9232	98.86	9.1927
600105	永鼎股份	36.4237	44.6885	7.1766	36.7128	2.2045	4.5761	1.5664	5.688	1.1155	0.3659	129.63	0.4082
000998	隆平高科	53.5863	55.2796	2.1002	7.1071	1.0624	14.0051	0.5412	4.8347	0.4358	-34.1117	91.83	-14.8668
000966	长源电力	33.6877	34.737	4.0673	10.1354	98.3561	8.0868	2.3529	0.6469	0.4063	12.2974	96.11	4.996
600007	中国国贸	10.3452	0.1841	4.4602	2.3538	34.147	173.6088	1.5118	0.2278	0.1735	57.1474	99.94	9.9127
000521	美菱电器	101.6315	102.3194	0.7225	1.8849	3.5484	2.7577	0.8086	2.5463	0.5537	5.1035	118.8	2.8257
600436	片仔癀	9.7754	10.1654	6.0187	20.5035	0.7623	7.1742	0.934	3.2887	0.7141	49.5379	105.04	35.3755

（续表）

股票代码	公司简称	营业利润增长率	利润总额增长率	净资产增长率	总资产增长率	存货周转率	应收账款周转率	流动资产周转率	固定资产周转率	总资产周转率	销售现金比率	营业收入现金含量	总资产现金回收率
000589	黔轮胎A	141.7462	149.4365	3.3219	-0.4931	2.5018	4.3077	1.2566	1.5122	0.6459	3.7116	118.3	2.3971
000913	钱江摩托	-6.2761	-12.3811	0.6454	-1.7452	8.3076	15.1794	2.4546	7.4655	1.6267	7.793	95.21	12.6771
600423	柳化股份	23.2087	24.6374	229.3941	106.1985	7.3778	65.2187	1.6344	3.1632	0.7233	9.6533	121.53	6.9821
600070	浙江富润	58.0238	71.2388	63.8556	41.7286	3.2832	21.1051	1.2116	2.1156	0.6585	-3.2307	117.19	-2.1273
600081	东风科技	15.0688	15.1341	16.8229	26.6247	2.7131	2.2142	0.9162	2.5553	0.4952	26.3523	111.93	13.0484
600684	珠江实业	15.3764	26.0445	5.9745	-6.7684	0.1156	93.4882	0.129	30.7582	0.1004	-175.219	28.32	-17.5987
600172	黄河旋风	16.1968	38.2801	0.5183	6.5982	1.8189	2.7545	1.2252	2.4958	0.7883			
600165	宁夏恒力	3.8452	38.8283	199.7831	82.5065	2.5538	1.818	0.8192	1.8306	0.551	-10.6299	68.29	-5.8567
600306	商业城	-42.5885	-42.8106	58.6825	18.1999	4.0729	80.8377	3.8188	3.1245	1.718			
600694	大商股份	6.649	8.2288	16.3595	0.7098	7.7722	21.9478	2.8041	5.5794	1.4457			
000785	武汉中商	-156.669	13.0783	1.5009	1.786	4.8122	79.9623	2.7997	3.8357	1.1018	7.0872	115.78	7.8084